Mit
GOETHE in SIZILIEN
oder
Die Entdeckung des sizilianischen Goethe

*»Dies ist ein unsäglich schönes Land,
obgleich ich nur ein Stückchen Küste davon kenne.«
Goethe aus Palermo am 18. April 1785*

Helmut Dahmer

Mit
GOETHE in SIZILIEN
oder

Die Entdeckung des sizilianischen Goethe

Titelbild: Concordia-Tempel, Agrigent

Bibliografische Information der Deutschen Nationalbibliothek:
Die Deutsche Nationalbibliothek verzeichnet diese Publikation
in der Deutschen Nationalbibliografie;
detaillierte bibliografische Daten sind im Internet über
http://dnb.d-nb.de abrufbar.

© 2010 Helmut Dahmer · Handewitt
Satz, Umschlaggestaltung, Herstellung und Verlag:
Books on Demand GmbH, Norderstedt
ISBN: 978-3-8391-7510-1

Goethes Reiseweg von Karlsbad nach Rom

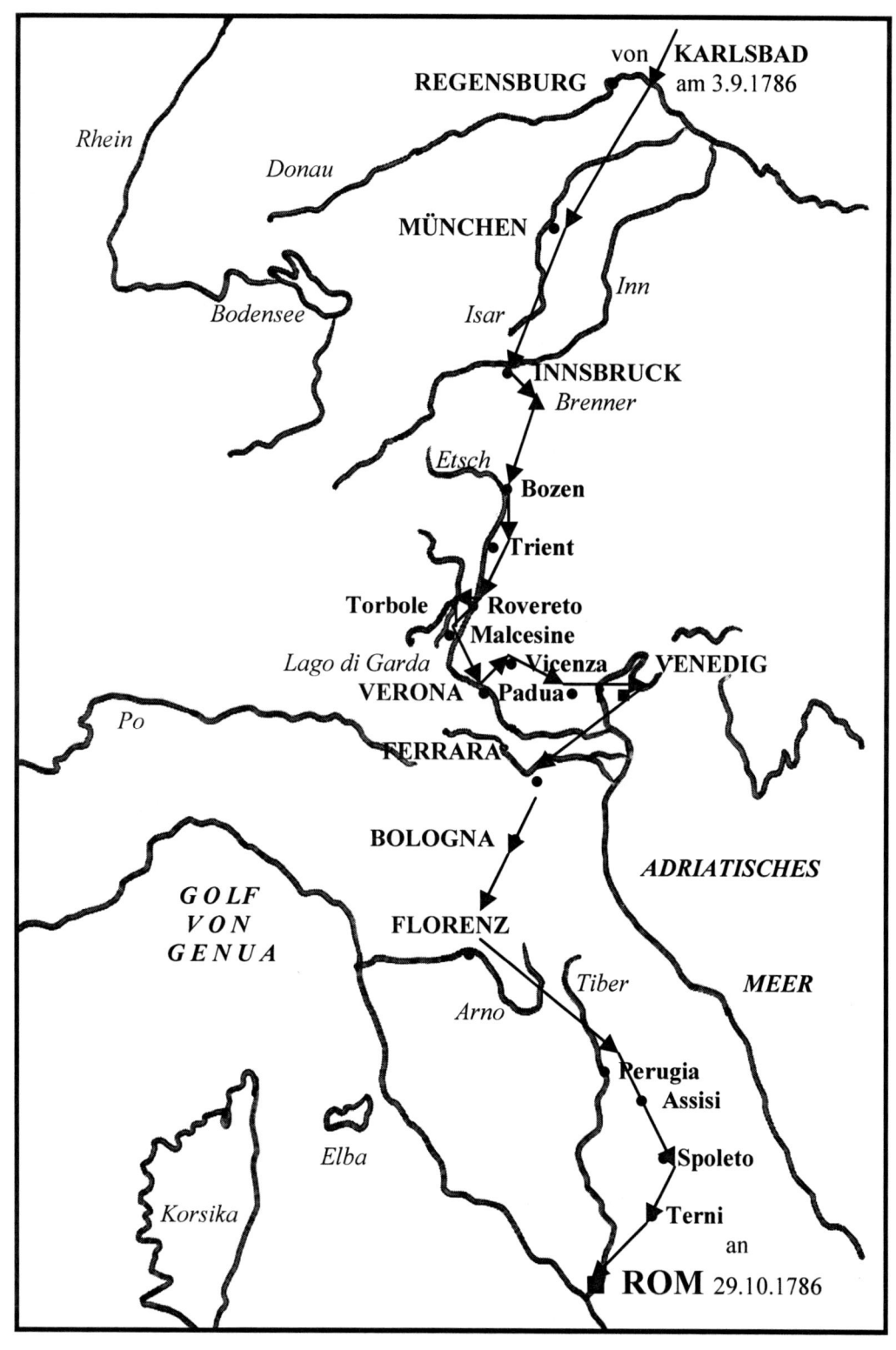

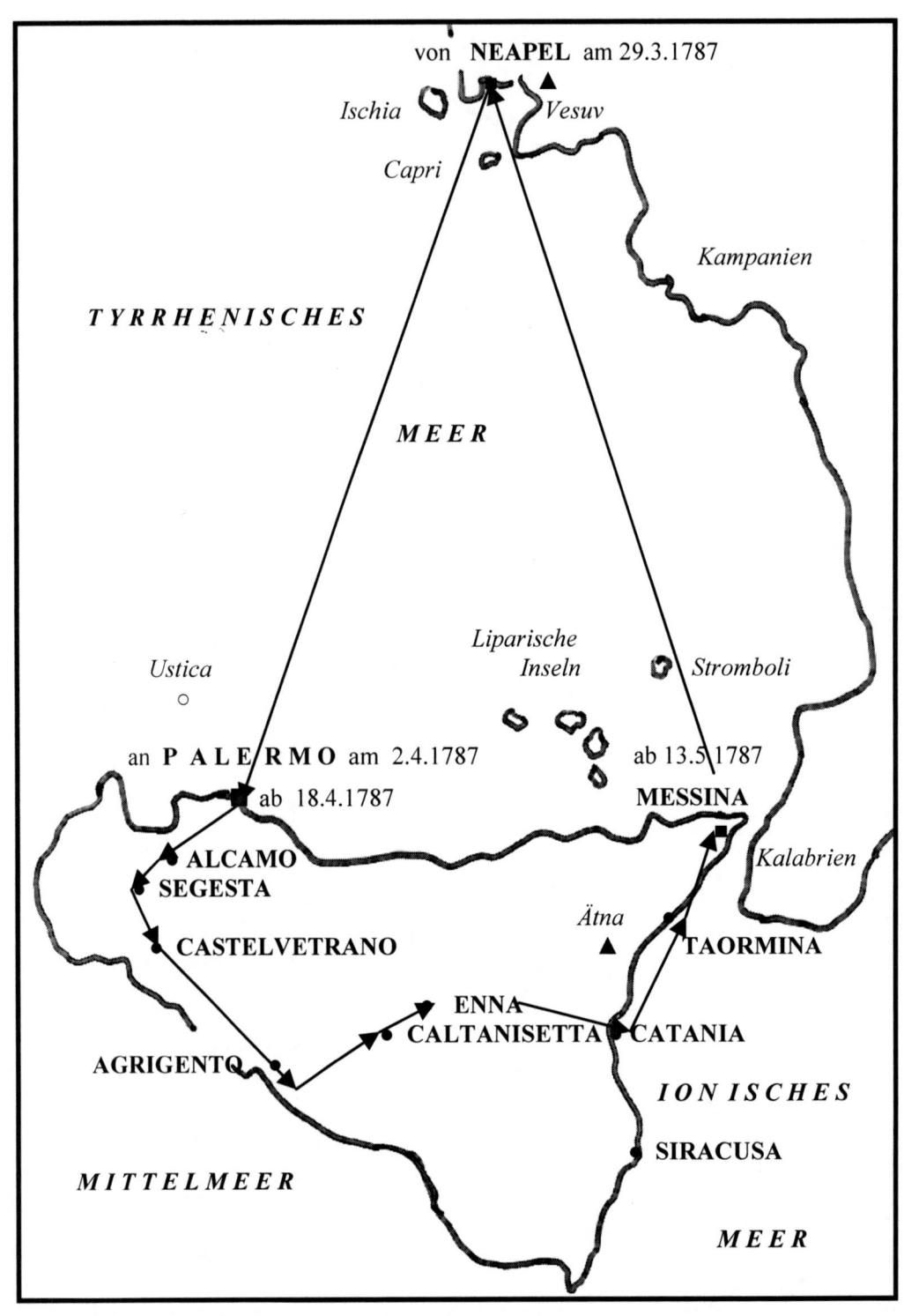

INHALT

Goethes Reiseweg nach und durch Sizilien (2 Karten)   5

PROLOG   9
  Wo die Zitronen blühn   9
  Goethe in Sizilien?   23

ERSTES KAPITEL   27
  Weimarer Vorspiel   27
  In Roms Schule   37
  Die Entscheidung von Neapel   42

ZWEITES KAPITEL
PALERMO: 50
  Ein höchst erfreulicher Anblick   50
  Keine Lust auf Hannibal   56
  Merkwürdige Düfte   59
  Wie die Brunnen, so die Kirchen   62
  Bezaubernde Rosalia   67
  Begegnung im Zaubergarten   69

DRITTES KAPITEL
PALERMO: 73
  Chöre und Getöse   73
  Der durchgeknallte Prinz   75
  Münzen statt Mosaiken   79
  Großer Lobgesang   83
  Der Magier aus Palermos Armenviertel   84
  In letzter Minute   90
  Abschied vom Zaubergarten   92

VIERTES KAPITEL
DIE INSEL

Auf dem Maultierrücken durch Sizilien   98
   Reisevorbereitung für stille Gesellschafter   98
   Inselidylle und reißende Gebirgsströme   103
   Stern unterm Dach – Bett vom Tischler   107
   Das englische Menetekel   113

FÜNFTES KAPITEL
DIE INSEL

Spuren einer sizilianischen Odyssee   119
   Segesta: Gipfeltreffen zwischen dorischen Säulen   119
   Agrigent: Tal oder Tempel?   124
   Syracus: die verschmähte Metropole   134
   Wendepunkt   139
   Caltanisetta: Vorstoß ins goldene Zentrum   140
   Catania: Im Vorgarten des Mongibello   145
   Taormina: Premiere zwischen Himmel und Erde   151
   Messina: Do as the Messinians do   158
   Zurück nach Neapel: Der mit dem Wind spricht….   165
   Eine unerwartete Tasse Kaffee   171

SECHSTES KAPITEL   175
   Goethe in Sizilien: Außer Spesen nichts gewesen?   175
   Heimkehr ins Exil   183

EPILOG   201
   Verbrannte Briefe   201
   Grenzerfahrung   214

PALERMO 2008 · SPUREN IM REGEN   216

LITERATUR   233

Nachweis der Zitate   237

PROLOG

Wo die Zitronen blühn

Immer, wenn der kalte Ostwind weht, geht ein Ziehen durch das Land: zuerst zieht's durch undichte Fensterrahmen, dann in den winterlahmen Gliedern, dann in den frühlingssüchtigen Seelen und dann zieht's in den Süden. Jeder weitere nasskalte Januar-, Februar- oder Märztag steigert die Lust auf Licht und Sonne, auf blauen Himmel und Wärme und das Fernweh wird immer unerträglicher. Begierig werden Rettung verheißende, apfelsinfarbene, azurblaue Badewetter-Kataloge durchgeblättert und es dauert nicht lange, bis die unerträglich gewordene Sehnsucht allerorten bleiche Menschen in die Reisebüros treibt, um Aus=Flüge in die warmen Klimazonen zu buchen, dorthin, wo der Frühling bereits mit frischem Grün und lebensfrohen Farben Einzug in das neue Jahr gehalten hat.

Kennst du das Land, wo die Zitronen blühn?
Im dunkeln Laub die Goldorangen glühn ...
Dahin! Dahin ...

›Mignons Lied‹.

Eine Einladung. An dich. An mich.

Meine Würfel sind schon gefallen: Schluss mit dem Reden vom Wetter und ab nach Italien. Mit welchem Reisebüro?
Goethe. Garantiert ohne alle Formalitäten. Ich hätte eher drauf kommen können. Es muss großartig sein, Goethe einfach still beobachtend in den Süden zu folgen, sich überraschen zu lassen und zu genießen, wo immer es möglich ist. Ein bisschen anstrengend wird es auch werden. Der Weg. Damit ist zu rechnen.

Ich packe schon. Viel ist es nicht. Alles Erforderliche steht im Regal und wartet auf die Abfahrt: Die *Italienische Reise*.[i] Sie kann beginnen.

Viel Platz ist auf der Kutsche nicht, mit der sich Goethe bei Nacht und Nebel am 3. September 1786 aus Karlsbad davonstiehlt. Niemandem hat er ein Wort gesagt, wohl aus Angst, er würde es sonst nicht schaffen – nie mehr schaffen. Goethe ist abergläubisch. Erst hinter den Alpen will er ein Lebenszeichen von sich geben. Mit dem großen Gebirge im Rücken. Das gibt Sicherheit. Keiner weiß richtig Bescheid: weder die Geliebte, Charlotte von Stein[ii], noch der Herzog Carl August[iii], sein Freund und Chef, noch die Herders[iv], mit denen er gerade seinen 37. Geburtstag am 28. August gefeiert hat. Der Tag, an dem er sich auf und davon macht, ist alles andere als ideal: der Herzog hat Geburtstag, wird 29 Jahre alt. Nur einer ist im Bilde, Philipp Seidel[v], Goethes Diener und langjähriger vertrauter Hausgenosse. Der ist für die Logistik zuständig und verschwiegen wie ein Grab.

Goethe verschwindet mit einem schlechten Gewissen gegenüber allen, die er sitzen ließ. Dazu gehört auch sein Zögling, Fritz von Stein (1773-1844), Charlotte von Steins drittältester Sohn, den sie Goethe zur Erziehung überließ. Der nahm den 9-jährigen Knaben 1783 zu sich im Haus am Frauenplan auf, in dem er zu diesem Zeitpunkt noch zur Miete wohnte. Durch Teilnahme an Reisen, an der Erledigung der privaten Korrespondenz und der finanziellen Belange der Hauswirtschaft bildete er Fritz vielseitig und unkonventionell aus. Auch für ihn kommt das Ende dieser harmonischen Gemeinschaft abrupt. Goethe überlässt ihn sang- und klanglos seinem

---

i Goethes Tagebuch seiner Reise nach Italien 1786-88; mehr dazu S. 23ff. u. S. 201ff.
ii Charlotte von Stein (1742-1827), geb. von Schardt
iii Carl August (1757-1828); ältester Sohn Anna Amalias; ab 1775 Herzog von Sachsen-Weimar-Eisenach; im selben Jahr heiratete er die ebenfalls 18-jährige Louise von Hessen-Darmstadt (1757-1830); ab 1815 Großherzog v. Sachsen-Weimar-Eisenach
iv Johann Gottfried Herder (1744-1803); Schriftsteller, Theologe, Philosoph; hatte großen Einfluss auf Goethe seit der ersten Begegnung in Straßburg 1770, wo Goethe Jura studierte; seit 1773 verheiratet mit Karoline Herder (1750-1809)
v Philipp Friedrich Seidel (1755-1820), der schon im Frankfurter Elternhaus Goethes als Hauslehrer seiner Schwester Cornelia und als Schreiber seines Vaters tätig war, folgte ihm 1775 als Kammerdiener, Sekretär und Reisebegleiter nach Weimar; starb 1820 nach einem halbjährigen Aufenthalt in einem Jenaer Irrenhaus

Schicksal in dem leeren Haus bzw. Philipp Seidel, der sein Bestes für den Jungen tut. Dieses schwarze Kapitel seiner Karlsbader Demission musste bei Charlotte von Stein auf allergrößtes Unverständnis stoßen und die aufgestauten Probleme zwischen ihnen erhöhen, vor deren Klärung Goethe sich ohnehin bis zuletzt drückte. Das doppelt und dreifach belastete Gewissen nimmt er nun mit auf die Reise und hofft, es unterwegs irgendwo, irgendwie los zu werden.

Fasst man Goethes Zustand am Ende des ersten Weimarer Jahrzehnts zusammen, so lautet die Kurzdiagnose: zu viel Arbeit, zu wenig Zeit zum Dichten, zu wenig Liebe. Von Italien erhofft er sich die Heilung seiner Gebrechen. Nur, wenn ihm das gelänge, sagt er, würde die Italienreise ihren Sinn erfüllen, wenn er befreit, gestärkt und verwandelt nach Weimar zurückkäme. Sonst könne er auch irgendwo draußen in der Welt bleiben.

Sicherheitshalber reist er inkognito als Philipp Möller, Kaufmann aus Leipzig, damit keiner auf die Idee kommt, dass sich unter dem großen Schlapphut auf der Kutsche der allerorten bekannte *Werther*-Dichter verbirgt, der Deutschland eilig verlässt. Goethe kann wirklich von Glück sagen, dass er kein Handy bei sich hat. Alle glauben, er wandere irgendwo im Böhmer Wald herum und genieße einsam botanische Freuden. Weit gefehlt. Er hat es eilig, muss weit weg, bevor herauskommt, wohin er aufgebrochen ist. Seine Schmerzenskinder hat er mitgenommen; sie heißen *Iphigenie, Tasso, Egmont, Faust*. Im *Tasso*, den er schon im März 1780 begonnen hatte, schreibt er sich alles von der Seele:

> *Nein, diese Stunde noch,*
> *Wenn's möglich ist! Es brennen mir die Sohlen*
> *Auf diesem Marmorboden, eher kann*
> *Mein Geist nicht Ruhe finden, bis der Staub*
> *Des freien Wegs mich Eilenden umgibt.*[1]

Schon einmal war er auf dem Weg nach Italien eingeholt und zurückgeholt worden. In Heidelberg drehte er auf Wunsch des jungen Herzogs um, kam am 7. November 1775 in Weimar an und lernte vier Tage später

Frau von Stein kennen. *Lieber Engel ….*² Das lag elf Jahre zurück. Und jetzt auf der Flucht! Kaum fassbar für den Flüchtling. Für wen überhaupt?

Um halb acht in *Zwota*, schöner Nebelmorgen, um 12 Uhr in *Eger* bei heißem Sonnenschein, um fünf in *Tischenreuth* (heute Tirschenreuth), auf trefflicher Chaussee *kommt man mit unglaublicher Schnelle fort*³, weiter nach *Weyda* (Weiden), 1 Uhr nachts in *Wernberg, Schwarzenfeld; Schwandorf* um halb fünf: *um zehen in Regenspurg – und hatte also diese 12¼ Posten oder 24½ Meile in 31 Stunden zurückgelegt. […] Regenspurg liegt gar schön, die Gegend mußte eine Stadt hierher locken. […] Wärest du*ⁱ *nur mit mir, ich wäre den ganzen Tag gesprächich […] Wie glücklich mich meine Art die Welt anzusehn macht ist unsäglich, und was ich täglich lerne! […] Gewiß ich hoffe auf dieser Reise ein Paar Hauptfehler, die mir an kleben, loszuwerden.*⁴

Er wird von dem Ladenbedienten einer Buchhandlung erkannt; leugnet, dass er's sei, muss machen, dass er wegkommt; *d 5ten halb 1 Mittag von Regensb[urg]*⁵*. […] um sechs in Neustadt, Geisenfeld um achte, Pfaffenhofen um 10 Uhr, d. 6. S. Unterbrück um 2, München um 6 in der frühe.*⁶ *Abends ums sechs hat er sein Münchner Pensum auch absolvirt...*⁷ In der *Bildergallerie*ⁱⁱ gewöhnt er seine Augen an Gemälde, in der Antikensammlung der Residenzⁱⁱⁱ bemerkt er, dass sie *auf diese Gegenstände nicht geübt sind. […] Vieles will mir gar nicht ein.*⁸ – Charlotte von Stein hätte es ihm sagen könne, warum nicht. Goethe erinnert sich lieber an die Worte eines Freundes: *Herder hat wohl recht zu sagen: daß ich ein groses Kind bin und bleibe, und jetzt ist mir es so wohl daß ich ohngestraft meinem kindischen Wesen folgen kann.*⁹

Er genießt diese ersten Tage der Lockerung der Schlinge, die wie eine Kette seinen Hals umschließt – ein vorübergehendes Vergnügen, bis ›sie‹ tüchtig daran ziehen wird. Noch weiß sie nicht, wo er steckt.

*Morgen geht es grad nach Inspruck!*¹⁰ Salzburg läßt er links liegen, auch das Zillertal. *Was lass ich nicht alles liegen? um den Einen Gedancken auszuführen, der fast schon zu alt in meiner Seele geworden ist.*¹¹

Um 5 Uhr früh verlässt er München, *Wohlfahrtshausen* (Wolfratshausen)

ⁱ gemeint ist Charlotte von Stein; siehe Fußnote nächste Seite
ⁱⁱ Damals noch an der Nordseite der Residenz, heute in der Alten Pinakothek
ⁱⁱⁱ heute in der Glyptothek und Staatlichen Antikensammlung am Königsplatz

um 9 – *Alle Welt iammert über das böse Wetter und daß der g r o s e G o t t gar keine Anstalten machen will.*¹² *Benedickt Bayern* (Benediktbeuern), *Cochl. See, Walcher See* (Walchensee). Es geht hinauf; Goethe zieht ehrfürchtig den Hut, als er den ersten beschneiten Gipfel sieht; *Mittenwald* um 6, scharfer Wind und eisige Kälte, keine Pause, *Scharnitz, Seefeld*. Das Klima ändert sich. *Die Sonne war hoch und heis. Meine Garderobe, (eine Veste mit Ermeln und ein Überrock,) die auf alle vier Jahreszeiten gerichtet ist mußte gewechselt werden, und sie wird offt des Tags 10mal gewechselt.*¹³ Von *Cirl* hinab ins Inntal. *Die Lage ist unbeschreib[lich] schön und der hohe Sonnenduft machte sie ganz herrlich. Ich habe nur einige Striche aufs Papier gezogen, der Postillon hatte noch keine Messe gehört und eilte sehr auf Inspr[uck,] es war Marien Tag. […] In Inspr [uck] und der Gegend mögt ich mit dir einen Monat verleben, mit solchem Wetter wie heute versteht sich.*¹⁴

Weiter zum Brenner, wo er sechs Stunden später eintrifft. Es ist der 8. September 1786. *[…] hier a u f d e m B r e n n e r, hier soll mein Rastort seyn, hier will ich eine Recapitulation der vergangnen sechs Tage machen, Dir schreiben und dann weiter gehn.*¹⁵

Auf dem Gotthardtgipfel hatte er schon zweimal gestanden und sehnsuchtsvoll in Mignons Land geschaut. Das erste Mal war er auch einer Frau davongelaufen, genau einen Monat nach der inoffiziellen Verlobung am 16. April 1775, Ostersonntag. Die Verlassene hieß Lili Schönemann.

Gedankenvoll schreibt, sammelt, ordnet, heftet er alle bisherigen Blätter[i]: *so findet sich's das sie beynahe ein Buch werden, ich widme es dir. […] Lebe wohl! Gedenck an mich in dieser wichtigen Epoche meines Lebens.*¹⁶

Und Charlotte von Steins Epoche? Ausgeblendet! Goethe lebt sich selbst in dieser ersten Phase der Italienreise und glaubt, auf der Alpenhöhe schon die ersten Zeichen der *Wiedergeburt* an sich wahrzunehmen – frei, endlich frei …

Einen Tag dauert die Rast vom Rasen. Am Abend des 9. September verlässt er den Brenner-Gasthof. Der Gastwirt will die Pferde schon am

---

i   aus diesen Blättern, die er bis Verona gar nicht abschickte, stellte Goethe das »Tagebuch der Italienischen Reise für Frau von Stein (1786)« zusammen, welches er später in den Text der »Italienischen Reise« einarbeitete. Ausführlich dazu S. 201ff.

nächsten Tag zurück haben. Im Mondschein geht es bergab nach *Sterzing*; der Kutscher schläft ein, die Pferde laufen weiter, kennen den Weg; in *Brixen* nachts um halb drei; alles schläft, nur die Postillione sind wach. Er sieht nicht viel bei der *entsetzlichen Schnelle, (die Postillon fuhren daß einem oft Hören und Sehen verging)*[17]. In *Botzen* kommt er bei Sonnenschein an. Überall Weinbau an den Hängen der Berge; Handel und Wandel florieren hier. Seide ist groß in Mode.

Die Unruhe in ihm treibt ihn weiter, stellt seinen Beobachtungsgeist auf die Probe, *ob und wie mein Auge licht, rein und hell ist, was ich in der Geschwindigkeit fassen kann* und mehr als das: *ob die Falten, die sich in mein Gemüth geschlagen und gedruckt haben, wieder auszutilgen sind.*[18]

Von Bozen geht's von *einem fruchtbaren und fruchtbarern Thal* nach Trient. Die Natur wird zum Süden hin immer reicher. *Alles was höher hinauf nur zu vegetiren anfängt hat nun hier schon alles mehr Krafft und Leben man glaubt wieder einmal an einen Gott.*[19] Spinozas[i] Geist liegt in der Luft. Er fühlt sich immer wohler wie ein Mensch, der von langer Fahrt aus der Fremde heimkehrt und den *Vaterländischen Staub der manchmal starck auf den Strasen wird und von dem ich solang nichts gesehen habe*[20] als Willkommensgruss genießt. *Und nun wenn es Abend wird und bey der milden Luft wenige Wolcken an den Bergen ruhn [...] Es ist mir als wenn ich hier gebohren und erzogen wäre und nun von einer Grönlandsfahrt Von einem Wallfischfang zurückkäme.*[21]

Nun weiß ›Lotte‹, wie sich Weimar für ihn anfühlte.

Trient, alt, ehrwürdig, Jesuitenkirche, um 5 Uhr abends an der Etsch entlang nach *Roveredo*. Das schöne Wetter dauert an. Man lebt hier anders als in Thüringen. Keiner macht die Fenster zu, die Türen stehen offen, keiner trägt Stiefel oder einen Rock aus Tuch. *Ich komme recht wie ein nordischer Bär vom Gebirge. Ich will mir aber den Spas machen mich nach und nach in die Landstracht zu kleiden.*[22] Die Sprachgrenze ist erreicht. Endlich kann

---

[i] Baruch Spinoza (1632-1677), Amsterdamer Philosoph; in Spinozas phil.-theol. Weltbild fand Goethe die Bestätigung seiner Auffassung der Gott-Natur-Einheit, deren anti-metaphysische Tendenz er in der Diskussion mit Herder überwand; die Beschäftigung mit Spinoza fand in einer kleinen Schrift Goethes vom Winter 1784/85 *Studie nach Spinoza* ihren Niederschlag

er die Sprache des geliebten Landes sprechen. Kein allzu großes Problem für Goethe, der schon im Elternhaus vom italienischen Sprachmeister Giovinazzi Unterricht erhielt, den Goethes Vater Johann Caspar (1710-1782) engagiert hatte, um die erste Fassung des Berichtes seiner eigenen Italienreise »Reise durch Italien im Jahre 1740« in italienischer Sprache »Viaggio per l'Italia« veröffentlichen zu können.

Verona hätte er bis zum Abend schaffen können, will sich aber den *Lago di Garda* nicht entgehen lassen; Feigen- und Ölbäume auf dem Weg zum Hafen von *Torbole* am nördlichen Ende des Sees. Der Wind macht, was er will. Das Boot mit zwei Ruderern kommt nur bis nach *Malsesine*: Habsburg ade, Venetien ahoi! Er will das Schloß für Charlotte zeichnen, was beinahe übel ausgegangen wäre. *Die Einwohner fanden es verdächtig, weil hier die Gränze ist und sich alles vorm Kayser fürchtet.*[23] War der Allein-Reisende vielleicht ein habsburgischer Spion? Kaiser Joseph II., Sohn Maria Theresias, machte kein Geheimnis aus seinen territorialen Gelüsten auf Norditalien. Das Schloß, das Goethe für eine Ruine hielt, galt als Festung. Festungen zeichnen war verboten. Sein Charme, seine italienischen Sprachkenntnisse, seine offenbare Arglosigkeit und die Bequemlichkeit des Bürgermeisters, der den Fall selbst in die Hand genommen hatte, retteten ihn vor einem Aufenthalt im Stadtgefängnis von Verona.

Für einen als Maler getarnten preußischen Spion hielten ihn dagegen die Österreicher, die Goethe von ihrem Nachrichtendienst observieren ließen. Es wurde befürchtet, er mache bei den diplomatischen Vertretungen in Rom Stimmung für die Fürstenbund-Politik Friedrichs II. und gegen die Annexionsabsichten Josephs II. nördlich und südlich der Alpen[i]. In einem Bericht an den österreichischen Fürsten Kaunitz[ii] verspricht dessen römischer Informant[iii], seinen Sekretär in »näheren Umgang« mit dem Personenkreis um Goethe zu setzen, »um hierdurch imstande zu sein, mit Sicherheit ein wachsames Auge auf seine Aufführung und allfällig geheime

---
i   mehr dazu S. 35f.
ii   Wenzel Anton Graf Kaunitz (1711-1794), Staatskanzler (und vieles mehr), nahm unter Maria Theresia und Joseph II. maßgeblichen Einfluss auf die österreichische Außenpolitik
iii   Der römische Informant war Kardinal Graf zu Herzan und Harrach

Absichten tragen zu können«[24]. Der weitere Bericht vom 24. März 1787 zeigt, wie präzise die Informationen über Goethes Tätigkeiten, Kontakte und Reisepläne waren. Goethe ahnte von alledem nichts, gab sich offenbar der naiven Täuschung hin, in Rom für alle Welt genauso »unterirdisch« zu sein wie für Weimar.

Von Malcesine reist er ohne amtliche Begleitung weiter nach Verona, erneut per Boot; doch in *Bartolino* steigt er aus und auf Maultiere um und kommt am 14. September gegen ein Uhr mittags *in gewaltiger Hitze*[25] in Verona an. Ganze zwölf Tage sind seit Karlsbad vergangen, reich an Erlebnissen, als ob er sich seit längerem auf einer Weltreise befände. Das ist der große Unterschied zu einem 2-Stunden-Flug über den Wolken heute.

Von Verona aus nimmt Goethe zum ersten Mal Kontakt mit der Heimat auf. Am 18. September schreibt er drei Briefe. An den Herzog: *Wo ich bin verschweig ich noch eine kleine Zeit. Es geht mir so gut daß mich es nur oft betrübt das Gute nicht teilen zu können*[26]; an die Herders: *Ein kleines Blättchen soll zu Euch kommen, und sagen daß ich wohl bin*[27]; an Charlotte von Stein: *Auf einem ganz kleinen Blättchen geb ich meiner Geliebten ein Lebenszeichen, ohne ihr doch noch zu sagen wo ich sei. Ich bin wohl und wünschte nur das Gute was ich genieße mit dir zu teilen, ein Wunsch der mich oft mit Sehnsucht überfällt.*[28] Die stillbar gewesen wäre. Wäre.

Diese Briefe schickt er an Philipp Seidel, der sie an die Adressaten verteilen soll und trägt ihm auf: *In beiliegenden Briefen ist kein Ort angegeben, auch durch nichts angedeutet, wo ich sei, laß Dich auch, indem Du sie bestellst, weiter nicht heraus.*[29]

Er ahnt die Reaktionen, die er von einer Briefempfängerin erwarten muss, die nicht weiß, wo sich ihr Geliebter seit eineinhalb Monaten aufhält; von einem Herzog, der den Mitgliedern der obersten Landesbehörde, dem Consilium, nicht erklären kann, wo sich sein Superminister befindet; von Freunden, die er an der Karlsbader Geburtstagskaffeetafel sitzen ließ.

Goethe kann von Glück reden, dass der Herzog weiß, was er an ihm hat und die Freunde ihn sogar zur Ausdehnung seiner Reise ermutigen. Nur Charlotte von Stein konnte nicht so nachsichtig sein. Hatte Goethe wirklich geglaubt, die Liebesschwüre, die Sehnsucht nach ihr, der ständig wiederholte Wunsch, sie an seiner Seite zu wissen, konnten bei ihr auf

Glaubwürdigkeit stoßen? Wollte er sie glauben machen, woran er selbst nicht glaubte, was nur noch eine Gewohnheit war, ein Sprachritual, mit dem er sich selbst zu beruhigen versuchte? Während Goethe sich noch in illusionärer Liebes- und Treuerhetorik übte, spürte Charlotte bereits die nahende Endgültigkeit der Trennung. Wie tief sie der Vertrauensbruch des flüchtigen Freundes traf, vertraute sie bereits wenige Wochen nach Goethes Verschwinden ihrer Seelenfinsternis-Variante seines Gedichts *An den Mond* mit dem Zusatz »nach meiner Manier« an:

Breitest über mein Gefild
Lindernd deinen Blick,
Da des Freundes Auge mild
Nie mehr kehrt zurück.

Lösch' das Bild aus meinem Herz
Vom geschiednen Freund,
Dem unausgesprochner Schmerz
Stille Thräne weint. [30]

Drei Tage *Verona*. Am 19. September *Vicenza*. Die Realbegegnung mit der Architektur Palladios[i] ist der absolute Höhepunkt der Anreise nach Rom und wird Goethes Kunstauffassung lebenslang prägen. Schon nach einigen Stunden hat er die stilprägenden Gebäude des bedeutendsten italienischen Renaissance-Baumeisters gesehen. Voller Bewunderung trägt er ins Tagebuch ein: *Wenn man diese Wercke nicht gegenwärtig sieht, hat man doch keinen Begriff davon. Palladio ist ein recht innerlich und von innen heraus groser Mensch gewesen.*[31] Er habe ihm den Weg *zu aller Kunst und Leben geöffnet.*[32] – Am 20. September fährt er hinaus vor die Stadt zu ›dem‹ Meisterwerk Palladios: *Auch hab ich heute die famose Rotonda, das Landhaus*

---

[i] Andrea Palladio (1508-1580), geb. und gest. im Padua, überwiegend in Vicenza tätig, wo Goethe dessen Olympisches Theater, die Basilika und die Villa Rotonda sah. Palladios Verschmelzung antiker Baukunst mit römischer Majestät und einem venezianischen Sinn für das Malerische wurde Grundlage des gesamten Klassizismus des 17. + 18. Jahrhunderts (vgl. HA 11, S. 592f.)

des Marchese Capri gesehn, hier konnte der Baumeister machen was er wollte und er hats beynahe ein wenig zu toll gemacht. Doch hab ich auch hier sein herrliches Genie zu bewundern Gelegenheit gefunden.[33]

Auch die Vicentinerinnen, befindet er, seien gut gebaut und so kann er am Ende dieses reichen Tages in der ›Città del Palladio‹ seiner Geliebten Erbauliches mitteilen: *Auch bin ich wohl und von glücklichem Humor.*[34] Noch hat sie das Tagebuch nicht.

In Padua angekommen, schreibt er Charlotte zur späten Abendstunde die vielleicht schönsten, wenngleich bitter-süßen Zeilen in das Tagebuch:

Abends. 27. S.
Wie gewöhnlich meine liebe wenn das Ave Maria della Sera[i] gebetet wird, wend ich meine Gedancken zu dir; ob ich mich gleich nicht so ausdrücken darf, denn sie sind den ganzen Tag bey dir. Ach daß wir doch recht wüßten was wir an einander haben wenn wir beysammen sind.[35]

Padua erfüllt ihm einen langgehegten Herzenswunsch: *Endlich habe ich die Werke des Palladio erlangt.*[36] Mit der 4-bändigen Werkausgabe im anschwellenden Gepäck geht's per Boot auf der Brenta nach *Venedig*; Erinnerungen an seinen Vater werden lebendig, der von hier das Gondelmodell mitbrachte, das zu Johann Wolfgangs ersten Spielzeugen gehörte. Die Italiensehnsucht war ihm quasi in die Wiege gelegt. Drei Tage läuft er in der Lagunenstadt herum, mit wachem Sinn für das Typische und Charakteristische, bevor er das Besondere in Augenschein nimmt. Das ist seine Art der Stadterkundung.

Mit Rom in greifbarer Nähe und Weimar außer Reichweite kann er ins Tagebuch eintragen, was ihn wirklich forttrieb: *Jetzt darf ich's sagen, darf meine Kranckheit und thorheit gestehen. Schon einige Jahre hab ich keinen lateinischen Schriftsteller ansehen, nichts was nur ein Bild von Italien erneuerte berühren dürfen ohne die entsetzlichsten Schmerzen zu leiden.*[37] Das ist wahr, aber nur die halbe Wahrheit.

Von Venedig aus, wo er zwei Wochen bleibt, bringt er am Abreisetag,

---

i Das zur Abendandacht gebetete Ave Maria

dem 14. Oktober 1786, die zweite Postsendung auf den Weg. Charlotte von Stein kündigt er den Versand des ersten Teils des Tagebuchs an; auch Kaffee, ihr Lieblingsgetränk, aus Alexandria importiert, geht mit. Versand und Verteilung weiterhin über Seidel, den er erneut ausdrücklich ermahnt: *Was Dich betrifft du tust vor wie nach als wüßtest du nicht wo ich sei.*[38] Es ist schon ein wenig »mystisch« um Goethes Verdunklungsmanie bestellt.

Je näher er Roma kommt, desto größer wird seine Unruhe. Schon in Padua schreibt er ins Tagebuch: *daß gar so viel auf mich gleichsam eindringt dessen ich mich nicht erwehren kann daß meine Existenz wie ein Schneeball wächst, und manchmal ists als wenn mein Kopf es nicht fassen noch ertragen könnte...*[39] Ein beängstigendes Gefühl. Drei riesige Brocken liegen noch vor seinem Ziel: *Ferrara, Bologna, Florenz*. In *Ferrara* nimmt er sich wenigstens Zeit, das Gefängnis des unglücklichen historischen Tasso (1544-1595) zu besuchen, der hier geistig umnachtet einsaß.

Rastlos geht's am nächsten Tag über *Cento* weiter nach *Bologna*, wo er im Tagebuch unter dem 18. Oktober festhält: *Ich habe eben einen Entschluß gefaßt der mich sehr beruhigt. Ich will nur durch Florenz durchgehn und grade auf Rom. Ich habe keinen Genuß an nichts, biß jenes erste Bedürfniß gestillt ist, gestern in Cento, heute hier, ich eile nur gleichsam ängstlich vorbey daß mir die Zeit verstreichen möge.*[40]

Bologna überfordert ihn endgültig. Norbert Miller, Mitherausgeber der Münchener Goethe-Ausgabe, schreibt in seiner »Einleitung« zum *Reise-Tagebuch*: »Um in die Besonderheiten der Bolognesischen Kunst einzudringen, hätte G. das Mehrfache der Zeit gebraucht, die er sich gönnen wollte. Die fremde Welt dieser Stadt, ihre geschichtliche Entwicklung und ihre artistischen Eigenheiten, so sich anzueignen, wie er das in Vicenza für den Reisenden postuliert hatte, waren die wenigen Tage nicht ausreichend, die er seiner Ungeduld noch abzwang. Drei Tage nur, dann war er aus Bologna getrieben worden, um vor Rom nicht einmal mehr ruhig innezuhalten.«[41] *Florenz* ›macht‹ er in ganzen drei Stunden, *Siena* überhaupt nicht. In der nächsten Station gesteht er sein Dilemma schriftlich: *In Perugia hab ich nichts gesehn, aus Zufall und Schuld.*[42]

Die Raserei auf der Zielgeraden ist gänzlich das Gegenteil davon, wie er sich seinen italienischen Kunstgenuß vorgestellt hatte: *Ich gehe nur immer herum und herum und sehe und übe mein Aug und meinen innern Sinn.*[43] Die Ruhe der ersten Wochen ist hin. Die Panik, die ihn vor den Toren Roms überkommt – als könne er zu einer alles entscheidenden Veranstaltung zu spät kommen – wird von Norbert Miller zutreffend als Goethes »Bologneser Krise« und als »Flucht aus der Flucht«[44] bezeichnet. *Mir läuft die Welt unter den Füßen fort*[45] gesteht er und bei seiner Ankunft in Rom wenige Tage später: *Über das Tiroler Gebirg bin ich gleichsam weggeflogen. Verona, Vicenz, Padua, Venedig habe ich gut, Ferrara, Cento, Bologna flüchtig und Florenz kaum gesehen. Die Begierde, nach Rom zu kommen, war so groß, wuchs so sehr mit jedem Augenblicke, daß kein Bleiben mehr war, und ich mich nur drei Stunden in Florenz aufhielt.*[46]

In Anbetracht der zunehmenden Hast und Blindheit für alles, was ihn umgibt, verwundert es, dass Heinrich Niederer in seinem Essay von 1980 zu dem Ergebnis kommt, die Reise sei »vom Aufbruch bis zur Wiedereingliederung«[47] ein Musterbeispiel für »entfaltete Reisekunst«[48], mit der Goethe »dem Publikum seines Vaterlandes ein Reisekonzept als Vorbild vor Augen gestellt«[49] habe. Andere Autoren[50] stellen demgegenüber fest, wie wenig sich die *Italienische Reise* als Reiseanleitung oder Reisehandbuch eignet und erfassen in mehr oder weniger langen Katalogen, was Goethe alles nicht sah oder ›falsch‹ sah. Dieser hatte allerdings nie im Sinn, mit der *Italienischen Reise* sein Debüt als Reiseleiter zu geben. Die vermeintlichen Mängellisten sind bei genauerer Betrachtung Markierungen des ganz eigenen Weges, den Goethe in Italien wählte. Dieser stand von Anfang an nicht im Zeichen eines enzyklopädischen Erfassens und Erforschens der Kunst Italiens, sondern folgte äußerst persönlichen Zielen, in deren Spektrum die Begegnung mit der Kunst Italiens nicht Selbstzweck, sondern primär Mittel zum Zweck war, um im Medium der Kunst neuen Boden unter den weimar-wunden Füßen zu gewinnen. Diese Zielsetzung hält er in Venedig explizit durch einen Eintrag im Reisetagebuch fest: *Auf dieser Reise hoff ich will ich mein Gemüth über die schönen Künste beruhigen, ihr heilig Bild mir recht in die Seele prägen und zum stillen Genuß bewahren.*[51]

Am Abend des 29. Oktober 1786 kommt Goethe nach knapp zweimonatiger Reise in Rom an. Er jubelt: *Ja, ich bin endlich in dieser Hauptstadt der Welt angelangt*[52] und: *Endlich kann ich den Mund auftun und meine*

Freunde mit Frohsinn begrüßen. Verziehen sei mir das Geheimnis und die gleichsam unterirdische Reise hierher. Kaum wagte ich mir selbst zu sagen, wohin ich ging, selbst unterwegs fürchtete ich noch, und nur unter der Porta del Popolo war ich mir gewiß, Rom zu haben.[53]

Erstmalig sendet er seine Briefe mit vollständigem Absender versehen direkt an die Empfänger: am 1. November an den Freundeskreis, am 3. November an den Herzog, am 4. November an seine Mutter nach Frankfurt und zuletzt, am 7. November an Charlotte von Stein, die sich über diese Zurücksetzung ärgerte und es Goethe fühlen ließ. Am 16. Dezember beantwortet er einen Brief, den er von den Herders bekam, in dem es heißt: *Wie herzlich freut es mich daß Ihr mein Verschwinden so ganz wie ich wünschte genomen. Versöhnt mir Fr. v. Stein und den Herzog, ich habe niemand kränken wollen und kann nun auch nichts sagen um mich zu rechtfertigen.*[54]

Charlotte von Stein findet Goethe zunächst mit einem *Zettelchen* ab, das sie einer Sendung Seidels an Goethe beigibt, auf den Goethe am 13. Dezember niedergeschlagen und reuig antwortet: *Dein Zettelchen hat mich geschmerzt aber am meisten dadurch daß ich dir Schmerzen verursacht habe. Du willst mir schweigen? Du willst die Zeugnisse deiner Liebe zurücknehmen? Das kannst du nicht ohne viel zu leiden, und ich bin schuld daran.*[55] Schmerzen, die ihn auf Schritt und Tritt begleiten werden.

Die erste Nachricht aus Charlotte von Steins verwaister Gefühlswelt lässt Goethe endgültig aus der Seligkeitswolke, auf der er über den Brenner schwebte, abstürzen und hart auf dem Boden der Tatsachen landen, die er in Weimar unverrichtet hinterlassen hatte. Diesen Absturz blenden Goethe-Autoren gerne aus, die glauben, mit der Schaffung der Illusion vom prästabilisierten Glück dem italienreisenden Goethe die Ehre zu geben. »Die Reise nach Italien ist in der Tat für Goethe wieder eine Schulzeit; er wandert mit jungem Herzen, unbekümmert und vergnügt wie ein Student im ersten Semester, und freut sich der akademischen Freiheit …«[56] schreibt Josef Hofmiller in »Wege zu Goethe«.

Anders als dieser Glauben machen will, war sich Goethe des Ausnahmezustands, den er sich auf der Anfahrt nach Rom gönnte, völlig bewusst, denn Seidel ermahnte er schon bei der ersten Briefsendung im Oktober: *Du schickst mir nichts nach, es wäre denn höchst nötig, denn ich will Rom ohne*

Erwartung nordischer Nachrichten betreten.[57] Er ahnte nichts Gutes aus dieser Richtung, besonders vom Hoch-Kochberg nicht, dem Landgut der von Steins 30km südlich von Weimar in der Nähe von Rudolstadt, auf das sich Charlotte mehr und mehr zurückzog. Goethe mobilisiert bereits zu Beginn der Reise zum Zwecke des Selbstschutzes ein erstaunlich selektives Wahrnehmungstalent, das er im Verlauf der Reise gezwungenermaßen zu einer Überlebensmethode kultiviert. Doch darf man sich nicht täuschen: hinter dem wiederholten Rückzug in eine ›splendid isolation‹ stand der angestrengte Versuch, stressfreie Nischen zu finden, um zu sich selbst zu kommen. Die Kunst war eine solche, von der er am Ziel seiner Sehnsüchte Heilung von allen seinen Leiden erwartete.

In Rom passt er flexibel sein Inkognito den neuen Lebensbedingungen an und nennt sich von nun an: Filippo Miller, tedesco, pittore 32. Die erhoffte Verjüngung nimmt er im amtlichen Fremdenverzeichnis schon mal vorweg, nicht ahnend, dass bis dahin noch ein langer, beschwerlicher Weg vor ihm lag, den er sich durch den selbstverschuldeten Zwang zur Fortsetzung des Weimarer Scheins und Seins erheblich erschwerte.

Goethe hatte den Italienaufenthalt für ca. ein Jahr geplant. Im August 1787 wollte er zurückkehren, um am 28. d. M. seinen 38. Geburtstag in der Heimat zu feiern. Zunächst standen vier prall gefüllte Kunstmonate Rom auf dem Programm. Ende Februar 1787 reiste er weiter nach Neapel. Den Vesuv wollte er unbedingt besteigen und möglichst einen ›schönen‹ Ausbruch mit rot-glühender Lava aus nächster Nähe miterleben. April, Mai: Beginn des Rückweges. Das war sein ursprünglicher Plan.

Und dann kommt alles anders. Ende März 1787 in Neapel entschließt sich Goethe, die Reise nach Sizilien fortzusetzen. Etwas Entscheidendes ist passiert. Was es ist, lässt sich nur ahnen. Doch die Ursachen und Auswirkungen werden von Tag zu Tag deutlicher, sofern man Goethe nicht nach Sizilien verschwinden lässt, sondern ihm folgt und in Palermo und während der Inselreise aufmerksam beobachtet. Dort kommt ein entzwängter, veränderter Goethe zum Vorschein, der schon den Geniekultbildnern seiner Zeit quer lag.

*
* *

Zurück zu den Anfängen! – Rom stillte Goethes ersten, großen Kunsthunger, Neapel weckte seine Lebensgeister, Sizilien eroberte seine Seele. Die insulare Metamorphose im Zeitraffertempo transformierte meine ursprüngliche Arbeitsbezeichnung, der ›sizilianische Goethe‹, in einen Wesensbegriff, der sich Stück für Stück mit Charakterzügen auffüllte, die den post-italienischen Goethe prägten und bei seiner Heimkehr für ebenso große Verwirrung sorgten wie die gewaltige Bildungsfracht, die er im Gepäck hatte.

An dieser Stelle begann mich die Frage zu reizen, ob der ›sizilianische‹ Goethe der heutigen Goethe-Forschung ein guter Bekannter sei. Daran sollte sich entscheiden, ob das Kapitel »Die Entdeckung des sizilianischen Goethe« noch geschrieben werden müsste oder längst bekannt war.

Goethe in Sizilien?

Orientiert man sich zunächst in den zahlreich vorliegenden Goethe-Biographien unterschiedlichen Umfangs über den mittleren Lebensabschnitt, in den die Italienreise vom September 1786 bis Juni 1788 fällt, verfestigt sich schon bald der Eindruck, Goethe sei eigentlich nur in Rom gewesen. Während die zwei Aufenthalte in Neapel noch erwähnenswerte Kulturabstecher sind, wird die sizilianische Reise wie eine Auszeit behandelt, die man im Italiengesamt durchaus vernachlässigen kann – ganz erstaunlich, wenn man in Betracht zieht, was Goethe über sein Sizilien-Erlebnis sagte: *Italien ohne Sizilien macht gar kein Bild in der Seele; hier ist erst der Schlüssel zu allem.*[58]

Die gängige Bewertung der Reisestationen folgt dem chronischen Nord-Südgefälle des Landes und orientiert sich überwiegend am ›Kulturgewicht‹ der Standorte Rom, Neapel, Sizilien in Verbindung mit der jeweiligen Aufenthaltsdauer: von den insgesamt eindreiviertel Jahren in Italien, beginnend mit der heimlichen Abreise von Karlsbad am 3. September 1786, entfällt auf Rom (Ankunft 29. Okt.) mit insgesamt 15 Monaten der Löwenanteil, gegenüber dem sich die jeweils eineinhalb Monate Neapel und Sizilien in der Tat bescheiden ausnehmen. Auffällig ist, dass Goethes Berichterstattung von den Reiseabschnitten nicht ihrem chronographischen Verhältnis entspricht: unter Berücksichtigung der jeweiligen Aufenthaltsdauer übertrifft die Berichterstattung aus Sizilien bei weitem die der Rom- und Neapelaufenthalte. Bedenkt man in diesem Zusammenhang Platons Ansicht, die unterschiedliche Bedeutung der Abschnitte eines Schriftwerks müsse sich proportional im jeweiligen Umfang abbilden, so könnte dieser Aspekt ein bedeutsamer Hinweis auf die innere Gewichtsverteilung in der Buchveröffentlichung der *Italienischen Reise* sein.

Im Segment der großen Goethe-Biographien der letzten Jahrzehnte ist Richard Friedenthals 1963er Studie »Goethe. Sein Leben und Werk« zu nennen, die zwei unerhebliche Absätze über Sizilien enthält; sodann die von Karl Otto Conrady verfasste Lebensbeschreibung (Goethe. Leben und Werk; 1982), in der Sizilien mit keinem Wort erwähnt wird. Demgegenüber widmet sich erfreulicherweise die 1991 erschienene enzyklopädische Goethe-Biographie von Nicholas Boyle (deutsch 1995/99) im siebten Kapitel »Endlich nach Italien« auf mehr als einhundert Seiten der Reise Goethes in das gelobte Land. Zwanzig Seiten gelten dem Sizilienaufenthalt, auf dessen Bearbeitung und Bewertung durch den Cambridge-Professor später gebührend eingegangen wird.

Selbst die ausschließlich auf die Italienreise spezialisierte Fachliteratur liefert ebenso selten wie die Biographien Gesamtdarstellungen von Goethes fast 2-jährigem Leben im Ausland. Der sizilianische Abschnitt wird auch hier im chronologischen wie im autobiographischen Kontinuum der Reise kaum zur Kenntnis genommen. Dagegen liegen zahllose Untersuchungen vor, die Einzelaspekte globaler Italienthemen vertiefen wie Goethes Begegnung mit der Weltkunst Roms, mit Tizian, Raffael oder Michelangelo usw., mit dem griechisch-römischen Altertumserbe in Kunst und Architektur oder mit Goethes eigenen Bemühungen als bildender Künstler, um nur einiges zu nennen.[59] Alle Einzelbetrachtungen reflektieren den Reichtum eines Geistes, dessen Unerschöpflichkeit es nahelegt, immer wieder in lokale Tiefen des goetheschen Genius einzutauchen. Dementsprechend ist die literatur-, kunst- und geschichtswissenschaftliche Reisebearbeitung überwiegend auf Rom konzentriert. Die Erwähnung Siziliens beschränkt sich auf die wenigen ›Bonbons‹ wie die Urpflanzen-Thematik oder Goethes neu erwachtes Interesse an Homer. Der Rest ist Schweigen. Dem selektiven Zugriff entgehen dabei Erkenntnisse, die nur einer kontinuierlichen Goethe-Erforschung »unterhalb« dieser Bildungsoberfläche zugänglich sind. Nirgendwo gilt das mehr als in Sizilien, wo allein die intensive Verfolgung des inneren und äußeren Reiseverlaufs Beobachtungen erschließt, die die Entdeckung des ›sizilianischen‹ Goethe möglich machen, die in einer Gesamtschau seines Lebens unverzichtbar ist.

Nur wenige Autoren weisen offen auf das ›schwarze Loch‹ in der literaturwissenschaftlichen Aufarbeitung der Italienreise hin. Peter Boerner, Goethe-Herausgeber und Verfasser einer Goethe-Biographie (»Goethe«, 1964), stellt in einem Beitrag von 1985 über Goethes »Italienische Reise (1816-1829)«[i] fest: »Einmal gilt es, die Frage aufzuwerfen, warum in der Tat so wenige Ansätze zu einer umfassenden Behandlung existieren; zum anderen soll hier postuliert werden, daß das Werk durchaus strittige Aspekte enthält, daß aber gerade diese Aspekte bisher weitgehend ignoriert wurden.«[60] Einer dieser Aspekte sei die »äußerliche Heterogenität der *Italienischen Reise*«.[61] Es stelle sich die Frage, wie denn »dieses formal so unausgeglichene Werk eines der heitersten Kapitel in Goethes Lebensgeschichte spiegeln soll«[62]. Boerners Kritik bringt die Sachlage auf den Punkt. Die meisten Goethe-Autoren huldigen mehr oder weniger verdeckt einem lupenreinen Dichterfürsten-Kult, der durch nichts beschädigt werden darf – als könne diese exzeptionelle Vita allen Ernstes durch irgendeine ›unangenehme‹ Enthüllung Schaden nehmen. Folglich wird die ausgewachsene Lebenskrise am Ende des Weimarer Jahrzehnts, die Goethe nicht in Karlsbad, sondern in Italien ausschwitzen wollte, bagatellisiert oder vollständig ignoriert, weil sie nicht in die verbreitete Goethe-Idolatrie passt.

Auf die Notwendigkeit einer ganzheitlich-psychologischen Analyse des Italienaufenthalts Goethes weist Norbert Miller hin. »Mit der Ausleuchtung psychischer Vorgänge und Substrukturen ist sicher nicht der Universalschlüs-

---

i   die Jahreszahlen beziehen sich nicht auf die Reisedaten, sondern auf die Veröffentlichungsdaten der *Italienischen Reise*

sel für das Goethe-Verständnis zu gewinnen. Es läßt sich andererseits aber nicht übersehen, daß der italienischen Reise – gerade unter dem Gesichtspunkt der Krisensymptomatik – ein Komplex des Untergründigen, nicht unmittelbar Ausgesprochenen, aber noch Erschließbaren zugehört, ohne den diese Flucht und Selbsterziehung, dieser grandiose Versuch einer Selbstheilung nicht recht verstehbar wäre.«[63] Millers 2002 erschienene Studie »Der Wanderer · Goethe in Italien« präsentiert eine kenntnisreiche Italienanalyse, die mit ihrer sensiblen Psychoanalytik des Wanderers in Sizilien eine Ausnahme auf einem weitgehend unerforschten Terrain der mit Goethe befassten Italienliteratur darstellt.

Das Fazit:

Der unerwartete Befund, auf einen in der Literaturwissenschaft fast vergessenen Goethe in Sizilien zu stoßen, reizte, Goethe auf seiner sechswöchigen Reise durch Sizilien zu folgen und dabei die Schönheit der Insel, ihre antiken Kulturzeugnisse und die durch Natur und Geschichte geprägten Menschen mit goetheschen Augen zu sehen und dabei jene Metamorphose zu verfolgen und zu beschreiben, die den ›sizilianischen Goethe‹ hervorbrachte, dessen neugeborenen Stern viele Goethe-Autoren feiern, ohne zu sagen, wo er aufging.

Die gewünschte und wünschenswerte Zuwendung zu dieser verlockenden Aufgabe war allein vom Schreibtisch her nicht machbar. So folgte im März/April 2008 eine Reise nach Palermo und von dort nach Messina auf den längst verwischten Fußstapfen Goethes in Sizilien. Ein ganz anderer als der übliche Urlaubsblick führte mich durch die Gassen Palermos, durch die wechselnden Landschaften der Insel oder hinauf zu Taorminas griechischem Theater und ließ mich die Insel quasi doppelt sehen. Manche Eindrücke und Erkenntnisse sind unmittelbar in den Text eingeflossen, andere haben in der Nachschrift »PALERMO 2008 · SPUREN IM REGEN« ihren wetterentsprechenden schriftlichen ›Niederschlag‹ gefunden.

ERSTES KAPITEL

Weimarer Vorspiel

Während sich Goethe in Neapel an Bord des Seglers auf eine unerwartet lange Seereise nach Palermo begibt, soll diese Überfahrt-Pause genutzt werden, um sowohl die vor-italienische Situation in Weimar als auch die ersten Erfahrungen Goethes auf italienischem Boden ins Blickfeld der stillen Begleiter zu rücken. Dies erscheint auf dem Hintergrund des diagnostizierten biographischen Sizilienlochs notwendig, um von den Voraussetzungen der Reise ausgehend der Entwicklung ›aufgeklärter‹ nachspüren zu können, die den auf dem italienischen Festland vergeblich Halt Suchenden zur Loslösung von diesem veranlasste, um der unerfüllten Selbstfindung auf dem klassischen Boden Siziliens eine neue, letzte Chance zu geben.

So unbestritten die italienische Reise ›das‹ zentrale Ereignis in Goethes Lebensmitte ist, so strittig ist ihre literaturwissenschaftliche Deutung. Keine andere Lebensphase ist so nachhaltig unter die Räder vorgefasster Goethe-Bilder geraten wie diese. Die idolisierenden beherrschen nach wie vor die Szene und neigen nicht unerwartet zu einer Verharmlosung der alles auslösenden Weimarer Krise, wollen von einer ›Flucht‹ des Dichters nach Italien gar nichts wissen – dieses ungeachtet der Tatsache, daß Goethe sein urplötzliches Verschwinden selbst als *Hegire*[i] bezeichnete. Heinrich Niederer (»Goethes unzeitgemäße Reise nach Italien«, 1980) hält das für einen Irrtum, vielleicht für eine Irreführung, denn die Abschiedsbriefe Goethes an seine Freunde und Vertrauten seien der unzweifelhafte Beweis für eine wohlgeplante, alles andere als überstürzte Aktion.

Werfen wir mit Niederer einen Blick in die drei Abschiedsbriefe, die Goethe unmittelbar vor seinem ›Abgang‹ am 1. und 2. September 1786

---

i Hegire: arab.-frz. für ›Flucht‹; religionsgeschichtlich bezieht sich der Begriff auf die Auswanderung (arab. Hedschra) des Propheten Mohammed von Mekka nach Medina im Jahre 622

schrieb. Dem Freund und Chef, Herzog Carl August, versichert er, dass er seinen Arbeitsplatz geordnet und auf längere Zeit entbehrlich verlasse und bittet ihn rückwirkend um den im Vorwege selbst erteilten *unbestimmten Urlaub*[64]; die Herders müssen sich mit einem herzlichen *Lebet recht wohl!*[65] bescheiden und sollen etwas für ihn tun: *Saget den Überbleibenden viel Schönes und womöglich etwas Vernünftiges in meinem Namen, damit sie mir den heimlichen Abschied verzeihen*[66] – Goethe überlässt dem Einfallsreichtum der engsten Freunde, wofür er selbst offenbar weder eine plausible Erklärung, noch die notwendige Zeit hatte: *Ich muß enden und eilen um der Witterung und anderer Umstände willen*[67], die er nicht nennt. Panisch ist dieser Abschied nicht, aber ein Musterbeispiel an Planung auch nicht.

Eine besonders geglückte Abschiedsbotschaft, so Niederer, sei die an Charlotte von Stein: »Seine Geliebte bestürmt er, ihn weiterhin zu lieben, denn er bedarf zu seinem Wagnis der emotionalen Sicherheit, die ihm diese Liebe gewährt und ihm die Mühen der Reise durch die Aussicht auf einen liebevollen Empfang erträglich und sinnvoll macht.«[68] Einerseits erweckt diese Darstellung den Eindruck, der Herzog habe Goethe auf eine ferne diplomatische Mission abgeordert und von der Geliebten herzzerreißend zwangsgetrennt – andererseits wird die Rolle deutlich, die Niederer der Sitzengelassenen wie ein höheres Schicksal zumutet: sie hat nicht etwa einen Anspruch auf sich selbst. Ihre Berufung erfüllt sich vielmehr im Verzicht auf sich selbst im Dienst an etwas Höherem, das sie mit ihrer ganzen mütterlichen Musenkraft zu fördern hat. »Dies«, befindet Ernst Beutler (Hrsg. der Artemis Goethe-Gedenkausgabe von 1949), sei »das Geheimnis ihrer Sendung«[69] gewesen. Niederer erwähnt immerhin, dass Goethe in seinem letzten Brief an Frau von Stein am 1. September 1786 andeute, »daß er wegen seines ungeklärten Verhältnisses zu ihr nun in die Einsamkeit der Welt hinausgehe«[70], verspräche ihr aber, schon Ende September – drei bis vier schweigende Wochen später – *ein Röllgen Zeichnungen*[71] zu schicken! Und schließlich, so Niederer, beende er sein Abschiedsgesuch mit der herzlichen Bitte: *Liebe mich, und sage mirs damit ich mich des Lebens freuen könne.*[72] Gezeichnet G. Das war's. – War das vorbildlich?

Alle drei Briefe erreichten die Empfänger erst nach seiner Demission. Wenn etwas geplant war, dann das. Frau von Stein war einige Tage zuvor nach Ober-Kochberg abgereist und der Herzog nach Weimar zurückgekehrt. Allein die Herders weilten noch mit einigen anderen *Überbleibenden* in Karlsbad und konnten am Morgen des 3. September 1786 nur noch das sang- und klanglose Verschwinden ihres Freundes als Tatsache konstatieren und darüber rätseln, warum er diese abrupte, alle vor den Kopf stoßende Form des Abschieds gewählt hatte, für die es nur ein Wort gab: Flucht. Welchen Grund hatte er, sich ohne ein Händeschütteln, ohne eine Umarmung, ohne ein ›Alles Gute‹ von ihnen zurückzuziehen? Ohne ein vertrauliches Gespräch mit den besten Freunden? Genau das war es, was er nicht konnte, was er nicht wollte, was er am meisten fürchtete. Es hätte seine Pläne zunichte machen können. Deshalb wählte er die Heimlichkeit der Nacht, um bis zum frühen Morgen eine möglichst große anonyme Distanz zwischen sich und Karlsbad zu legen, damit jede Such- oder Einholaktion ohne Chancen sein würde. Wie die Abschiedsbriefe gehört auch diese Art des spurlosen Verschwindens zum Ritual der Flucht.

Ein weiterer Blick in den von Niederer nur auszugsweise zitierten Abschiedsbrief Goethes an Frau von Stein bringt einen Zipfel der Wahrheit über die erwähnten »ungeklärten Verhältnisses« zum Vorschein: *Ich habe bisher im stillen gar mancherlei getragen, und nichts so sehnlich gewünscht als daß unser Verhältnis sich so herstellen möge, daß keine Gewalt ihm was anhaben könne. Sonst mag ich nicht in deiner Nähe wohnen und ich will lieber in der Einsamkeit der Welt bleiben, in die ich jetzt hinausgehe.*[73] Das sind ganz andere Töne, die die düsteren Wolken erahnen lassen, die sich über dem Paar in dem zurückliegenden Weimarer Jahrzehnt zusammengebraut hatten. Dieses begann 1775 mit Goethes kometenhaftem Aufstieg im Weimarer Ministaat und endete in einer Sackgasse, in der er sich von Problemen umringt sah, für die er keine Lösung wusste. Beim Namen genannt waren es der Herzog, Charlotte von Stein und Tasso stellvertretend für alle anderen poetischen Bruchstücke. Dieses kaum zu steigernde Problemgemenge skizziert das existenzielle Ausmaß der Krise, die Goethe nach Italien trieb, wo er nicht nur Kunstgenuss und Erholung suchte, sondern einen neuen ›modus vivendi‹ mit sich und der Welt finden musste.

Unter den genannten Weimarer Problemen war der Herzog ›als solcher‹

das kleinste. 1775 übernahm Carl August 18-jährig von seiner Mutter, Herzogin Anna Amalia, die Regierungsgeschäfte des Herzogtums Sachsen-Weimar-Eisenach, die diese, selbst erst 19-jährig, seit dem frühen Tod ihres Mannes siebzehn Jahre lang ausgeübt hatte. Sie holte Christoph Martin Wieland (1733-1813) von seiner Erfurter Professur für Philosophie 1772 als Erzieher Carl Augusts nach Weimar, der, kaum volljährig und schon Regent, den 26-jährigen *Werther*-Autor nach Weimar lockte, den er kurz zuvor in Frankfurt kennengelernt hatte und engagierte ihn für seine Dienste: zweifellos die klügste Entscheidung seines Lebens. Schnell erkannte der Jungfürst die Nützlichkeit des juristisch ausgebildeten Erfolgsautors[i], spannte ihn in den Verwaltungsapparat des Herzogtums ein, beförderte ihn 1776 zum Geheimen Legationsrat mit Sitz und Stimme im Geheimen Consilium und machte ihn drei Jahre später zum Geheimen Rat im Ministerrang. Mit großzügigen Geschenken und Anerkennungen wie dem Gartenhaus (1776) und der Adelung (1782) verstand er es, Goethe an Weimar zu binden, der mit Unterstützung Anna Amalias eine Mentorenrolle für den jungen Herzog übernahm. Unter Goethes Anleitung wuchs Carl August schnell in die Regentenrolle hinein, zog nach und nach alle wichtigen Entscheidungen an sich und überließ Goethe eine umfassende Verwaltungsregie. Unter der Last der tagtäglichen Kleinarbeit blieben Goethes ursprüngliche Reformpläne auf der Strecke. Die angestrebte Boden- und Sozialreform, die einen Eingriff in die ständisch geprägte Einkommens-, Steuer- und Vermögensverteilung erfordert hätte, war zudem mit dem Herzog nicht zu machen. Besorgniserregende Formen nahm dessen nicht zu bremsender Drang an, über die Grenzen des Herzogtums hinaus politisch mitzuwirken, damit Weimar künftig nicht nur durch den Namen des Dichterfreundes ruhmvoll erinnert würde. Goethe ebenso wie das Consilium betrachteten die ehrgeizigen Aktivitäten ihres Regenten mit Besorgnis. Unkalkulierbare militärische Verwicklungen des

---

i Goethe hatte 1771 mit zweiundzwanzig Jahren in Straßburg das in Leipzig begonnene Studium der Rechtswissenschaften beendet, war als Anwalt beim Frankfurter Schöffengericht zugelassen und betrieb zusammen mit seinem Vater in den folgenden vier Jahren eine Anwaltspraxis im Elternhaus, allerdings nicht mit dem Ziel einer bürgerlichen Existenz, wie sein Vater es gewünscht hätte

Minifürstentums in die internationale Politik waren zu befürchten und blieben nicht aus.[i]

Unmittelbare Folge der Goethe vom Herzog eingeräumten privaten und geschäftlichen Vertrauensposition im Herzogtum war der Beinahe-Stillstand seiner dichterischen Tätigkeit. Alle großen Werke, die er in Arbeit hatte: *Iphigenie*, *Tasso*, *Egmont* und *Faust* kamen über ein fragmentarisches Stadium im ersten Weimarer Jahrzehnt nicht hinaus, ja, Goethe glaubte, unter einer Schreibblockade – *Stockung* von ihm genannt – zu leiden. Im *Tasso* ist zu lesen, wie es einem verhinderten Dichter ergeht:

> *Er ändert stets, ruckt langsam weiter vor*
> *Steht wieder still, er hintergeht die Hoffnung;*
> *Unwillig sieht man den Genuß entfernt*
> *In späte Zeit, den man so nah geglaubt.*[74]

In dieser deprimierenden Lage fand der von Selbstzweifel geplagte Dichter bei der Geliebten, Charlotte von Stein, nicht den erhofften emotionalen Ausgleich, der alles hätte erträglicher machen können. Ihr Verhältnis hatte spontan begonnen, als der junge Dichterstar am 12. November 1775 in Weimar eintraf. Sieben Jahre älter als Goethe war Frau von Stein Mutter von sieben Kindern, von denen nur die drei Söhne überlebten, zu denen sie nie ein mütterlich-warmes Verhältnis entwickeln konnte. Glücklos in einer unerfüllten Ehe, körperlich und seelisch erschöpft, befand sie sich mit gerade 33 Jahren in einer Lebenskrise, der sie durch eiserne Disziplin und kulturelle Interessen Paroli bot. Der junge Wilde aus Frankfurt, der sie aus ihrer Resignation entführte, wurde in kürzester Zeit zum ›Familienmitglied‹ auf dem von-Steinschen Besitz in Groß-Kochberg. Den meist abwesenden Hausherrn, Josias Friedrich von Stein, Oberstallmeister des Herzogs, kümmerte das wenig. Schnell entwickelte sich zwischen Goethe

---

i   noch vor Goethes Rückkehr aus Italien trat Carl August in die preußische Armee ein; Goethe musste ihn unwillig in das schlesische Feldlager (1790) begleiten, ebenso auf die verlustreiche »Campagne in Frankreich« (Kanonade von Valmy 20.9.1792) sowie an der Belagerung der Stadt Mainz (1793) und ihrer Befreiung von den französischen Besatzern teilnehmen

und Charlotte von Stein, die mit 16 Jahren Hofdame der Herzogin Anna Amalia geworden war, ein Liebesverhältnis der besonderen Art, in dem sie die Rolle einer ›Erzieherin‹ des Stürmers und Drängers übernahm, ihm Hofetikette beibrachte und mit ihrer Insider-Kenntnis der Weimarer Verhältnisse zu seinem kometenhaftem gesellschaftlichen Aufstieg beitrug.

Goethe mag es zunächst genossen haben, dass Charlotte von Stein zu Intimitäten wenig geneigt war. Gerade war er einer ›drohenden‹ Heirat mit der schönen Frankfurter Bankierstochter Lili Schönemann[i] entwichen. Die Ruhe einer reinen Seelenfreundschaft, die Charlotte von Stein wollte, schien ihm zunächst zu behagen. Doch das änderte sich, als sich seine Natur zurückmeldete und er die noch immer attraktive Frau zu begehren begann. Schon im Januar 1776, nur zwei Monate nach ihrem ersten Kennenlernen, schrieb Goethe an sie die folgende Zeilen: *Und wie ich Ihnen meine Liebe nie sagen kann, kann ich Ihnen auch meine Freude nicht sagen.*[75] Nur wenig später, im Wonnemonat Mai, erreichte der Druck des Verzichts einen ersten Höhepunkt: *Du hast recht mich zum heiligen zu machen, das heisst mich von deinem Herzen zu entfernen. Dich so heilig du bist kann ich nicht zur heiligen machen, und hab nichts als mich immer zu quälen dass ich mich nicht quälen will.*[76] Und so geht es weiter und weiter mit dem Jammern und Klagen: *Sie kommen mir eine Zeither vor wie Madonna die gen Himmel fährt, vergebens dass ein rückbleibender seine Arme nach ihr ausstreckt, vergebens dass sein scheidender trähnenvoller Blick den ihrigen noch einmal niederwünscht, sie ist nur in den Glanz versuncken der sie umgiebt, nur voll Sehnsucht nach der Krone die ihr überm Haupt schwebt. Adieu doch Liebe!*[77] Er nennt sie seine *Schwester*[78], ihre Beziehung eine *Irrfahrt*[79], spricht von den *eisernen Reifen*[80], in die sein Herz eingefasst sei, sein *Kreuz*[81] mit ihr wird ihm so schwer, dass ihm *die Kniee zusammenbrechen.*[82]

Trotzdem hat er die Unerreichbare geliebt, denn es gibt Briefe wie diesen vom 2. März 1779: *Wenn ich wieder auf die Erde komme will ich die Götter*

---

i Anna Elisabeth Schönemann (1758-1817), genannt »Lili«, war einzige Tochter des wohlhabenden Frankfurter Bankiers Johann Wolfgang Sch.; zum Osterfest 1775 verlobten sich die beiden mit Zustimmung der Eltern inoffiziell, d.h. ohne Ringe auszutauschen; einen Monat später verschwand Goethe sang- und klanglos aus Frankfurt und begab sich mit den Brüdern Stolberg auf die 1. Schweizer Reise.

bitten dass ich nur einmal liebe, und wenn Sie nicht so feind dieser Welt wären, wollt ich um Sie bitten zu dieser lieben Gefährtinn.[83] Dazu kommt es nicht. Sie bleibt dieser Welt feind. Im *Tasso* entspannt sich zwischen der Prinzessin Leonore d'Este und dem sie begehrenden Dichter folgender Dialog:

> *Tasso:*
> *Die goldne Zeit wohin ist sie geflohn?*
> *Nach der sich jedes Herz vergeblich sehnt!*
> *Da auf der freien Erde Menschen sich*
> *Wie frohe Herden im Genuß verbreiteten;*
> *Da ein uralter Baum auf bunter Wiese*
> *Dem Hirten und der Hirtin Schatten gab,*
> *[…]*
> *Wo jeder Vogel in der freien Luft*
> *Und jedes Tier, durch Berg und Täler schweifend*
> *Zum Menschen sprach: Erlaubt ist was gefällt.*
> *Prinzessin:*
> *Mein Freund, die goldne Zeit ist wohl vorbei:*
> *[…]*
> *Noch treffen sich verwandte Herzen an*
> *Und teilen den Genuß der schönen Welt;*
> *Nur in dem Wahlspruch ändert sich, mein Freund,*
> *Ein einzig Wort: Erlaubt ist was sich geziemt.*[84]

Dazwischen klemmt's gewaltig. Im Oktober 1780 schreibt er an sie: *Mir kommts entsetzlich vor die besten Stunden des Lebens, die Augenblicke des Zusammenseyns verderben zu müssen.*[85] Charlotte von Stein im Juni 1783 an ihre Schwägerin Sophie von Schardt: »[…] mündlich ist nicht mit ihm zu sprechen, ohne daß wir uns beide weh tun, wie ich Dir schon letzt etwas davon geschrieben habe…«[86] Zwei Monate vor seinem Karlsbader Aufbruch schreibt Goethe in einem resignativen Tonfall: *Thue meine Liebe was und wie dir's recht ist und es soll mir auch so seyn. Behalte mich nur lieb und lass uns ein Gut, das wir nie wiederfinden werden, wenigstens bewahren, wenn auch Augenblicke sind wo wir dessen nicht geniesen können.*[87] Diese Augenblicke sind der wunde Punkt, der ihn bald zu halbherziger Entsagung, bald zu qualvoller Klage drängt.

Diese Briefausschnitte sind nur ein Faden aus dem reichen Gewebe ihres Verhältnisses, aber es ist derjenige, der es zum Zerreißen bringt. Am Ende der 10-jährigen Beziehung steht ein innerlich zermürbter Mittdreißiger, dem eine unerfüllte Liebe unerträglich geworden ist. Aus dieser Situation sieht Goethe dort, wo er lebt und leidet, keinen Ausweg mehr. Die unerfüllte Liebe ist ein großer Brocken der Weimarer Hypothek, die in der Nacht des 3. Septembers 1786 auf seinen Schultern lastet.

Vor diesem Hintergrund kann es nicht gelingen, Ernst Beutlers Auffassung über Charlotte von Steins segensreicher Rolle in Goethes Leben zu teilen: »Bei ihr war Friede.«[88] Sie habe ihm das »Gleichgewicht der inneren Mitte«[89] geschenkt. »Und wenn es in Italien sein war, so dankte er das neben der Begegnung mit dem ersehnten Land eben auch der Geliebten.«[90] Warum verschwindet ein so in sich ruhender, geliebter Mensch klammheimlich, um in der *Einsamkeit der Welt* um seine *Wiedergeburt* zu ringen? Am 20. Dezember, fünf Tage vor Charlottes Geburtstag – gerade hat er in Rom ihren ersten Brief erhalten, antwortet er: *Daß du krank, durch meine Schuld krank warst, engt mir das Herz so zusammen, daß ich dirs nicht ausdrucke. Verzeih mir ich kämpfte selbst mit Tod und Leben und keine Zunge spricht aus was in mir vorging, dieser Sturz hat mich zu mir selbst gebracht.*[91] »Gleichgewicht«? »Innere Mitte«? »Friede«?

Der Schweizer Goethe-Biograph Emil Staiger (Goethe, 3 Bde, 1952-59) sieht im Gegensatz zu Beutler in diesem Verhältnis Goethe in der dienenden Rolle: »Nicht, was sie *ihm* bedeutet, was *er* gewinne durch ihre Liebe, hat Goethe damals unablässig beschäftigt, sondern was *sie* gewinne durch ihn, wie es ihm möglich sei, dieser Frau das Glück, eine Heimat der Seele zu schenken.«[92] Aber konnte er die Geliebte heimatloser machen als durch sein wort- und ortloses Verschwinden? Offensichtlich gilt das Motto: Jedem seinen Goethe. ›As you like it‹.

Der Karlsbader Ausstieg stellt einen, wenn nicht ›den‹ dramatischen Tiefpunkt im Verlauf Goethes gebirgiger Lebenslinie dar. Der Versuch ist müßig, einer bestimmten Ursache mehr Schuld zuschieben zu wollen als einer anderen. Ob Arbeitsüberlastung, Schreibblockade, unglückliche Liebe oder pure Italiensehnsucht: sie sind unauflösbar miteinander in Goethes Kapitulation vor den ›facts of life‹ verwoben. Alles ist ihm zuviel geworden, von keiner Seite kommt Entlastung. Das Leben in Weimar, resümiert Heinrich Meyer (Goethe. Das Leben im Werk; 1951) habe ihn »lange genug mit Enthaltsamkeitsidealen aller Art geknebelt. […] Natur, Kunst, Er selber, Dichten, Menschsein.«[93] Goethes Konsequenz daraus kommentiert Hartmut Reinhardt in Hansers Münchener Werk-Ausgabe: »Die Hegire ist die Reaktion auf eine tiefgreifende Schaffens- und Lebenskrise, der Versuch, sie durch einen Ausbruch ins Freie zu lösen.«[94]

Goethes Flucht war eine innere, ein Weglaufen vor den aufgetürmten Problemen, das Eingeständnis der eigenen Unfähigkeit, sie zu lösen. Das schmerzte.

Seidel hatte alles auf Abruf bereit. Der kam in der Nacht des 3. September.

Eine zweifellos publikumswirksame Flucht-Version bietet seit dem Erscheinen seines Bestsellers »Goethe und Anna Amalia – eine verbotene Liebe?« (2003) Ettore Ghibellino an, der die These aufstellt, das wirkliche Weimarer Liebespaar seien Goethe und Herzogin Anna Amalia gewesen. Charlotte von Stein habe nur als Tarnfrau gedient. Die verbotene Liaison sei der Zeit und der Zeit danach bis heute unentdeckt geblieben, da sie der allerhöchsten Geheimhaltung unterlag. Der Zwang zum »Staatsgeheimnis«[95] sei durch die Drohung[i] des Preußenkönigs Friedrich II. erforderlich gewesen, im Falle der Enthüllung dieser unstandesgemäßen Paarung mit einer »Okkupation des winzigen Herzogtums«[96] zu reagieren. Diese Gefahr – so Ghibellino – sei 1785/86 auf dem Höhepunkt der Konfrontation Friedrichs II. mit Österreichs Kaiser Joseph II. so akut gewesen, daß sich Goethe Hals über Kopf aus dem Staube gemacht habe, um dem befürchteten Verrat der »verbotenen Liebe« den Boden der Glaubwürdigkeit zu entziehen.

In Wien hätte man einem solchem Eigentor des Preußenkönigs lebhaften Beifall gezollt, wenn dieser durch einen Eingriff in ein deutsches Minifürstentum seine Trumpfkarte verspielt hätte, der Wahrer der Souveränität der kleinen und mittleren Reichsfürsten gegen die unrechtmäßige Arrondie-

---

i für die Gh. keinen dokumentierten Nachweis bringt

rungspolitik Josephs sowie dessen Reichsreformpläne zu sein. Ein schlechter Taktiker, wie Ghibellino unterstellt, war der Preußenkönig nun wirklich nicht. Sachsen-Weimars Bündnistreue stand ohnehin nicht in Zweifel, da sich Carl August[i] zum Frontmann Friedrichs Fürstenbund machte, um sich aus eigener Kraft eine Fußnote in der Geschichte des 18. Jahrhunderts zu verdienen.

Und warum hätte sich Friedrich überhaupt – selbst mit Kenntnis der vorgeblichen Liebe zwischen seiner Nichte[ii] und dem bekanntesten Dichter der Zeit – zu einer so missgünstigen Aktion hinreißen lassen sollen? Zum Zeitpunkt der Flucht Goethes war Anna Amalia bereits 26 lange Jahre Witwe und über 10 Jahre regierende Herzogin a.D. Der amtierende Herzog Carl August, Friedrichs Großneffe, lieferte ihm reichlich unmoralischen Züchtigungsstoff, aber mehr noch sein Neffe und Thronnachfolger, Friedrich Wilhelm, der ein Lotterleben auf der Höhe der Zeit führte und darin mit seiner Ehefrau, Elisabeth Christine, Anna Amalias jüngerer Schwester, wetteiferte.[iii] Die unsichere Lage, die im europäischen Kräftemessen mit dessen Nachfolge 1786 als König Friedrich Wilhelm II. eintrat, ist für Sachsen-Weimar nie zur Gefahr geworden und warum hätte sie es werden sollen, zumal Carl August nichts Eiligeres zu tun hatte, als 1788 im Rang eines Generalmajors in die Dienste seines königlichen Onkels einzutreten und Sachsen-Weimars bescheidenes militärisches Potential als Draufgabe mitzubringen. Goethe, der bereits nach Italien enteilt war, machte trotz der allgemeinen Entwarnung 1786/87 weder Anstalten, zu seiner »Geliebten« nach Weimar zurückzukehren, noch deren Wunsch zu erfüllen, ihn im Herbst 1787 in Italien zwecks gemeinsamer Fortsetzung der Reise zu treffen.[iv]

Ettore Ghibellino wird gut daran tun, die durch seine These zahlreich

---

i   nach vergeblichen Versuchen, eine von Österreich und Preußen unabhängige dritte Partei der kleinen und mittleren Reichsstände zu organisieren

ii   Anna Amalias Mutter, Philippine Charlotte von Preußen, war eine Schwester Friedrichs II., der 1733 mit Elisabeth Christine, der Schwester von Anna Amalias Vater, Karl I. von Braunschweig-Wolfenbüttel, verheiratet wurde.

iii   Friedrich II. billigte sogar die Musikertochter Wilhelmine Encke (1753-1820) offiziell als Maitresse des Thronfolgers und versorgte sie mit einer Apanage

iv   1790 verspürte Goethe nicht die geringste Lust, Anna Amalia von ihrer ohne den »Geliebten« durchgeführten Italienreise abzuholen. Mehr dazu auf S. 188 f

aufgelaufenen Widersprüche nicht durch weitere Hypothesen, sondern durch Nachlieferung überzeugender Fakten zu entkräften[i]. Ansonsten wird er sich den zweifelhaften Ruf erwerben, nur eine zeitgeistnahe Weimarer Version des da-Vinci-Codes geliefert zu haben oder mit Shakespeares Worten: Viel Lärm um nichts.[ii]

In Roms Schule

Fast zwei Monate befindet sich Goethe in Rom als er am 20. Dezember '86 an Frau von Stein schreibt: *Noch ist kein Brief von dir angekommen, und es wird mir immer wahrscheinlicher, daß du vorsätzlich schweigst, ich will auch das tragen und will denken: Hab ich doch das Beispiel gegeben, hab ich sie doch schweigen gelehrt, es ist das erste nicht, was ich zu meinem Schaden lehre.*[97]

Bevor er diesen Brief abschickt, erreicht ihn am 23. Dezember, 3½ Monate nach seinem Weggang von Karlsbad, ihr erster Brief, der leider nicht erhalten ist. Aus Goethes Antwort noch am selben Abend lässt sich auf den Inhalt schließen: *Laß mich dir nur noch für deinen Brief danken! Laß mich einen Augenblick vergessen was er Schmerzliches enthält. Meine Liebe! Meine Liebe! Ich bitte dich nur fußfällig, flehentlich, erleichtere mir meine Rückkehr zu dir, daß ich nicht in der weiten Welt verbannt bleibe. Verzeih mir großmütig was ich gegen dich gefehlt und richte mich auf.*[98] Der Fluch der Flucht geht ungebremst

---

i   Das betrifft vor allem auch die beiden von Ghibellino als »Verräter« ausgeguckten Personen, die ihre ungerechte Stigmatisierung bislang nur als Attrappen in dem von ihm aufgebauten preußischen Bedrohungsszenario erfüllen, um Goethes Flucht als staatspolitische Notwendigkeit glaubwürdig zu machen

ii Ob die »verbotene Liebe« nicht auch eine erfundene ist, bleibt von Ghibellino zu widerlegen. Kaum einer der Ortskundigen wagt sich bisher über die wackelige Görtz-Gianni-Brücke, die von der vorgetäuschten zur wahren Liebe führen soll. Stefan Weiß, Historiker und Mitarbeiter Ettore Ghibellinos, räumte anlässlich einer mit Spannung erwarteten Pressekonferenz am 25.7.2008 im Weimarer Goethe-Institut ein, dass die Liebesaffäre zwischen Goethe und der Herzogin wohl Spekulation bleiben müsse (Augsburger Allgemeine v. 28.07.2008)

auf ihn nieder, der von Furien geplagte Goethe-Orest bittet seine Iphigenie flehentlich um Absolution. Vergebens. Die Hohe Priesterin erhört ihn nicht. Die Weimarer Hypothek ballt sich unter dem Druck der Vorwürfe Charlotte von Steins zu einem massiven Schuldkomplex zusammen, der Goethes neue Existenz in Rom auf Schritt und Tritt belastet.

Im Januar 1787 folgen zwei bitterböse, vorwurfsvolle Briefe von ihr. Goethes Gemütsverfassung steuert dem absoluten Nullpunkt entgegen. Das ist in seiner Antwort vom 17./20. Januar dokumentiert. *Dein Brief von 1. Jan. ist mir gekommen und hat mir Freude und Schmerzen gebracht. Dazu kann ich nichts weiter sagen als: ich habe nur E i n e Existenz, diese hab ich diesmal g a n z gespielt und spiele sie noch. Komm ich leiblich und geistlich davon, überwältigt meine Natur, mein Geist, mein Glück, diese Krise, so ersetz ich dir tausendfältig was zu ersetzen ist. – Komm ich um, so komm ich um, ich war ohnedies zu nichts mehr nütze.*[99] Man erinnere Ernst Beutler: eine »Kette heiter beseligter Tage«!

In diesem Brief erwähnt Goethe, daß Charlotte von Stein den Erhalt des Reisetagebuchs mitgeteilt hatte. Warum die am 14. Oktober von Venedig aus abgeschickte erste Sendung in Goethes Haus in Weimar liegen blieb und erst mit der zweiten Sendung des letzten Reiseabschnitts Venedig-Rom von Seidel an Charlotte von Stein weitergegeben wurde, ist ungeklärt. Jedenfalls hatte der Empfang des kompletten Reisetagebuchs nichts zur Verbesserung ihrer Stimmung beigetragen.

Die geballte Ladung deprimierender Mitteilungen Goethes über seine Gemütsverfassung soll nicht die positiven verdrängen, die es auch gibt. Schon wenige Tage nach der Abreise von Karlsbad glaubte er die befreiende Wirkung der Hegire zu spüren: *Ich bin wohl, freyen Gemüths und aus diesen Blättern wist du sehn wie ich der Welt genieße.*[100] In Vicenza schreibt er unter dem beflügelnden Einfluss Palladios ins Reisetagebuch: *Ich kan dir nicht sagen was ich schon die kurze Zeit an Menschlichkeit gewonnen habe.*[101] Aus Venedig meldete er fast jubelnd: *Meine Geliebte wie freut es mich daß ich mein Leben dem Wahren gewidmet habe, da es mir nun so leicht wird zum Großen überzugehen, das nur der höchste reinste Punckt des Wahren ist.*[102] Der erste Brief im neuen Jahre 1787 kündet von Fortschritten auf dem Wege der Erneuerung: *Schon habe ich viel in meinem Innren gewonnen, schon habe ich viele Ideen auf denen ich fest hielt, die mich und andre unglücklich machten hingegeben und bin um vieles freier. Täglich werf ich eine neue Schale ab und hoffe als ein Mensch wiederzukehren.*[103] Herder meldet er, daß er in Rom am Ziel aller seine Wünsche angekommen sei: *An diesen Ort knüpft sich die ganze Geschichte der Welt an, und ich zähle einen zweiten Geburtstag, eine wahre Wiedergeburt von dem Tage da ich Rom betrat.*[104] Dieser Begeisterungsrausch der ersten Reisephase, dessen Jubel oft und ganz unzutreffend über den gesamten Italienaufenthalt verbreitet wird, knickt – wie dargestellt – noch bevor er die *Hauptstadt der Welt* erreicht mit der Bologneser Krise ein.

Natürlich ist Rom zunächst das große Kunsterlebnis, nach dem ihn seit seiner Jugend so unbändig verlangte. Dass es dazu werden konnte, verdankte Goethe vor allem Johann Heinrich Wilhelm Tischbein (1751-1829), dem im hessischen Haina geborenen Porträt- und Historienmaler, dem Goethe 1781 beim Herzog Ernst II. von Sachsen-Gotha ein Italienstipendium besorgt hatte. Tischbein hielt sich seit 1783 in Rom auf, war Kunstmaler und Kunstkenner, ein absoluter Rom-Insider und dankbarer Goethe-Verehrer. Goethe trifft ihn noch am Ankunftstag in Rom und wird am nächsten Tag sein Untermieter am Corso gegenüber dem Palazzo Rondanini. Der deutschsprachige Künstlerkreis Roms trifft sich und arbeitet hier, die Maler Friedrich Bury (1763-1823), ebenfalls aus Hessen und Johann Georg Schütz (1755-1813), ein Frankfurter Historienmaler, waren Mitbewohner am Corso. Dazu gesellte sich seit Mitte November 1786 Carl Philipp Moritz (1756-1793), der »Anton Reiser«-Verfasser, dem sich Goethe *wie ein jüngerer Bruder von mir*[105] verbunden fühlte. Im Quirinal lernt er den seit 1784 in Rom ansässigen Schweizer Maler Johann Heinrich Meyer (1760-1832) kennen, den von Goethe hoch geschätzten Kunstexperten, als »Kunscht-Meyer« bekannt, den er 1791 nach Weimar holt und – last but not least – die Grande Dame of Art, Angelica Kauffmann (1741-1807), mit der ihn nach der Rückkehr von Sizilien eine enge Freundschaft verband.

Tischbein, der das berühmte Porträt »Goethe in der Campagna« mit dem Einzug seines Untermieters sofort in Angriff nimmt, ist mit dem »pittore Wolfango« von morgens früh bis abends spät auf den Beinen, um dessen Kunsthunger zu stillen. Museen, Paläste, Villen, Galerien, Kirchen, Messen, Ruinen, Zeichenunterricht, Ausflüge: es ist zu viel, um aufzuzählen, was es im Einzelnen war. Bevor es morgens auf die römische Kunstpiste geht, hat Goethe schon ein mehrstündiges Pensum hinter sich. Göschen sitzt ihm im Nacken. Die *Iphigenie* muss fertig werden. Der Verleger will den 8. Band der ersten autorisierten Werk-Ausgabe pünktlich herausbringen. Diese enthält im Subskriptions-Prospekt Titel, die der Verfasser noch gar nicht zu Ende geschrieben hat. Rom und Göschen kosten viel Kraft. Aber er will es nicht anders haben. Kurz nach der Ankunft in Rom lässt er Herder, seinen unermüdlichen Privat-Lektor, wissen: *Ich bin fleißig und bin nicht hier um nur nach meiner Art zu genießen, ich will lernen und mich ausbilden eh ich 40 Jahre alt werde.*[106] Ebenfalls an Herder: *Ich erhole mich nun hier nach und nach von meinem Salto mortale und studiere mehr als daß ich genieße.*[107]

An dem offenkundigen Missverhältnis zwischen Pflicht und Entspannung ändert sich auch nach 3 Monaten Rom nichts. An Charlotte von Stein: *Am Abende eines sehr schönen Tages muß ich Dir schreiben, obgleich herzlich müde, denn ich bin von morgens bis in die Nacht auf den Beinen.*[108] Johann Joachim Winckelmann (1717-1768), dessen Briefe und »Kunstgeschichte des Altertums« er fleißig studiert, gab Rom-Enthusiasten den guten Rat, der Stadt »mit einem gewissen Phlegma« zu begegnen. Das ist nichts für Goethe, der den Weimarer Workaholic nicht ohne weiteres abstellen kann und mit Tischbein immer weiter der römischen Krise entgegenhetzt. *Bei allem hofft man immer mehr zu tun, als wirklich geschieht*, notiert er in der *Italienischen Reise.*[109] Es überrascht nicht, wenn er eingestehen muss: *wie sehr hält mich Anstrengung und Zerstreuung ab, ein kluges Wort aufs Papier zu bringen.*[110]

Die Wiedergeburt funktioniert nicht auf Knopfdruck. Rom fordert ihn anders als gedacht, anders als vorbereitet. Zwar lässt er die Freunde wissen: *wohin ich gehe, find ich eine Bekanntschaft in einer neuen Welt, es ist alles, wie ich mir's dachte, und alles neu.*[111] Tatsächlich begegnet ihm Rom weder auf der Straße noch in den Kunsttempeln als das imaginierte Kunstparadies, an das er aus der Ferne idealisierend gedacht haben mag. Ernüchtert notiert er in der *Italienischen Reise: Doch auch in Rom ist zu wenig für den gesorgt, dem es Ernst ist, ins Ganze zu studieren. Er muß alles aus unendlichen, obgleich überreichen Trümmern zusammenstoppeln*[112]. An die Herders schreibt er: *Das Seltsamste und Schwerste der Betrachtung ist: wie Rom auf Rom folgt und nicht allein das neue aufs alte, sondern die verschiednen Epochen des alten selbst aufeinander. Man müsste Jahre hier bleiben um den Begriff recht lebendig zu haben, ich fühle nur die verborgnen und halbsichtbaren Punkte.*[113] Alles muss er neu sehen lernen, um der verwirrenden Mixtur aus Altem und Neuem, Originalem und Kopiertem, Klarem und Vermischtem, Zerstörtem und Restauriertem das Echte, Wahre und Bleibende abzuringen, eine innere Ordnung, deren er selbst bedarf. Das gelingt nicht ohne weiteres: *Mir ists wie einem Kinde, das erst wieder leben lernen muß*[114] war schon eine seiner Anreise-Erfahrungen. Rom zwingt ihn dazu. Er muss in die Grundschule der Kunst und des Lebens gehen und lernen, beide zu neuer Lebenskunst zu vereinen. Halb mit seinen Illusionen hadernd, ganz auf seine Lernfähigkeit vertrauend, vermerkt er in der *Italienischen Reise*: *Und doch ist alles mehr Mühe und Sorge als Genuß. […] Ich dachte wohl, hier was Rechts zu lernen; daß ich aber so weit in die Schule zurückgehen, daß ich so viel verlernen, ja durchaus umlernen müsste, dachte ich nicht. […] Ich bin wie ein Baumeister, der einen Turm aufführen wollte und ein schlechtes Fundament gelegt hat; er wird es noch beizeiten gewahr und bricht gern wieder ab, was er schon aus der Erde gebracht hat, seinen Grundriß sucht er zu erweitern, zu veredeln, sich seines Grundes mehr zu versichern, und freut sich schon im voraus der gewissern Festigkeit des künftigen Baues.*[115]

Ein solches Rundum-Erneuerungsprogramm kann nicht gelingen, wenn der Mensch, der um ein neues Gleichgewicht mit sich und der Welt ringt, dieser nicht offen begegnen kann, wenn sich über alles, was er sieht, der lange Schatten der Vergangenheit legt. Das kleine *Zettelgen*, läßt er Charlotte wissen, habe ihn total verstört: *in der Zeit da sich manches zu setzen und aufzuklären schien, kam dein Zettelgen und brach mir alles ab. Ich sah noch einige Villen, einige Ruinen, mit den Augen bloß. Da ich merkte daß ich nichts mehr sah, ließ ich ab und ging nur so vor mich hin.*[116] Was dringend nötig war, um die Italien-Kur zu einem Erfolg zu machen, wird ihm mit jedem weiteren Frusttag deutlicher und er sagt es ihr: *sobald ich an mich a l l e i n denke, wenn ich das, was ich so lang für meine Pflicht gehalten, aus meinem Gemüte verbanne …*[117]

Soweit ist er noch nicht. Noch zappelt er im Netz seiner Schuldgefühle und ›ihrer‹ Magie.

Die Entscheidung von Neapel

Mit einigen Blessuren übersteht er die erste italienische Selbstbehauptungsphase. Rom hat ihm den aufrechten Gang wiedergegeben, aber das freie Atmen fehlt noch. Vom entspannten Genießen keine Spur. Dem Herzog, der ihm inzwischen großzügig Urlaubsverlängerung bis Weihnachten 1787 gewährt hat, schreibt er noch im Dezember '86: *mit dem neuen Jahre will ich nach Neapel gehn und dort mich der herrlichen Natur erfreuen und meine Seele von der Idee so vieler trauriger Ruinen rein spülen und die allzustrengen Begriffe der Kunst lindern.*[118]

Wo Roms Trümmer bekümmern, soll Neapels Natur lindern. Sie tut es bereits auf dem Wege dorthin, der auf der letzten Strecke von Capua in die Stadt am Golf führt. *Die Chaussee geht breit zwischen grünen Weizenfeldern durch, der Weizen ist wie ein Teppich und wohl spannenhoch. Pappeln sind reihenweis auf den Feldern gepflanzt, hoch ausgezweigt und Wein hinangezogen. So geht es bis Neapel hinein. Ein klarer, herrlich lockerer Boden und gut bearbeitet. Die Weinstöcke von ungewöhnlicher Stärke und Höhe, die Ranken wie Netze von Pappel zu Pappel schwebend. Der Vesuv blieb uns immer zur linken Seite, gewaltsam dampfend, und ich war still für mich erfreut, daß ich diesen merkwürdigen Gegenstand endlich auch mit Augen sah.*[119]. Am 25. Februar 1787 quartiert er sich mit Tischbein für einen Monat im Gasthof Moriconi ein.

Neapel empfängt ihn mit unerwarteter Lebhaftigkeit. Menschen von allen Ecken und Enden der Welt sorgen für ein buntes Völkergemisch auf den Straßen und Plätzen der Hafenstadt, wo Handel und Wandel lautstark betrieben werden. Goethe schreibt: *Wie in Rom alles höchst ernsthaft ist, so treibt sich hier alles wohlgemut.*[120] Ein Fünkchen neapolitanischer Lebenslust springt auf ihn über. Nach einer Woche notiert er in der *Italienischen Reise*: *Man mag sich gar nicht zurückerinnern; gegen die hiesige freie Lage kommt einem die Hauptstadt der Welt im Tibergrunde wie ein altes, übelplaciertes Kloster vor.*[121] In der dritten Woche, am 16. März 1787, macht er eine bemerkenswerte Eintragung: *Neapel ist ein Paradies, jedermann lebt in einer Art von trunkner Selbstvergessenheit. Mir geht es ebenso, ich erkenne mich kaum, ich scheine ein ganz anderer Mensch. Gestern dacht ich: »Entweder du warst sonst toll, oder du bist es jetzt.«*[122] Weder das eine, noch das andere ist auszuschließen. Der ausufernden Tollheit werden allerdings von einer anderen Unart Grenzen gesetzt. *Triebe mich nicht die deutsche Sinnesart und das Verlangen, mehr zu lernen und zu tun als zu genießen, so sollte ich in dieser Schule des leichten und lustigen Lebens noch einige Zeit verweilen und mehr zu profitieren suchen.*[123]. Dazu fehlte es an etwas, was er auch in Neapel nicht finden kann und an etwas anderem, was er auch hier nicht verleugnen kann. Die deutsche Wesensart!

Tischbein hat ihm nach einer Woche *einen großen Teil der Kunstschätze von Neapel gezeigt und ausgelegt.*[124] Zweimal steigt der Vulkannarr Goethe innerhalb der ersten 14 Tage auf den Vesuv. Vulkane, diese Tempel der Erdgeschichte, in denen die Ursuppe noch immer kocht und dann und wann mit schrecklicher Schönheit die Geheimnisse der ersten Stunde preisgeben, üben auf Goethe eine unwiderstehliche Anziehung aus[i]. Beim zweiten Mal begleitet ihn Tischbein, *obgleich ungern, doch aus treuer Geselligkeit.*[125] Beim dritten Mal verweigert er die Gefolgschaft, worüber Goethe nicht sehr erfreut ist. Es folgen Exkursionen nach Pompeji und Portici zur Beschauung der Grabungsfunde von Herkulaneum. Goethe bedauert, *daß die Ausgrabung nicht durch deutsche Bergleute recht planmäßig geschehen; denn gewiß ist bei einem zufällig räuberischen Nachwühlen manches edle Altertum vergeudet worden*[126] – und nach Peastum, wo ihm die *stumpfen, kegelförmigen, enggedrängten* Säulenmassen der gerade ausgegrabenen dorischen Tempel zunächst *lästig, ja furchtbar erscheinen.*[127]

Mitte März verbringt Goethe einige Tage 30 Kilometer nördlich von Ne-

---

i Obwohl er – überraschenderweise – kein Vulkanist war; zum Vulkanisten-Neptunisten-Streit mehr S. 149f.

apel in den Bergen von Caserta. Dort besucht er Jakob Philipp Hackert[i], der als offizieller königlicher Landschaftsmaler einen Flügel des alten Schlosses bewohnt. Hackert gibt ihm Zeichenunterricht. Goethe sagt von Hackert, der sich von früh bis spät mit dem Zeichnen und Malen beschäftige, er bleibe dennoch gesellig und wisse *die Menschen an sich zu ziehen, indem er einen jeden zu seinem Schüler macht. Auch mich hat er ganz gewonnen, indem er mit meiner Schwäche Geduld hat, vor allen Dingen auf Bestimmtheit der Zeichnung, sodann auf Sicherheit und Klarheit der Haltung dringt. [...] Er sagte zu mir mit seiner gewöhnlichen bestimmten Aufrichtigkeit: ‚Sie haben Anlage, aber Sie können nichts machen. Bleiben Sie achtzehn Monat bei mir, so sollen Sie etwas hervorbringen, was Ihnen und andern Freude macht.'*[128] Die Verbindung wird beim zweiten Romaufenthalt Goethes vertieft und hält bis zu Hackerts Tod im Jahre 1807 an[ii].

In Caserta trifft Goethe auch einen gewissen William Hamilton. *Ritter Hamilton, der noch immer als englischer Gesandter hier lebt, hat nun nach so langer Kunstliebhaberei, nach so langem Naturstudium den Gipfel aller Natur- und Kunstfreude in einem schönen Mädchen gefunden. Er hat sie bei sich, eine Engländerin von etwa zwanzig Jahren. Sie ist sehr schön und wohl gebaut.*[129] Die 22-jährige Schöne ist Emma Harte, die Hamilton 1791 heiratete und als Lady Hamilton 1789 die Geliebte Admiral Lord Nelsons wurde.

Zu Goethes seelischer Aufrichtung mag die Bekanntschaft mit der Schwester des renommierten Staatsrechtlers Gaetano Filangieri (1752-1788) beigetragen haben, den er in Neapel besucht. Die nett anzuschauende – Goethe: *artige* – und ziemlich exaltierte Dame lädt ihn anläßlich ihres Kennenlernens im Hause ihres Bruders zu sich zum Essen ein. Gäste unterrichten Goethe, sie sei die Gräfin Satriano, Frau des erheblich älteren,

---

i Jakob Philipp Hackert (1737-1807), in seiner Zeit hoch geschätzter dt. Landschaftsmaler; lebte und wirkte ab 1768 in Rom und Neapel, war seit 1786 König Ferdinands IV. Hofmaler. Goethe lernte H. bei seinem ersten Besuch mit Tischbein in Neapel am 28.2.1787 kennen. Er schätze die an europäischen Höfen beliebten topographischen oder auch frei komponierten Landschaften Hackerts, zog aber die idealisierend-poetischen Claude Lorrains vor

ii Hackert hinterließ Goethe autobiographische Aufzeichnungen, die nach langen Auseinandersetzungen mit dessen Erben 1811 unter dem Titel *Philipp Hackert, Biographische Skizze, meist nach dessen eigenen Aufsätzen entworfen von G.* erscheinen konnte

reichen Filippo Ravaschieri, Principe de Satriano. Goethe ist entzückt, nennt sie fortan *das Prinzesschen* und erscheint pünktlich zu ihrer Tafel. Er wird von Dienern empfangen und in den Palast gebracht. Zahlreiche Gäste sind dort bereits versammelt. Das *Prinzeßchen* kam plötzlich in den Saal gestürzt und – so berichtet Goethe – *fuhr unter Knicksen, Beugungen, Kopfnicken an allen vorbei auf mich los. ‚Es ist recht schön, daß Sie Wort halten!' rief sie, ‚setzen Sie sich bei Tafel zu mir, Sie sollen die besten Bissen haben.'*[130] Nach dem Essen, als der Dessert gereicht wurde, sprach sie in einem für ihre Verhältnisse vernünftigen Ton zu Goethe: *‚Sehen Sie nur einmal, wie schön Neapel ist; die Menschen leben seit so vielen Jahren sorglos und vergnügt, und wenn von Zeit zu Zeit einmal einer gehängt wird, so geht alles übrige seinen herrlichen Gang.' Sie tat mir hierauf den Vorschlag, ich solle nach Sorrent gehen, wo sie ein großes Gut habe, ihr Haushofmeister werde mich mit den besten Fischen und dem köstlichsten Milchkalbfleisch (mungana) herausfüttern. Die Bergluft und die himmlische Aussicht sollten mich von aller Philosophie kurieren, dann wollte sie selbst kommen, und von den sämtlichen Runzeln, die ich ohnehin zu früh einreißen lasse, solle keine Spur übrig bleiben, wir wollten zusammen ein recht lustiges Leben führen.*[131] – Goethe kommentiert diese Episode nicht und überlässt dem Leser alle weiteren Nachgedanken. Was es auch immer sei, eines steht fest: das lockere Prinzesschen meinte es ernst mit dem, was sie sagte. Als Goethe zwei Monate später wieder in Neapel ist, war sie tatsächlich nach Sorrent abgereist, nicht ohne ihm vorher, wie Goethe stolz berichtet, *die Ehre* anzutun, *auf mich zu schelten, daß ich das steinichte und wüste Sizilien ihr habe vorziehen können.*[132]

Sizilien! Ein Traum! Abends geht er allein an der Hafenmole spazieren, um hier Augenblicke der Ruhe und Besinnung zu finden, die ihm Neapel ebenso wenig lässt wie Rom. Hingebungsvoll beobachtet er Willkommen und Abschied der Schiffe und besonders die in Richtung Süden ziehenden Segler üben eine ansteckende Faszination auf ihn aus. *Die Fregatte nach Palermo*, schreibt er am 3. März, *ging mit reiner, starker Tramontane*[i] *gestern ab. Diesmal hat sie gewiß nicht über sechsunddreißig Stunden auf der Fahrt zugebracht. Mit welcher Sehnsucht sah ich den vollen Segeln nach, als das*

---

i   der von Oberitalien her wehende Nordwind

Schiff zwischen Capri und Kap Minerva durchfuhr und endlich verschwand. Wenn man jemand Geliebtes so fortfahren sähe, müßte man vor Sehnsucht sterben![133]

Sizilien? Ein einziger Albtraum! Nicht weniger als drei Monate, zwischen Dezember 1786 und März 1787, macht Goethe aus seiner Sizilien-Entscheidung ein Riesenproblem. Die noch erhaltenen Briefe an Frau von Stein, an die Freunde und den Herzog dokumentieren den Zustand einer Verunsicherung, die nicht totaler sein kann. Am 29. Dezember '86 schreibt er Frau von Stein: *Nach Sizilien geh ich nicht; ich bin nicht vorbereitet genug, habe weder Geld noch Zeit genug. […] im August seh ich dich wieder.*[134] Seine wahren Wünsche wagt er ihr nicht mitzuteilen. Der Brief könnte jedoch eine ›Sizilien-Ente‹ gewesen sein, um Charlotte auf diese Weise ihr Ja-Wort zu entlocken. Sie schweigt. Es folgen weitere Bittgesuche. Am 17. Januar: *Ich hoffe nun auf deine Worte wegen meines Außenbleibens und was meine Geliebte zu meinen verschiednen Reiseplanen sagt.*[135] Auch die Weimarer Freunde werden in die Entscheidungsfindung eingespannt: *Nun aber liegt Sizilien noch da unten. Dahin wäre eine Reise, nur mehr vorbereitet und im Herbste, zu tun, […]. Bliebe ich also den Sommer in Rom und studierte mich hier recht ein und bereitete mich auf Sizilien vor, wohin ich im September erst gehn könnte und Oktober, November und Dezember bleiben müßte, so würde ich erst Frühjahr 88 nach Hause kommen können.*[136] Herder liest aus den angedeuteten Reisevarianten den Wunsch des Freundes heraus, ist aber so überrascht, Sizilien im Konjunktiv zu finden, dass er den Herzog aufsucht und um Klärung bittet. Anschließend lässt er Frau von Stein wissen, was der Herzog zu Sizilien sagte: »Goethens Brief freut uns sehr«, schreibt Herder, »und er muß auf alle Weise in seinem Vorsatz, Sizilien zu sehen und Rom mehr zu genießen, bestärkt werden. Ersteres ist des Herzogs Wille, und es kam ihm befremdend vor, daß ich den Wunsch nur zweifelhaft vortrug. Nach Italien und in die Jahre kommt er doch nie mehr.«[137] Am liebsten wäre dem großen Zauderer eine klare Anweisung aus der Chefetage gewesen, die ihm die Rechtfertigung seines weiteren *Außenbleibens* gegenüber Charlotte von Stein abgenommen hätte.

Eines wird an diesem ganzen Hin und Her deutlich: das von Peter Boerner in seinem Beitrag über die *Italienische Reise* sogenannte »Weimarer

Syndrom«[138], womit Goethes Unfähigkeit gemeint ist, »sich von Weimar und seiner Weimarer Existenz lösen zu können«[139], existierte nur einer Person gegenüber. Goethes Aufbruch von Karlsbad war jedoch nie der Versuch eines Bruchs mit Weimar. Zu keiner Zeit kam ihm eine andere Idee, als nach vollendeter Mission in den Kreis der Freunde zurückzukehren, um unter ihnen den Segen seiner Italienernte auszuteilen. Ohne diese Rückbindung hätte ihm die ganze Reise nichts bedeutet. Das beteuerte er immer wieder in seinen Briefen und seiner Dichtung. Im *Tasso* heißt es dazu:

Wer nicht die Welt in seinen Freunden sieht
Verdient nicht daß die Welt von ihm erfahre.
Hier ist mein Vaterland, hier ist der Kreis
In dem sich meine Seele gern verweilt.[140]

Es ist denkbar, dass er sich in der Schuld des Weimarer Kreises fühlte und als Wiedergutmachung mitzubringen trachtete, soviel ihm möglich war: eine Pflicht, die zur Last werden konnte, aber nicht zu einer Krankheit. Die Spannung, die ihn wirklich krank machte, beruhte allein auf ihm selbst und Charlotte von Stein. Anfang Februar '87 macht er noch einen letzten Versuch, ihren ›goodwill‹ für Sizilien einzuwerben. *Ich habe wieder einen neuen Anschlag. Der Herzog schreibt mir daß er mich vor Weihnachten nicht erwartet. Da könnte ich nach Ostern nach Sizilien gehen …*[141] Keine Antwort. Am 19. Februar teilt er ihr resigniert mit: *Du willst mir wegen Siziliens, wegen eines längern Außenbleibens nicht raten; so muß ich es in Deine Seele tun, und was mein Schutzgeist sagt, will ich denken, es seien Deine Worte.*[142] Es hilft alles nichts. Die langersehnte Absolution erteilt sie nicht, auch das Plazet für Sizilien nicht. Jetzt ist sie am Zuge und spielt ihre beherrschende Rolle in dieser kollabierenden Liaison aus. Den ungehorsamen Geliebten lässt sie an der langen Leine zappeln. Sie kennt seine Schwächen und erwartet Gehorsam. Ein bisschen *Götz* hätte Goethe nicht geschadet, aber den hatte sie ihm komplett abgewöhnt. Anstatt die Herausforderung anzunehmen und den Kopf zu benutzen, steckt Goethe diesen in den Sand. Ehrlich konstatiert er seine absolute Ratlosigkeit: *Noch nie bin ich so sonderbar in einem Entschluß hin und her gebogen worden. Heute kommt etwas, was mir die Reise anrät, morgen ein Umstand, der sie abrät. Es streiten sich zwei Geister um mich.*[143] Beide Geister wissen, dass es sich bei dieser Entscheidung um viel mehr handelt als um eine Reisezeitverlängerung.

Es ist so paradox wie es klingt: Goethe an diesen point-of-no-return gedrängt zu haben, ist der positive Anteil Charlotte von Steins an Goethes Wiedergeburt. Ob die Entscheidung für das ›Prinzip Hoffnung‹ nun durch Wind und Wetter, durch weiße Segel, den Lockruf der ›sibyllla siciliana‹ oder die Götter selbst gefallen ist – *Über meine sizilianische Reise halten die Götter noch die Waage in Händen*[144] – Charlotte von Steins Schweigen zwingt ihn aus seiner defensiven Rolle heraus. Der von Goethe letztendlich aufgebrachte Mut zum privatimen Ungehorsam ist der erste Ansatz zur Wiederherstellung seiner moralischen Erneuerung, um die es bei der ganzen italienischen Unternehmung geht. Mit der Pro-Sizilien-Entscheidung befreite sich Goethe von einem hoffnungslos verknoteten Beziehungsnetz, das zuletzt nur noch aus einem Maschenwerk von Selbstvorwürfen bestand. Die Ironie des Schicksals wollte es, dass Charlotte von Stein ihm zu seinem Glück verhalf, an dem sie nicht mehr teilhatte.

Die Durchbrechung ihres Bannkreises mobilisierte die Energie, aus der er die Kraft zum Ausbruch aus seiner seelischen Misere schöpfen konnte. Erleichtert schreibt er drei Tage vor der Abreise nach Sizilien: *Der Zweifel, ob ich reisen oder bleiben sollte, machte einen Teil meines hiesigen Aufenthaltes unruhig; nun, da ich entschlossen bin, geht es besser. Für meine Sinnesart ist diese Reise heilsam, ja notwendig.*[145]

Man muss die ersten sechs Monate Goethes in Italien, vier davon in Rom, nicht klein reden, um auf die Besonderheit der folgenden eineinhalb Sizilien-Monate innerhalb des gesamten Italienaufenthaltes aufmerksam zu machen. Der Prozess der personalen Verwandlung, die Goethe in dieser kurzen Zeit durchlebte, ist im Einzelnen schwer nachzuverfolgen. Was in Sizilien geschah, ließe sich kaum glaubhaft machen, wenn Goethe selbst nicht der leibhaftige Beweis dafür gewesen wäre, dass sehr viel geschah. Ein einziges Beispiel sei für die unfassbare Diskrepanz zwischen dem »Vorher« und »Nachher« im Voraus gegeben. In der *Italienischen Reise* bekennt er am 22. März, eine Woche vor der Abreise nach Sizilien: *Gewiß, es wäre besser, ich käme gar nicht wieder, wenn ich nicht wiedergeboren zurückkommen kann.*[146] Ganze zweieinhalb Wochen später schreibt er an Fritz von Stein aus Palermo: *Ich befinde mich wohl und bin vielleicht in meinem Leben nicht 16 Tage hintereinander so heiter und vergnügt gewesen als hier.*[147]

*
* * *

Mit diesem Hintergrundwissen im Gepäck macht es Sinn, Freude und neugierig, einer Entwicklung nachzuspüren, die den Goethe hervorzubringen half, der im Folgenden der ›sizilianische‹ genannt wird – und das nicht nur um der Lokalität willen.

ZWEITES KAPITEL
PALERMO:
Amore à prima vista

Ein höchst erfreulicher Anblick

Am 29. März 1787 quartiert sich Goethe auf einer im Hafen von Neapel liegenden Korvette ein, die ihn in der angenehmen Gesellschaft von Operisten und Tänzern nach Palermo bringen soll. Begleitet wird er von Christoph Heinrich Kniep (1755-1825), einem Hildesheimer Landschaftsmaler, der sich seit 1781 in Italien aufhält und in Neapel ein karges Künstlerdasein fristet.

Die anfänglich ›ideale‹ Wohn-, Reise- und Kunstgemeinschaft mit Tischbein nahm in Neapel eine andere Entwicklung als es Goethe erwartet hatte. Im November 1786, noch in Rom am Corso wohnend, beschreibt er Frau von Stein, wie ›perfect‹ ihr ›match‹ sei – mit Tischbein, wohlgemerkt! *Wir passen zusammen, als hätten wir zusammen gelebt.*[148] Im Januar 1787, nach 1½-monatigem Kennenlernen, hat sich dieser Eindruck bestätigt und vertieft: *Das Stärkste, was mich in Italien hält, ist Tischbein, ich werde nie, und wenn auch mein Schicksal wäre, das schöne Land zum zweitenmal zu besuchen, so viel in so kurzer Zeit lernen können als jetzt in Gesellschaft dieses ausgebildeten, erfahrnen, feinen, richtigen, mir mit Leib und Seele anhängenden Mannes.*[149] Bei aller Anhänglichkeit hat Tischbein in Neapel offenbar eigene Geschäfte zu erledigen und wenig Lust, mit Goethe in kürzestem Abstand dreimal den Vesuv rauf und runter zu rennen. Über die etwas veränderte Gemengelage notiert Goethe in der *Italienischen Reise*: *Nur schade, daß ich nicht in jedem Augenblick meine Beobachtungen mitteilen kann; zwar ist Tischbein mit mir, aber als Mensch und Künstler wird er von tausend Gedanken hin und her getrieben, von hundert Personen in Anspruch genommen. Seine Lage ist eigen und wunderbar, er kann nicht freien*

Teil an eines andern Existenz nehmen, weil er sein eignes Bestreben so eingeengt fühlt.[150] Diese reichlich verklausulierte Erklärung bedeutet im Klartext: Tischbein hat es schwer, Goethe deutlich zu machen, daß er sich als Freund, nicht als Diener des hochverehrten Gastes versteht. Tischbein will in Neapel wichtige Kontakte knüpfen, die seiner Bewerbung als Akademiedirektor förderlich sein könnten und lehnt zu Goethes Überraschung und Befremden die Begleitung nach Sizilien ab. Natürlich lässt er Goethe nicht hängen, sondern sorgt für einen geeigneten Ersatzmann: Kniep. Tischbein berichtet in seiner 1801 erschienenen Autobiographie »Aus meinem Leben« über diesen Tauschvorgang: »Ich hatte Goethen schon vieles von ihm erzählt, von seinem ausgezeichneten Talent und der großen Geschicklichkeit im Landschaftzeichnen, welchem Fache er sich ganz gewidmet hatte, so daß auch Goethe begierig geworden war, ihn kennenzulernen.«[151] Knieps chronische Finanzprobleme lagen nicht an seinem zeichnerischen Können, sondern, wie Tischbein darstellt, an seinem mangelhaftem ökonomischen Verstand. »Es fehlte ihm gar nicht an Bestellungen, aber seine Preise waren zu gering, und er arbeitete zu lange an seinen Sachen, weil er alles aufs genaueste ausführen wollte. Dabei konnte er nicht bestehen.«[152]

Ganz so glatt, wie Tischbein seine Ablösung darstellt, ging sie wohl nicht über die Bühne. Während Goethe nach seiner Rückkehr von Sizilien noch ein dreiviertel Jahr am Corso wohnte, hielt sich Tischbein überwiegend in Neapel auf. Das Verhältnis war nachhaltig gestört und es dauerte zehn Jahre, bis sich die Empfindlichkeiten glätteten.[i]

Bevor Goethe sich endgültig für Kniep entscheidet, nimmt er ihn mit zu den Tempelruinen von Paestum und ist vom künstlerischen Ergebnis dieser Reise auf Probe begeistert: *Die herrlichsten Umrisse sind gewonnen, ihn freut nun selbst dieses bewegte, arbeitsame Leben, wodurch ein Talent aufgeregt wird, das er sich selbst kaum zutraute.*[153] Danach wird ein regulärer Arbeitsvertrag ausgehandelt, der Goethes und Knieps Leistungen und Gegenleistungen während der Reise bestimmt, vor allem aber die Verwertungsrechte an den Zeichnungen Knieps regelt. Goethe sieht sich

---

i   Dass diese nicht einseitig waren, zeigt auch, dass Tischbein Goethe in dem Abschnitt »Neapel« nur einmal beiläufig nennt und in dem folgenden »Der Vesuv« nicht mit einem einzigen Wort erwähnt

nicht nur als Knieps Arbeitgeber, sondern auch als Knieps Förderer, dessen zeitaufwendigen Arbeitsstil er auf mangelndes Selbstvertrauen zurückführt: *Ich habe ihn schon ziemlich kennen gelernt und möchte diesen gerügten Mangel eher Unentschlossenheit nennen, die gewiß zu überwinden ist, wenn wir eine Zeitlang beisammen sind. Ein glücklicher Anfang bestätigt mir diese Hoffnung, und wenn es mir nach geht, sollen wir auf geraume Zeit gute Gesellen bleiben.*[154]

Eine reine Lustfahrt wird der normalerweise 36-stündige Transfer von Neapel nach Palermo mit dem in Amerika gebauten Segler nicht. Wind und Wellen sorgen für ein maritimes Urerlebnis, das dem seeunerfahrenen Weimarer in seinem Repertoire noch fehlte. Schuld daran ist der Scirocco, der für starken Gegenwind und eine kräftige Abdrift des nach Palermo strebenden Schiffes sorgt. Aus der üblicherweise 36-stündigen Überfahrt wird ein viertägiges Seeabenteuer mit sehr unangenehmen Begleiterscheinungen. Doch noch bevor Neptuns Ungestüm Goethe in die Horizontale zwingt, packt ihn die Einzigartigkeit dieser Reise ohne Ufer: *Hat man sich nicht ringsum vom Meere umgeben gesehen*, schreibt er, *so hat man keinen Begriff von der Welt und von seinem Verhältnis zur Welt.*[155]

Das unruhige Meer zwingt Goethe auf die Koje, eine Zeit, die der Unermüdliche nutzt, um am *Tasso* weiter zu schreiben. Dem rührend um ihn besorgten Kniep, der ihm Ruhe verordnet, erklärt er, völlige Untätigkeit würde ihn nur noch kranker machen. Die ebenfalls in Arbeit befindliche *Iphigenie* hat er in Neapel gelassen und das schafft Platz für eine Idee, der selbst *Tasso* vorübergehend weichen muss, denn die Dramaturgie der Naturkräfte macht den Dichter nicht nur krank, sondern erregt in ihm lebhafte Assoziationen mit einem anderen Schiffbrüchigen, der sich einst von Troja auf den langen Heimweg nach Ithaka machte. Was er auf dem abdriftigen Schiff ausbrütete, daraus macht er ein großes Geheimnis, bis ihm der Zauber des Gartens Villa Giulia die Dichterzunge löst. So weit ist es noch nicht!

Von Rom und Neapel getrennt, wirkt der am Reiseziel Palermo von der Seekrankheit genesene Goethe freier und gelöster als in den sechs Monaten zuvor, als hätte ihn das feuchte Element absichtsvoll für eine kurze Weile stillgelegt und Körper, Geist und Seele erfrischt, um ihn für die Erfahrung eines anderen Italien bereit zu machen. Über die glückliche Ankunft in Palermo am 2. April 1787 schreibt Goethe nach Weimar: *Endlich gelangten wir mit Not und Anstrengung nachmittags um drei Uhr in den Hafen, wo uns ein höchst erfreulicher Anblick entgegentrat. Völlig hergestellt, wie ich war, empfand ich das größte Vergnügen.*[156]

Dank Knieps aufopfernder medizinischer Betreuung mit Brot und Wein befindet sich Goethe in allerbester Verfassung und Laune. *Der Plan meines Dramas war diese Tage daher im Walfischbauch ziemlich gediehen*[157] vermerkt er zufrieden über den Stand der Arbeiten am *Tasso*. Die verlängerte Seereise hatte eine weitere positive Nebenwirkung, die in Goethes späterer Arbeit über die *Farbenlehre* ihren Niederschlag fand. *Mein Künstler,* schreibt Goethe, *den ich bei mir habe, ist ein munterer, treuer, guter Mensch, der mit der größten Akkuratesse zeichnet; […] Übrigens hat er mir, die langen Stunden der Überfahrt zu verkürzen, das Mechanische der Wasserfarbenmalerei (Aquarell), die man in Italien jetzt sehr hoch getrieben hat, aufgeschrieben: versteht sich den Gebrauch gewisser Farben, um gewisse Töne hervorzubringen, an denen man sich, ohne das Geheimnis zu wissen, zu Tode mischen würde.*[158]

Das größte Vergnügen bot sich Goethe bei der Einfahrt in den Hafen von Palermo. Der Bericht davon ist nicht nur allerschönste Landschaftswortmalerei, sondern ein Schlüsselerlebnis in der sizilianischen Verwandlung Goethes, die schon beginnt, als sein erster Blick die Insel berührt. *Die Stadt gegen Norden gekehrt, am Fuß hoher Berge liegend; über ihr, der Tageszeit gemäß, die Sonne herüberscheinend. Die klaren Schattenseiten aller Gebäude sahen uns an, vom Widerschein erleuchtet. Monte Pellegrino rechts, seine zierlichen Formen im vollkommensten Lichte, links das weit hingestreckte Ufer mit Buchten, Landzungen und Vorgebirgen. Was ferner eine allerliebste Wirkung hervorbrachte, war das junge Grün zierlicher Bäume, deren Gipfel, von hinten erleuchtet, wie große Massen vegetabilischer Johanniswürmer vor den dunkeln Gebäuden hin und wider wogten. Ein klarer Duft blaute alle Schatten.*[159]

Dem schiffsreisenden Ankömmling bietet die weit geschwungene Bucht von Palermo einen einzigartigen Panoramablick über die Stadt mit ihren Kirchenkuppeln, vom hoch aufragenden Pilgerberg zur Rechten entlang der Vorgebirgskette, an die die Fruchtgärten der Conca d'Oro, der ›goldenen Muschel‹ in Palermos Hinterland heranreichen, bis hinüber zur

Linken, wo die abflachenden Hügel und letzten Felsen des Caps Mongerbino[i] wieder im dunstigen Saum des Meeres versinken. Goethe schreibt: *Anstatt ungeduldig ans Ufer zu eilen, blieben wir auf dem Verdeck, bis man uns wegtrieb; wo hätten wir einen gleichen Standpunkt, einen so glücklichen Augenblick so bald wieder hoffen können!*[160]

Ganz so ruhevoll idyllisch, wie Goethe die Ankunft mit dem neapolitanischen Paketboot im Hafen von Palermo schildert, kann der Empfang nicht gewesen sein. Julius R. Haarhaus, einer der ersten Goethe-Biographen (»Goethe«, 1899), erinnert daran, dass der Ankömmling in Palermos Hafen, einem »der schönsten und größten der Welt«[161], keineswegs mir nichts, dir nichts von Bord ans Ufer und in die Stadt spazieren konnte. Dazwischen lagen, wie Haarhaus beschreibt, »die endlosen Scheerereien, denen jeder Fremde bei seiner Landung ausgesetzt war. Ehe von der Hafenpolizei die Erlaubniß zum Ausbarken ertheilt wurde, mußten sich die Reisenden einem durch das Sprachrohr geführten Examen unterwerfen und über Tag und Stunde der Abfahrt, Erlebnisse auf hoher See und die Namen der unterwegs passirten Schiffe genaue Auskunft ertheilen. Dann wurden Fahrzeug und Passagiere von der Sanitätspolizei untersucht, das Gepäck auf das Zollamt und etwaige Bücher auf die Censur gebracht, bis man nach Erledigung all' dieser Förmlichkeiten die Landung gestattete.«[162] Solche Informationen sparte Goethe wohlweislich aus seinen Mitteilungen an die Heimat aus, um den Eindruck zu vermeiden, Sizilien sei ein gefährliches Pflaster, auf dem er sich ganz unnötig in Schwierigkeit bringen könne.

Das überwältigende Seh-Erlebnis der Einfahrt in den Hafen der Inselhauptstadt lässt Goethe einige Tage nach der Ankunft am 2. April 1787 noch einmal stimmungsvolle Worte für die Küstenansicht finden, die die Lernfortschritte des Tischbein-Schülers deutlich reflektieren: *Mit keinen Worten ist die dunstige Klarheit auszudrücken, die um die Küste schwebte, als wir am schönsten Nachmittage gegen Palermo anfuhren. Die Reinheit der Konture, die Weichheit des Ganzen, das Auseinanderweichen der Töne, die Harmonie von Himmel, Meer und Erde. Wer es gesehen hat, der hat es auf sein ganzes Leben.*[163]

---

i   die Spitze des Monte Catalfano (376 Meter); etwas weiter östlich das Cap Zafferana

Verglichen mit der Rastlosigkeit des ersten Halbjahres präsentiert sich der 14-tägige Aufenthalt in Palermo in einem ganz anderen Licht. Palermo und Goethe: das ist eine große Liebe, von Anfang an. Vom Hafen aus betreten sie am frühen Nachmittag die Stadt durch die Porta Felice[i] mit ihrem nach oben offenen Torbogen, damit der turmhohe Festwagen der heiligen Rosalia, Beschützerin Palermos, hindurchpasst. Gleich dahinter zur Linken – so Goethes Ortsbeschreibung – liegt der große Gasthof, wo sich das kleine Team für zwei Wochen einquartiert. Besser hätten sie es nicht treffen können, lobt Goethe: *Der Wirt, ein alter behaglicher Mann, von jeher Fremde aller Nationen zu sehen gewohnt, führte uns in ein großes Zimmer, von dessen Balkon wir das Meer und die Reede, den Rosalienberg und das Ufer überschauten, auch unser Schiff erblickten und unsern ersten Standpunkt beurteilen konnten.*[164] In dem geräumigen Zimmer, in das der Wirt sie führte, befand sich, durch einen Vorhang verdeckt, ein erhöhter Alkoven, wo sich *das weitläufigste Bett ausbreitete, das, mit einem seidenen Thronhimmel prangend, mit den übrigen veralteten stattlichen Mobilien völlig übereinstimmte.*[165] Für den ganzen Luxus nimmt der Gastwirt nicht einmal einen Aufpreis.

Die Orientierung in Palermo sei leicht, schreibt Goethe am folgenden Tag, solange man sich entlang der Linien der *meilenlangen* Straßen bewege, insbesondere der heutigen Via Vittorio Emanuele, von der er begeistert sagt, sie wetteifere *an Länge und Schönheit mit dem Corso zu Rom.*[166] Diese bildet mit der Via Maqueda mitten im alten Stadtkern Palermos eine architektonisch reizvolle Kreuzung, die die Stadt in ihre vier Wohnviertel teilt. Diese, befindet Goethe, seien Labyrinthe, in welche sich der Fremde besser nur mit Hilfe eines Führers hineinbewegen sollte.

---

i Manche Goethe-Forscher wie Herbert v. Einem (HA 11, S. 646) weisen auf eine Untersuchung von G. Pittre hin, nach der Goethe die Stadt vom alten Hafen her, La Cala, durch die inzwischen verschwundene Porta delle Legne betreten haben soll. Danach wäre Goethes Wohnung die Casa Gramignani in der Via Porto Salvo gewesen. Julius Haarhaus, der die Ortsverhältnisse zehn Jahre vor Pittre (1908) prüfte, berichtet nichts von einem Irrtum Goethes. Auch die Stadt Palermo müsste sich mit der Placierung der Gedenktafel zu Ehren Goethes geirrt haben, die Haarhaus an dem Gebäude links hinter der Porta Felice vorfand, von wo aus man einen weiten Blick auf das Meer und den Monte Pellegrino hat– wie Kniep ihn malte. Dazu mehr im letzten Abschnitt: Palermo 2008 · Spuren im Regen

Keine Lust auf Hannibal

Am Nachmittag des 4. April unternehmen Goethe und Kniep eine Ausfahrt ins Oreto-Tal auf der Südseite der Vorgebirgsarena im Rücken Palermos. Die *schönste Frühlingswitterung und eine hervorquellende Fruchtbarkeit verbreitete das Gefühl eines belebenden Friedens über das ganze Tal*[167], der nur durch die Gelehrsamkeit *des ungeschickten Führers* gestört wird. Der erzählt umständlich davon, *wie Hannibal hier vormals eine Schlacht geliefert und was für ungeheure Kriegstaten an dieser Stelle geschehen.*[168] Womit er, nebenbei bemerkt, nicht Recht hatte[i]. Die Schlacht von Panormus[ii] wurde 251 v. Chr. vom kathargischen Feldherrn Hasdrubal geschlagen. Dessen Versuch der Rückeroberung der drei Jahre vorher von den Römern besetzen Hafenstadt scheiterte. Mit unverkennbarem Vergnügen berichtet Goethe den weiteren Fortgang der Führung so: *Unfreundlich verwies ich ihm das fatale Hervorrufen solcher abgeschiedenen Gespenster. Es sei schlimm genug, meinte ich, daß von Zeit zu Zeit die Saaten, wo nicht immer von Elefanten, doch von Pferden und Menschen zerstampft werden müßten. Man solle wenigstens die Einbildungskraft nicht mit solchem Nachgetümmel aus ihrem friedlichen Traume aufschrecken. Er verwunderte sich sehr, daß ich das klassische Andenken an so einer Stelle verschmähte, und ich konnte ihm freilich nicht deutlich machen, wie mir bei einer solchen Vermischung des Vergangenen und des Gegenwärtigen zumute sei. Noch wunderlicher erschien ich diesem Begleiter, als ich auf allen seichten Stellen, deren der Fluß gar viele trocken läßt, nach Steinchen suchte und die verschiedenen Arten derselben mit mir forttrug.*[169]

Diese an sich unbedeutende, von Goethe für die Leser der *Italienischen*

---

[i] Hannibal Gisko hatte 260 v. Chr. im 1. Punischen Krieg sein Hauptquartier in Panormus; nicht der ›Elefanten-Hannibal‹ (geb. 246 v.Chr.), der ein Sohn des katharg. Feldherrn Hamilkar Barkas war und die Römer erst im 2. Punischen Krieg in große Verlegenheit brachte

[ii] Der Name Palermo entstand aus dem arabischen ‚Balarm', das wiederum eine Umformung des griech. ‚Panormos' (Allhafen) ist, aus dem in der römischen Zeit ‚Panormus' wurde; die Punier (etwa gleichbedeutend mit ‚Kathargern') nannten die Stadt ‚Ziz' – Blume

Reise anekdotisch ausgeschmückte Begebenheit, könnte ohne weiteres übergangen werden, wenn das eigenartige Benehmen des Protagonisten nicht auf ein typisches ›Thema‹ seiner Italienwahrnehmung aufmerksam machen würde, das hier zu Beginn des Inselaufenthaltes mit einigen anderen Themen wie in einer sizilianischen Ouvertüre anklingt. Reichlich dissonant schrillt dem Fremdenführer als ›Leitmotiv‹ Goethes viel kritisierte ›Geschichtslosigkeit‹ entgegen, womit die demonstrative Abneigung gemeint ist, sich das *klassische Andenken* über ein erträgliches Maß hinaus zur Pflicht zu machen, selbst dort nicht, wo es unentbehrlicher ist als hier auf dem längst vom Gras der Zeit überwachsenen Schlachtfeld von Panormus. Der angeworbene Führer konnte sich fraglos keinen Reim auf Goethes provozierende Geschichtsabstinenz an diesem hochgeschichtlichen Ort machen und wird sich zu Recht gefragt haben, was sein Kunde an dieser Stätte eigentlich wollte. Noch wunderlicher muss ihm dessen demonstrative Hinwendung zu den kleinen Steinen vorgekommen sein, die Goethe liebevoll vom seichten Flussbett aufliest, womit er das mineralogisch-botanische ›Motiv‹ anklingen läßt, welches im steine- und pflanzenreichen Sizilien bald alle anderen dominieren wird. Nicht anders als auf dem ›Königspfad‹ der Naturforschung will Goethe der Kunst und Kultur Italiens mit reiner Sachlichkeit begegnen. Auf nichts anderes als den vertrauten *geologischen und landschaftlichen Blick*[170] will er sich verlassen. Kurz nach der Ankunft in seiner *Hauptstadt der Welt* schreibt er an Charlotte von Stein: *Du kennst meine alte Manier, wie ich die Natur behandle, so behandl' ich Rom, und schon steigt mir's entgegen.*[171] Ob Stein oder Pflanze, ob Bildwerk oder Bauwerk oder eine ganze Stadt: Goethe reduziert den Zugang zu einem Gegenstand auf dessen reine ›phänomenologische‹ Gegenwärtigkeit. Von nichts anderem will er wissen. Zwischen den Betrachter und das Objekt der Betrachtung darf sich in der naturwissenschaftlichen Forschung nichts Fremdes schieben. Phantasie, Vision und Empfindungen müssen draußen bleiben: sie verwirren den Blick. Auch die Geschichte muss schweigen, damit der Ballast des Vergangenen das noch und nur in der reinen Gegenwärtigkeit des Objektes offenbare Unvergängliche nicht erdrücke. Diese geschichtsneutralisierende Methode, durch die »das Gewesene für ihn zur reinen Anwesenheit«[172]

im Hier und Jetzt wird, so Dieter Borchmeyers (»Weimarer Klassik«, 1994) Charakteristik, wird Goethe nie fragwürdig, selbst wenn sich die Objekte dagegen sträubten wie auf dem Schlachtfeld von Panormus, von dem, seiner Historizität entkleidet, nichts als ein unbedeutendes Stück Wiese bleibt. Hier wiederholt sich, womit Goethe den folgsamen Leser der *Italienischen Reise* schon in Rom verdutzte, als er, der Geschichtsbeladene, nach 2-monatiger Stadterkundung resümiert: *Ich will Rom sehen, das bestehende, nicht das mit jedem Jahrzehnt vorübergehende.*[173] An keiner Stelle macht er sich die Mühe, dieses a-historische Verfahren näher zu beschreiben. Hans Mayer versucht in seinem Buch »Goethe. Ein Versuch über den Erfolg« eine erfolgversprechende Erklärung zu geben: »Unablässig scheint er in Italien bemüht, die Gegenden, Dokumente und Monumente gleichsam als geschichtslose, in ihrer ‚eigentlichen', für Goethe also übergeschichtlichen Seinsgestalt zu erfassen.«[174] Wie kann man sich die übergeschichtliche Seinsgestalt Roms, Neapels oder Palermos vorstellen, deren Herz historisch tickt? Was bleibt, wenn man es anhält? In einem Land, in dem man über dessen Geschichte stolpert, muss der Versuch, diesem geschichtslos zu begegnen, sinnlos erscheinen, muss folglich eine andere Ursache haben.

Einen indirekten Hinweis, seine merkwürdige Geschichtsempfindlichkeit zu verstehen, gibt Goethe im ›Fall Panormus‹ selbst: *Man solle wenigstens die Einbildungskraft nicht mit solchem Nachgetümmel aus ihrem friedlichen Traume aufschrecken.* Die Geschichtslosigkeit ist offenbar der Preis des Bedürfnisses nach dem *friedlichen Traume* von einer Welt ohne Schrecken, an den Goethe gegen allen Anschein glauben muss, solange er sich in Italien aufhält. Er braucht diese Blockade der finsteren Kapitel der Menschheitsgeschichte, um nicht in das Schattenreich seiner eigenen Geschichte abzusinken und in eine bodenlose *Werther*-Sentimentalität zu versinken, die das italienische Experiment seiner Neuerschaffung ruinös beenden würde. Erst im Rückblick auf die Insel lässt Goethe die vorübergehend ausgeblendete geschichtliche Wahrheit mit einem tiefen Seufzer wieder zu, der in die biographische Bewertung des Sizilienaufenthaltes einige Verwirrung hineintrug. Davon später.

Ein weiteres Motiv aus Goethes italienischem Themenschatz soll noch kurz erwähnt werden: Seine Lust am Possenspiel, vom der er noch einige zünftige Proben abliefern wird, bis ihn die letzte ›Nummer‹ auf sizilianischem Boden fast ins Gefängnis bringt. Bis dahin vergehen noch fünf Wochen. Das Abenteuer Sizilien fängt gerade erst an.

Merkwürdige Düfte

Ein intensiv vorbereitetes Programm wie für Rom oder Neapel hat Goethe für Palermo nicht. Sein Glück! Mit ungewohnter Lockerheit überlässt er seiner Tagesform, dem Wetter oder einer spontanen Eingebung, wohin ihn seine Stadtrundgänge führen. Zur ersten Begegnung mit Palermo gehört die Wahrnehmung unangenehmer Gerüche durch eine Vermüllung der Straßen, wie er sie weder von Rom, noch von Neapel kannte, wo akribisch sauber gemacht wurde. Nur in Venedig, einer Stadt, die ganz zur Reinlichkeit angelegt[175] sei, herrschten unerträgliche Verhältnisse, insbesondere, wenn heftiges Regenwetter *den in die Ecken geschobnen Kehrig aufzurühren*[176] *begänne; dann sei ein unleidlicher Kot, alles flucht und schimpft, man besudelt beim Auf- und Absteigen der Brücken die Mäntel […] und da alles in Schuh und Strümpfen läuft, bespritzt man sich und schilt, denn man hat sich nicht mit gemeinem, sondern beizendem Kot besudelt.*[177]

Über seine Begegnung mit Palermos Unreinlichkeit berichtet er: *Gegen Abend machte ich eine heitere Bekanntschaft, indem ich auf der langen Straße bei einem kleinen Handelsmanne eintrat, um verschiedene Kleinigkeiten einzukaufen. Als ich vor dem Laden stand, die Ware zu besehen, erhob sich ein geringer Luftstoß, welcher, längs der Straße herwirbelnd, einen unendlichen erregten Staub in alle Buden und Fenster sogleich verteilte. ‚Bei allen Heiligen! sagt mir', rief ich aus, ‚woher kommt die Unreinlichkeit eurer Stadt, und ist derselben denn nicht abzuhelfen'.*[178] – Wer sich über diesen unprotestantischen Ausruf wundert, sollte beginnen, darin ein Signal Goethes fortschreitender Italienisierung zu erkennen, die ihm jenseits des offiziellen

Rom und des Papstes *mit der ganzen Klerisei in der Peterskirche*[179] recht leicht von der Hand geht.

Vom Handelsmann erfährt er, was es mit den vernachlässigten Straßen Palermos auf sich hat: *‚Es ist bei uns nun einmal, wie es ist', versetzte der Mann; ‚was wir aus dem Hause werfen, verfault gleich vor der Türe übereinander. Ihr seht hier Schichten von Stroh und Rohr, von Küchenabgängen und allerlei Unrat, das trocknet zusammen auf und kehrt als Staub zu uns zurück. Gegen den wehren wir uns den ganzen Tag.'* [...] *Auf meine wiederholte Frage, ob dagegen keine Anstalt zu treffen sei, erwiderte er, die Rede gehe im Volke, daß gerade die, welche für Reinlichkeit zu sorgen hätten, wegen ihres großen Einflusses nicht genötigt werden könnten, die Gelder pflichtmäßig zu verwenden, und dabei sei noch der wunderliche Umstand, daß man fürchte, nach weggeschafftem misthaftem Geströhde werde erst deutlich zum Vorschein kommen, wie schlecht das Pflaster darunter beschaffen sei, wodurch denn abermals die unredliche Verwaltung einer andern Kasse zutage kommen würde.*[180]

Die organisierte Veruntreuung von Geldern in öffentlichen Kassen hat eine lange Geschichte auf der Insel, wo der Raubbau an den ökonomischen und menschlichen Ressourcen bis zur Zeit der römischen Besetzung zurückreicht. Das von der Entwicklung auf dem italienischen Festland abgehängte Vizekönigreich begünstigte im insularen Machtkampf die Wirksamkeit dubioser Kräfte und Gruppierungen, denen es zunehmend gelang, aus den wirtschaftlichen, sozialen und politischen Spannungen der Insel Kapital zu schlagen. Achtzig Jahre nach Goethes Besuch wird die Mafia, hier »Cosa Nostra« (‚Unsere Sache') genannt, erstmalig in einem regierungsamtlichen Bericht als Verbrecherorganisation bezeichnet. An diesem Status hat sich nichts geändert, außer, dass die Mafia inzwischen der weltgrößte multinationale Gangsterkonzern geworden ist, der es noch immer versteht, mit Müll Milliarden zu machen. Palermo, das soll fairerweise ergänzt werden, war am Ende des 19. Jahrhunderts die erste Großstadt Italiens, die eine regelmäßige Straßenbeleuchtung eingeführt hatte und siehe, darunter war alles sauber. Nur die Mafia nicht.

Goethes Gewährsmann ist ein cleverer Insider. Er kolportiert nur, wovon ,*die Rede gehe im Volke*'. Goethe berichtet weiter: *Und da der Mann einmal im Zuge war, bescherzte er noch mehrere Polizeimißbräuche, mir zu tröstlichem Beweis, dass der Mensch noch immer Humor genug hat, sich über das Unabwendbare lustig zu machen.*[181] Und wie der Handelsmann, so der Gast.

In Palermo erlebt man einen Goethe, der so entspannt ist wie noch nie, dem es mehr und mehr gelingt, die Weimarer *Stockungen* loszuwerden. Sizilien wird zur Quelle der Regeneration seiner maladen Substanz und zum Ort der Erfüllung seines Bedürfnisses nach schlichter, zwischenmenschlicher Kommunikation, die er befreit und vergnügt genießt. Nirgendwo gelingt das besser als auf den Straßen, Plätzen und Märkten einer Stadt. Schon in Neapel ist bei Goethe diese Verlagerung des Focus von den Kunsthäusern auf die Straße zu beobachten. Waren diese in Rom vornehmlich Rennstrecken zwischen Kirchen, Museen und Palästen, entdeckt er sie in Neapel als authentische Bühne des Volkslebens. Sie nimmt den Theatermann gefangen, er verweilt, tritt an die Stände und Buden heran, um den geschäftstüchtigen Händlern in die Augen und den Handwerkern auf die geschickten Hände zu sehen. Das bunte Völkergemisch auf den mit Leben prall gefüllten Straßen Neapels bot sich Goethe an, näheren Kontakt zu den Menschen mitten in ihren alltäglichen Geschäften zu suchen. Mit seiner ›eloquenza‹ sah es nach 6-monatigem Aufenthalt sicher gut aus. So konnte er über Italien aus erster Hand in Erfahrung bringen, was in keinem Reiseführer stand und ihn einem weiteren Ziel der Reise näherbrachte: die *Sitten der Völker*[182] genauer zu studieren, um vergleichend das Wesen von Staats- und Gesellschaftsformen besser zu verstehen.

Wichtiger als das: das Suchen nach menschlicher Nähe bringt Goethe in Palermo in enge Berührung mit der Seele Italiens ›à la Sicilia‹, die ihn so sehr anzieht, dass er sich ihrem Sog kaum zu erwehren vermag.

Wie die Brunnen, so die Kirchen

Keinesfalls gibt Goethe die übliche Stadterkundung auf. Am dritten Tag in Palermo, dem 5. April 1787, macht er sich auf den Weg vom unteren Tor am Hafen, der Porta Felice, ein aus zwei kraftstrotzenden Barocksäulen bestehendes Bauwerk in der Stadtmauer, von wo aus die Via Vittorio Emanuele, zu Goethes Zeiten Cassarò[i] genannt, schnurgerade bis zum oberen Tor, der Porta Nuova, verläuft. Etwa auf halbem Wege bildet der Cassarò mit der Via Maqueda im Altstadtkern Palermos das Oktogon der Kreuzung Quattro Canti, berühmt durch vier spiegelbildliche Barockpaläste[ii]. Hier war im 18. und 19. Jahrhundert das Geschäftszentrum Palermos, das sich inzwischen entlang der Maqueda und der parallelen Via Roma zur Piazza Ruggero Settimo verlagert hat, an dessen Ostseite das Politeama Garibaldi liegt.

Goethe notiert seine ersten Stadteindrücke: *Wir gingen die Stadt im besondern durch. Die Bauart gleicht meistens der von Neapel, doch stehen öffentliche Monumente, z.B. Brunnen, noch weiter entfernt vom guten Geschmack.*[183] Besonders derjenige, der nur ein paar Schritte entfernt vom Platz der vier Ecken liegt. *Ein von dem ganzen Inselvolke angestaunter Brunnen existierte schwerlich, wenn es in Sizilien nicht schönen, bunten Marmor gäbe ....*[184] Den Brunnen, Fontana Pretoria genannt, erwarb die Stadt 1573, nachdem ihn der Auftraggeber den Florentiner Bildhauern[iii], die ihn geschaffen hatten, nicht abnahm. Strittig war von vornherein die Aufstellung des kolossalen Barockbauwerks mit einem Umfang von 133 Metern und einer Höhe von 12 Metern direkt vor dem Renaissance-Rathaus. Noch umstrittener war der Brunnen wegen der auf seinen Rändern und Geländern posierenden Heerscharen nackter Männer- und Frauengestalten[iv] und sonstigen skurrilen

---

i   vom arabischen ‚al Kassar', die Burg, abgeleitet, weil sie den Hügel hinauf zum früheren arabischen Palast der Emire verläuft, dem heutigen Palazzo Reale; auch den Namen ‚Toledo' hört man noch bisweilen für die Via Vittorio Emanuele nach dem spanischen Vizekönig Don Pedro de Toledo benannt

ii   von dem römischen Architekten Giulio Lasso in den Jahren 1608-1620 angelegt

iii   Fancesco Camilliani und Angelo Vagherino

iv   wurde deshalb auch als «Brunnen der Schande" bezeichnet

Gestalten mythologischen Ursprungs. Goethe missfiel das Durcheinander der Baustile; da nicht wie in Rom *ein Kunstgeist* am Werk gewesen war, der das ganze Bauwerk beherrschte, sondern alles von *Zufälligkeiten*[185] bestimmt sei. Er lobt jedoch die Fähigkeit einiger Bildhauer, natürliche Dinge nachzuahmen wie z.B. Tierköpfe und sieht darin die Ursache für die Popularität, die der Brunnen bei der *Menge erregt, deren ganze Kunstfreude darin besteht, daß sie das Nachgebildete mit dem Urbilde vergleichbar findet.*[186] Daran hat sich bis heute im Großen und Ganzen nichts geändert.

Natürlich hat und hatte der Brunnen auch eine Schar von Liebhabern. Einen norddeutschen hätte Goethe gut und gerne am Brunnen treffen können: den Hamburger Johann Heinrich Bartels[i] (1761-1850), der nach abgeschlossenem Theologiestudium in Göttingen (1783) zur gleichen Zeit wie Goethe Sizilien bereiste. Auf seine äußerst lesenswerten, informativen »Briefe über Kalabrien und Sizilien«, die von 1787-91 im Druck erschienen, soll im folgenden mehrfach zurückgegriffen werden, um Goethes oft begrenzter Wirklichkeitswahrnehmung durch einen ›unverbildeten‹ Zeitzeugen ein wenig nachzuhelfen. Bartels berichtet über das marmorne Monument, »das einem Feenlande gleichet, wo man alles anstaunen, alles bewundern muß, und nichts sihet worüber man sich nicht zu ergözen Ursache hätte, und das nicht zur sanftesten Freude hinrisse. Ich halte daher dieß grosse, von Seiten der Kunst so sehr schäzbare Werk, unter allen denen der Art, die ich sahe, für das vorzüglichste«[187]. Die vielen abgebrochenen Nasen der Figuren, erklärt Bartels, hätten ihren Grund in einem »tief eingewurzelten Haß«[188] zwischen den Palermitanern und den Messinesen, da in der Geschichte der beiden Städte die eine »auf den Ruin der anderen ihren Flor gründete«.[189] Der Nasenkrieg der beiden Städte hat inzwischen ein Ende gefunden.

Der gute Geschmack, den Goethe bei öffentlichen Brunnen und anderen Bauwerken vermisst, fehlt ihm auch bei den Kirchen Palermos. Er beschreibt seine Eindrücke so: *Etwas Ähnliches ist es mit den Kirchen, wo die Prachtliebe der Jesuiten noch überboten ward, aber nicht aus Grundsatz*

---

[i] 1820 wurde Bartels Bürgermeister der Hansestadt und blieb es dreißig Jahre lang bis zu seinem Tode im 89. Lebensjahr!

und Absicht, sondern zufällig, wie allenfalls ein gegenwärtiger Handwerker, Figuren- oder Laubschnitzer, Vergolder, Lackierer und Marmorierer gerade das, was er vermochte, ohne Geschmack und Leitung an gewissen Stellen anbringen wollte.[190]

Das architektonische Erscheinungsbild der Stadt begeistert Goethe nicht sonderlich. So erfährt das ferne Thüringen aus seinem Munde nichts über die Prachtbauten Palermos wie die das Stadtbild beherrschende Kathedrale mit den berühmten vier Sarkophagen, nichts über den vormals arabischen Normannenpalast, der unter Stauferkaiser Friedrich II. (1194-1250), dem Barbarossaenkel, seine Blütezeit erlebte, nichts über die Cappella Palatina, dem Herzstück des Palastes mit seinem Reichtum an byzantinischen Mosaiken, nichts über die absoluten Stars unter den Kirchenbauten der Stadt: La Martorana und gleich daneben die Chiesa San Cataldo mit ihren leuchtend roten Kuppeln. Die architektonischen Vorzeigestücke aus der byzantinisch-arabisch-normannischen Vergangenheit der Stadt erreichen Goethes klassizistisch besetzten Kunstsinn nicht. Erst dreißig Jahre später öffnete er sich dem Geist der Kultur und Dichtung des Morgenlandes, als ihm durch die Beschäftigung mit dem »Divan« des persischen Lyrikers Hafis-Hatem (1326-1390) die Augen für die Geheimnisse von Tausendundeiner Nacht aufgehen und die kurze, heftig aufflammende, aber ganz unmögliche Liebe zu Marianne von Willemer (1784-1860) den *West-östlichen Divan* aus ihm hervorzaubert.

Aber auch die abendländische Baukunst, in Sonderheit die des Mittelalters, kommt nicht ungeschoren davon. Prominentestes Opfer Goethes klassizistischer Erblindung ist die Gotik, die ohne Ausnahme dran glauben muss. Nicht einmal das Straßburger Münster, welches er 1770/71 während seiner Abschlusssemester als Jurastudent mehrmals besuchte und einen überwältigenden Eindruck auf ihn machte, übersteht seine ›Palladiomanie‹. In Venedig, so berichtet er in der *Italienischen Reise* am 8. Oktober 1786, wird ihm, während er das Bruchstück eines Tempelgebälks betrachtet und die *vorspringende Gegenwart dieses herrlichen Architekturgebildes*[191] genießt, mit allerletzter Deutlichkeit das Ende der Gotik klar: *Das ist freilich etwas anderes als unsere kauzenden, auf Kragsteinlein übereinander geschichteten Heiligen der gotischen Zierweise, etwas anderes als unsere Tabakspfeifensäu-*

len, spitze Türmlein und Blumenzacken; diese bin ich nun, Gott sei Dank, auf ewig los![192] Beim Anblick des Mailänder Doms tun ihm die Steine des Bauwerks leid, da hier ein *ganzes Marmorgebirg in die abgeschmacktesten Formen gezwungen*[193] worden sei. In Assisi schaut er zum *tristen Dom des heiligen Franziskus*[194] nur noch mit Abneigung hinüber. An weiteren Beispielen mangelt es nicht. Goethe-Biograph Emil Staiger bringt den Sinneswandel auf den Punkt: »Wir haben uns damit abzufinden, daß Goethe Palladio gegen die einst so hochgeschätzte Gotik ausspielt«[195] …. und gegen die wunderbaren Bauwerke des Barock, könnte man nahtlos fortsetzen, die unter der spanischen Herrschaft über Sizilien[i] das architektonische Gesicht der Insel-Hauptstadt und der erdbeben- und Ätna-geschädigten Städte entlang der Ostküste prägen. Goethe hatte sich den Kunstverstand Winckelmanns und Palladios so zu eigen gemacht, dass er ihn für seinen originär-eigenen hielt, der mit dem der beiden Mentoren aufs Schönste harmonierte.

Kunstexperten unter den Goethe-Kennern halten denn auch nicht mit ihrer Kritik an Goethes Kunstverstand hinterm Berg. Hanno-Walter Kruft (»Goethe und Kniep in Sizilien« 1970) bemüht sich um eine ›verstehende‹ Erklärung: man müsse sich die »'griechische' Gestimmheit Goethes vergegenwärtigen, um seine schroffe Ablehnung oder Verständnislosigkeit gegenüber späteren Epochen zu verstehen«.[196] Norbert Miller kommen-

---

[i] seit Peter von Aragon, verheiratet mit Konstanze, einer Enkelin Friedrichs II. (die einzige staufische Überlebende des Massakers an ihren Brüdern durch den vom Papst favorisierten Karl von Anjou) nach der »Sizilianischen Vesper« 1282, der blutigen Vertreibung der Franzosen, das Amt des Rex Siciliae annahm. Außer dem Zwischenspiel des Hauses Savoyen-Piemont (1713-20) und der Habsburger (1720-35) blieb Sizilien bis 1860 unter spanischer Herrschaft

tiert Goethes Abtauchen unter die Winckelmann-Glocke[i] folgendermaßen: »Wer wollte bestreiten, daß der Klassizismus, wie ihn Goethe in Italien und vor allem in späteren Jahren vertritt, Merkmale des Dogmatischen aufweist.«[197] Heinrich Meyer sieht keinen Grund, einem Kunstpapst-Goethe zu huldigen: »Goethe wußte erstaunlich wenig über das Wesen der bildenden Künste, denn er ging an allem vorbei, was nicht von vornherein als klassisch empfohlen war; war es aber das, so war es gut, auch wenn er es noch nicht kannte«.[198]

Diese nicht unberechtigte Kritik legt erneut den Finger auf den wunden Punkt, wie sehr sich Goethe an seine Kunstmentoren klammerte und den von ihnen vorgezeichneten sicheren Pfad eigenen Experimenten vorzog. Ratlosigkeit im Kunstdschungel Italiens hätte ihn zur Verzweiflung gebracht. Er brauchte Korrespondenz, nicht Dissens mit der Welt, die er neu erschaffen musste, um sich selbst zu erneuern. Das eine war unabdingbar vom anderen abhängig. Winckelmann und Palladio offerierten einen Kunstverstand der Schlichtheit und Harmonie, nach dem ihn innerlich verlangte. Die gesuchte und gefundene Übereinstimmung mit den Lehrmeistern baute sein Selbstvertrauen Stück für Stück auf, jedes »another brick in the wall«, einer Mauer, an der er seelisch emporklomm wie die Rebe am Stock. Der Erfolg seiner Kunstkur war ihm so wichtig, dass ihn die Kunstopfer nicht bekümmerten. Den freien Blick über die Mauer wagte er nicht – noch nicht – und solange hielt er sich an der Steigleiter der Mentoren fest.

---

i Winckelmanns »Gedanken über die Nachahmung der griechischen Werke in der Malerei und Bildhauerei« von 1755 hatte Goethe bereits in seinen Leipziger Studienjahren (1765-68) gelesen. Sein Zeichenlehrer, Prof. Oeser, Winckelmannfreund und -bewunderer, hatte ihn auf den kommenden Kunstpapst aufmerksam gemacht. Oeser, berichtet Goethe, sei *ein abgesagter Feind des Schnörkel- und Muschelwesen und des ganzen barocken Geschmacks* (HA 9, 309) gewesen. Erst in Italien vertiefte sich Goethe in Winckelmanns 1764 erschienenes Hauptwerk »Geschichte der Kunst des Altertums« und verschrieb sich dessen klassizistischem Kunstideal mit Leib und Seele. Goethes Schrift *Winckelmann* erschien erstmalig 1805 in dem Sammelband *Winckelmann und sein Jahrhundert. In Briefen und Aufsätzen herausgegeben von Goethe*

Bezaubernde Rosalia

Palermo lässt Goethe viel Zeit, in die Natur auszuschwärmen. Am 6. April 1787, dem Karfreitag vor dem Osterfest, steigt er im nordwestlichen Vorgebirge zum Monte Pellegrino hinauf, von dessen *zierlichen Formen*[199] er schon bei der Ankunft mit dem Schiff überwältigt war und zum *schönsten aller Vorgebirge der Welt*[200] kürte.

Der Hausberg Palermos beheimatet ›die‹ Attraktion der Stadt: es ist die 429 Meter hoch gelegene Höhlenkirche der Heiligen Rosalia, das Santuario di Santa Rosalia. Im Jahre 1624 wurden hier die Gebeine der adeligen Hofdame und Eremitin Rosalia gefunden, die nach dem Aufstand der sizilianischen Barone im Jahre 1161 gegen Normannenkönig Wilhelm I. und seinen Minister, Großadmiral Maio von Bari[i], den Königshof verlassen musste und sich zu einem Leben in Demut, Buße und Entbehrung in eine Gebirgshöhle zurückzog, wo sie fünf Jahre später, etwa sechsunddreißigjährig, im Jahre 1166 starb. In Palermo grassierte die Pest, als sie am 15. Juli 1624 zwei Einsiedlern in ihrem Felsenreich erschien und ihnen den Weg zur Grotte zeigte, wo diese ihren wohlerhaltenen Leib mit rosenumkränztem Haupt fanden. Wenig später, nachdem man ihre Gebeine durch die Stadt getragen und in die Kathedrale überführt hatte, soll die Pest zum Stillstand gekommen sein. Seitdem ist sie die Schutzpatronin der Stadt und für alles Weh und Leid der Palermitaner zuständig. Die Höhle, die 1625 ihre barocke Fassade erhielt und von Goethe konsequent nicht erwähnt wird, wurde zum Wallfahrtsort, der Berg zum Pilgerberg, Monte Pellegrino, ernannt und jährlich wird vom 11.-15. Juli mit großen Umzügen lautstark und hingebungsvoll Rosalias Fest gefeiert; an ihrem Todestag, dem 4. September, zieht eine Prozession hinauf zur Grotte.

Dorthin zog es nun auch Goethe. Er schreibt über diesen Ort in Unkenntnis des besonderen Erlebnisses, das innen bereits auf ihn wartetet: *man eröffnet die Türe ohne Erwartung, wird aber auf das wunderbarste überrascht, indem man hineintritt. [...] Die Höhle selbst ist zum Chor umgebildet,*

---

i   Wilhelm wurde gefangen genommen, Maio ermordet, Rosalias Vater, Graf Sinibaldo della Quisquina, wegen Mitverschwörung hingerichtet

ohne daß man ihr von der natürlichen rauhen Gestalt etwas genommen hätte. Einige Stufen führen hinauf: gleich steht der große Pult mit dem Chorbuche entgegen, auf beiden Seiten die Chorstühle. Alles wird von dem aus dem Hofe oder Schiff einfallenden Tageslicht erleuchtet. Tief hinten in dem Dunkel der Höhle steht der Hauptaltar in der Mitte.[201] Ein Geistlicher, der ihn für einen Genueser hält, weist ihn auf den links in der Höhle befindlichen Altar mit dem gläsernen Schrein der Heiligen hin. Es muss Intuition gewesen sein, dass der Mönch in diesem Besucher einen Sucher fand, der fand, was er suchte. Von dem Schrein mit der vom Florentiner Bildhauer Gregorio Tedeschi geschaffenen Heiligen kann sich Goethe kaum wieder losreißen und greift, es sei denn, er schweigt, wenn die Empfindungen zu groß werden, in die vertrauten Saiten seiner Lyra: *Ich sah durch die Öffnungen eines großen, aus Messing getriebenen Laubwerks Lampen unter dem Altar hervorschimmern, kniete ganz nahe davor hin und blickte durch die Öffnungen. [...] Ein schönes Frauenzimmer erblick' ich bei dem Schein einiger stillen Lampen. – Sie lag wie in einer Art von Entzückung, die Augen halb geschlossen, den Kopf nachlässig auf die rechte Hand gelegt, die mit vielen Ringen geschmückt war. Ich konnte das Bild nicht genug betrachten; es schien mir ganz besondere Reize zu haben. Ihr Gewand ist aus einem vergoldeten Blech getrieben, welches einen reich von Gold gewirkten Stoff gar gut nachahmt. Kopf und Hände, von weißem Marmor, sind, ich darf nicht sagen in einem hohen Stil, aber doch so natürlich und gefällig gearbeitet, daß man glaubt, sie müßte Atem holen und sich bewegen. [...] Ich überließ mich ganz der reizenden Illusion der Gestalt und des Ortes.*[202]

Hat man Goethes Beschreibung von Tizians Madonna von San Niccolò de' Frari als eine seiner »schönsten Bildinterpretationen überhaupt«[203] bezeichnet, so ist die des Schreins der Heiligen Rosalia zweifellos die liebevollste. Die sensible Überblendung der Verehrung der Heiligen mit der hingebungsvollen Bewunderung der Schönheit ihres künstlerischen Abbildes traf das Empfinden der Palermitaner, besonders der Giovannis, so genau, dass der komplette Text in deutscher und italienischer Sprache neben dem Schrein der Heiligen auf einer Tafel ausgelegt wurde.

Wie kein anderes Ereignis verdeutlicht das einer Wallfahrt ähnliche Rosalien-Erlebnis, wie Goethe aus seiner ungebundenen Religiosität heraus lokalen Ritualen und Gebräuchen mit Toleranz und Achtung begegnen kann und eine Empfänglichkeit für den natürlichen Volksglauben zeigt, der ihn nirgendwo so nah und lebendig umgibt wie hier im vernachlässigsten Teil Italiens, wo die Menschen des Trostes und der Hoffnung aus dem Glauben schon immer mehr bedurften als anderswo. Kerzenbeleuchtete Heiligenbilder in den Fenstern der Straßen und Gassen gehören auch heute zum Alltagsbild Siziliens. Dass der Besuch der Höhle am Pilgerberg Goethes innerstes religiöses Urempfinden anrührte, zeigt sein ungewöhnlich engagierter Rundschlag in Sachen Christentum, der dem Besuch folgte und daheim sicher mit Erstaunen zur Kenntnis genommen wurde: *Und vielleicht hat die ganze Christenheit, welche nun achtzehnhundert Jahre ihren Besitz, ihre Pracht, ihre feierlichen Lustbarkeiten auf das Elend ihrer ersten Stifter und eifrigsten Bekenner gründet, keinen heiligen Ort aufzuweisen, der auf eine so unschuldige und gefühlvolle Art verziert und verehrt wäre.*[204]

Als Goethe bereits wieder in Rom war, spöttelte sein Jugendfreund Friedrich Heinrich Jacobi (1743-1819), der jüngere Bruder des Hallenser und Freiburger Philosophen Johann Georg Jacobi (1740-1815), über Goethes religiöse Akklimatisierung in Italien: »Schon vor vierzehn Tagen« schreibt Jacobi, »hörte ich [...] Goethe sei zu Rom katholisch geworden.«[205] Der Kasus brachte Goethe nicht in Verlegenheit. Als er einige Jahre später während der *Campagne in Frankreich* anlässlich eines Vortrags über römische Kirchenfeste von der Fürstin Gallitzin nach der Ehrlichkeit seiner katholischen Anwandlungen befragt wurde, antwortete Goethe: *Geben Sie mir zu, verehrte Freundin, ich stelle mich nicht fromm, ich bin es am rechten Ort*[206].

Begegnung im Zaubergarten

Kaum zehn Fußminuten von seinem Gasthof entfernt, liegt an der heutigen Via Lincoln die Parkanlage Villa Giulia, deren exotischer Pflanzenreichtum das Herz jedes Blumen- und Pflanzenliebhabers hochschlagen lässt. Hierher treibt es Goethe, um in Ruhe und Muße seine botanischen Freuden zu pflegen und ein Lesestündchen abzuhalten. Begeistert schreibt er über diesen Ort: *In dem öffentlichen Garten unmittelbar an der Reede brachte ich im stillen die vergnügtesten Stunden zu. Es ist der wunderbarste Ort von der Welt. Regelmäßig angelegt, scheint er uns doch feenhaft; vor gar nicht langer Zeit gepflanzt, versetzt er ins Altertum. Grüne Beeteinfassungen umschließen fremde Gewächse, Zitronenspaliere wölben sich zum niedlichen Laubengange, hohe Wände des Oleanders, geschmückt von tausend roten nelkenhaften Blüten, locken das Auge. [...] Was aber dem Ganzen die wundersamste Anmut verlieh, war ein starker Duft, der sich über alles gleichförmig verbreitete* [207].

Erst zehn Jahre zuvor, 1777/78, war der Garten im Rokoko-Stil an einer Stelle außerhalb der Stadtmauer angelegt worden, wo früher die Feuer der Inquisition gebrannt hatten. Die Palermitaner taten sich zunächst schwer, ihr sonntägliches Picknick hier vergnügt zu genießen, wie es die Stadtväter geplant hatten. Goethe nimmt das exotische Pflanzenparadies vom ersten Augenblick an als eine Oase des Glücks wahr. Inmitten einer jahreszeitenlosen Schöpfungspracht fühlt er sich Rosalias Himmel und Delphis Hainen gleichermaßen nah. In dieser erdverbundenen Hochstimmung ereignet sich überfallartig der Durchbruch zu Homer. Die »Ilias« und die »Odyssee« hatte er bereits zu Beginn seiner ersten Weimarer Periode gelesen, ohne den geringsten Widerschein einer Selbstbespiegelung wahrzunehmen. Die Zeit war noch nicht reif dafür. Es bedurfte weiterer Jahre der Erfahrung von Rang und Ruhm, von Liebe und Leid, von Arbeitsfrust und Selbstentfremdung, um ihn unter dem südländischen Gewölbe für die Homer-Erweckung reif zu machen. Die »Odyssee« erscheint ihm jetzt wie auf den eigenen Leib geschrieben, er liest sie, als sei's ein Stück von ihm. Und war sie es nicht auch? War die Reise nach Italien etwas anderes als der Aufbruch von seinem Troja in eine ferne Dichterheimat? Stand nicht die Flucht von Karlsbad nach Italien im Zeichen einer unentrinnbaren Sendung, sein Schicksal mit dem des ewigen Wanderers zu teilen, anstatt mit *Tasso* unterzugehen oder in den keuschen Armen der Weimarer Priesterin zu verdorren? Erst hier im sicheren Port des arkadischen Parks offenbart sich Goethe die italienische Reise als das, was sie von Anfang an war: eine Odyssee zu sich selbst. Er war angekommen.

An Herder schreibt er: *Was den Homer betrifft, ist mir wie eine Decke von den Augen gefallen.*[208]

Beglückt von der Entdeckung seiner homerischen Seelenverwandtschaft schildert er deren erweckende Wirkung: *das alles rief mir die Insel der seligen Phäaken in die Sinne sowie ins Gedächtnis. Ich eilte sogleich, einen Homer zu kaufen, jenen Gesang mit großer Erbauung zu lesen und eine Übersetzung aus dem Stegreif Kniepen vorzutragen, der wohl verdiente, bei einem guten Glase Wein von seinen strengen heutigen Bemühungen behaglich auszuruhen.*[209]

Es ist der siebte Gesang, den Goethe seinem Kniep aus der soeben erworbenen griechisch-lateinischen Homer-Ausgabe übersetzt. Dieser Gesang, überschrieben »Odysseus' Gang zu Alkinoos«, enthält eine Schilderung des Gartens des Phäakenkönigs, aus der man ein paar Zeilen zur Kenntnis nehmen muß, um Goethes Begeisterung auch nur ein Stückchen miterleben zu können. Aus dem siebten Gesang:

> »Außer dem Hof liegt nahe dem Tor ein geräumiger Garten
> An vier Morgen groß, umhegt die Länge und Breite.
> Große Bäume stehen darin in üppiger Blüte,
> Apfelbäume, Granaten und Birnen mit herrlichen Früchten
> Und auch süße Feigen und frische, grüne Oliven.
> Unverdorben bleiben die Früchte und finden kein Ende,
> Weder Winter noch Sommer das ganze Jahr, und ein weicher
> West läßt stets die einen erblühen, die anderen reifen.«[210]

Der ans phäakische Ufer gespülte Odysseus ist nur mit Meeresschlamm und in der Mitte mit einem Zweig grünen Laubs bedeckt als er aus dem schützenden Gebüsch heraustritt, wo ihn ein Ball der heiter spielenden Mädchen trifft. Im sechsten Gesang liest sich diese unvergleichliche Szene so:

> »So schritt Odysseus hinaus in den Kreis der lockigen Mädchen,
> Ob er auch nackend war; ihn trieb ja Not und Bedrängnis,
> Grauenvoll schien er ihnen, entstellt vom Schlamme des Meeres.
> Und sie stoben von dannen und suchten am Ufer Verstecke.

Nur Alkinoos' Tochter blieb stehen; ihr hatte Athene
Mut in die Seele gehaucht und die lähmende Furcht ihr genommen.
Wartend stand sie still.«[211]

Diese wunderbar komponierten Gesänge machen seit eh und je den Leser Homer-süchtig. Während der antikisierte Goethe sie liest, hebt sich in seinem schiffbrüchigen Innersten die Grenze zwischen Mythos und Wirklichkeit auf und läßt Odysseus zum Ulysses seines eigenen Ich mutieren. Norbert Miller beschreibt die Odysseus-Offenbarung im Garten Villa Giulia treffend als »Augenblick mythischer In-Eins-Setzung«[212], den Goethe laut Eintrag in der *Italienischen Reise* auf den Ostersonnabend 1787 datiert, den Tag zwischen Karfreitag und Ostersonntag. Als sei's ein Wink von oben erkennt er in Homers Odysseus die Symbolik des ewigen Wanderers, in dessen von höheren Mächten gelenktem Schicksal er sich erleuchtungsgleich selbst entdeckt. Die Homer-Erweckung im Paradiesgarten von Palermo ist ›das‹ Initiationsereignis auf dem Weg zum sizilianischen Goethe. Die Ostersymbolik ist kein Zufall.

DRITTES KAPITEL
PALERMO:
Stadt der Überraschungen

Chöre und Getöse

Die Feier des Osterfestes am Sonntag, d. 8. April 1787, ist für Goethe wie für alle kirchenfeierentwöhnten Protestanten ein ungewöhnliches Schauspiel. Kästenweise werden Feuerwerkskörper vor die Kirchentüren geschleppt und *losgebrannt*, wie Goethe beschreibt, *indessen die Gläubigen sich zu den eröffneten Flügelpforten drängten. Glocken- und Orgelschall, Chorgesang der Prozessionen und der ihnen entgegnenden geistlichen Chöre konnten wirklich das Ohr derjenigen verwirren, die an eine so lärmende Gottesverehrung nicht gewöhnt waren.*[213]

Nach dem Besuch der Frühmesse in der Nähe seines Gasthofes, vielleicht gegenüber in der Santa Maria della Catena am Hafen, bekommt Goethe Besuch von einem Laufer, den überall in Italien herumspringenden, harlekinartigen Boten der Oberschicht, der ihn im Auftrag des in Palermo residierenden Vizekönigs zur Tafel einlädt und für seine Dienste ein Trinkgeld mit Feiertagszuschlag abkassiert. Den weiteren Morgen verbringt Goethe mit Kirchenbesuchen, *um die Volksgesichter und Gestalten zu betrachten*[214], doch es bleibt unbekannt, welche Kirchen es waren.

Vor dem österlichen Gastmahl trifft Goethe in den königlichen Gemächern des Palazzo Reale einen Mann, den er sogleich als Malteser identifiziert. Es ist der Graf Statella, der sich einige Zeit in Erfurt aufgehalten hatte und sich nun nach Weimar und dem Manne erkundigt, der der Verfasser des *Werther* sei. Genüßlich berichtet Goethe: *Nach einer kleinen Pause, als wenn ich mich bedächte, erwiderte ich: ‚Die Person, nach der Ihr Euch gefällig erkundigt, bin ich selbst!' – Mit dem sichtbarsten Zeichen des Erstaunens fuhr er zurück und rief aus: ‚Da muß sich viel verändert haben!' – ‚O ja!'*

versetzte ich, ‚zwischen Weimar und Palermo hab' ich manche Veränderung gehabt.[215]

Von den Gästen und Freuden der auserlesenen Tafelrunde in den kostbaren Appartamenti Reali des Palazzo, in denen schon die arabischen Gründer residierten, berichtet Goethe nichts. Über den Gastgeber, Francesco d'Aquino, Fürst von Caramanico, 1785-88 Siziliens Vizekönig des in Neapel residierenden Ferdinand III.[i], erfährt man aus Goethes Feder so viel, dass der Principe *sich mit anständiger Freimütigkeit, wie es einem solchen Herrn geziemt*[216], benahm. Nicht zuletzt zu Goethes Gunsten, denn der Fürst versichert ihn seiner uneingeschränkten Protektion, solange sich der Gast in Sizilien aufhalte. Davon hätte Goethe beinahe Gebrauch machen müssen, um sich in Messina vor einer drohenden Inhaftierung zu schützen.

Die magere Berichterstattung vom offiziellen Teil ›dokumentiert‹ unzweideutig Goethes entspanntes Verständnis seiner sizilianischen Mission. Immer weniger sieht er sich ›in der Pflicht‹ eines Dienstreisenden oder eines ›Volkmann‹[ii] für Daheimgebliebene. Die zunehmende Ökonomie der Informationen aus Italien ist an höchster Stelle in Weimar nicht unbemerkt geblieben. Der Herzog, dem das schon länger auffiel, kommentiert gutwillig: »Goethe bereichert sich erstaunlich. Er legt auch wahrscheinlich viel zurück, denn jetzt gibt er gewaltig wenig an seine ärmeren Freunde aus.«[217] Herder drückte den Sachverhalt etwas krasser aus. Goethes Briefe aus Italien seien wie *Schüsseln, in denen man die Speisen vermißte*[218].

---

i   Ferdinand (1751-1825), drittältester Sohn des spanischen Königs Karl III., der als Ferdinand IV. König v. Neapel u. Sizilien war, als Ferdinand III. König v. Sizilien, wurde ›dynastisch‹ verheiratet mit Maria Caroline von Österreich (1752-1814), wodurch Sizilien faktisch wieder unter spanisch-österreichisches Kuratel geriet. Maria Carolines Schwester war die französische Königin Marie Antoinette (1755-1793), die 1793 enthauptet wurde – beide Töchter der österreichischen Kaiserin Maria Theresia (1717-1780); 1798 flüchtete Ferdinand vor den frz.-republikan. Truppen nach Palermo; durch den Wiener Kongress 1815 wurde er als Ferdinand I., König »beider Sizilien« wieder in Amt und Würden eingesetzt

ii Der »Volkmann« war der »Baedecker« der deutschen Italienreisenden in der 2. Hälfte des 18. und 1. Hälfte des 19. Jahrhunderts. Johann Jacob Volkmann (1732-1803), ein Freund Winckelmanns, hatte sich eineinhalb Jahre in Italien aufgehalten, um ab 1770 sein 3-bändiges Reisehandbuch »Historisch-kritische Nachrichten von Italien« herausbringen zu können. Goethe folgte dem »Volkmann« sehr eng.

Der durchgeknallte Prinz

Die Wahl des Ostermontags für einen Besuch des Palagonia-Schlosses war nicht weniger skurril als dieses selbst. Wenn Goethe meinte, der *Pallagonischen Raserei*[219] bereits in Gestalt des Stilwirrwarrs des Fontana Pretoria begegnet zu sein, so reduzierten sich die beklagten Mängel des Brunnens angesichts der Monstrositäten, mit der die Hochburg der Tollheit aufwartete, zu minimalen dekorativen Ausrutschern.

Am 15 km östlich von Palermo in Bagherìa gelegenen Schloss des Prinzen Palagonia wird der Ankömmling von vier ungeschlachten Riesen begrüßt, die als Gesimsträger des Eingangsportals dienen. Eine Galerie bizarrster Horrorgestalten führt weiter zur Zufahrt zum Schloß. Der Weg ist links und rechts von Mauern begrenzt, deren Sockel mit abartigen Kreaturen bestückt sind, *meistenteils Ungeheuer von tierischer und menschlicher Gestalt*[220], notiert Goethe. Der Schlosshof, den man nach dieser Einstimmung erreicht, ist das reine Chaos, ein kolossales Durcheinander von planlos Zerstörtem: zerbrochene Vasen, umgestürzte Statuen, eingemauerte ägyptische Figuren, wasserlose Springbrunnen. Die kleinen Häuser am Rande des halbrunden Schlosshofes, die üblicherweise vom Gesinde bewohnt werden, sind in einem solchen Maße schief angelegt, *daß das Gefühl der Wasserwaage und des Perpendikels, was uns eigentlich zu Menschen macht* – wie Goethe haltsuchend formuliert – *[...] in uns zerrissen und gequält wird.*[221] Die Dächer dieser Häuser werden von Drachen, musizierenden Affenchören, tanzenden Hunden und Schlangen bevölkert, sowie von einem Atlas, der statt der Himmelskugel ein Weinfass trägt.

Das Schlossgebäude macht zunächst einen ganz unverfänglichen Eindruck, der sich allerdings schon an der Pforte verflüchtigt, wo der lorbeerbekränzte Kopf eines römischen Kaisers auf dem Rumpf einer delphinreitenden Zwergengestalt thront. *Im Schlosse selbst nun*, beschreibt Goethe, *dessen Äußeres ein leidliches Innere erwarten ließ, fängt das Fieber des Prinzen schon wieder zu rasen an. [...] Kein Winkel, wo nicht irgendeine Willkür hervorblickte*[222]. Stühle, auf die der verwirrte Besucher niedersinken möchte, haben unterschiedlich lange Beine und unter den Samtpolstern verbergen sich Stacheln.

Goethe fehlen die Worte, der Heimat auch nur eine annähernde Vorstellung des hier versammelten Absurden zu geben, geschweige denn dieses auf einen passenden Begriff zu bringen. Ein solcher sei bereits mehr als das, was er beschreibt, schreibt er, da dieses *eigentlich ein Nichts ist, welches für etwas gehalten sein will*.[223] Die palagonische Raserei konnte er nicht als makabren Spaß hinnehmen oder abtun. Dieses Haus, in dem der Wahnsinn Herrschaft hielt, war der extreme Gegenpol zu seiner noch fragilen italienischen Lebensarchitektur, der alles Übertriebene, Entstellte, Verdrehte, Widerwärtige ein Gräuel war. Ein Karneval der Sinnlosigkeit, der alles in seinen verderblichen Bann schlug und einer hemmungslosen Gesetzlosigkeit Tür und Tor öffnete, die Quelle von Aufruhr und Barbarei war. Von Jugend auf sei ihm *Anarchie verdrießlicher gewesen als der Tod selbst*.[224] Nichts hasste er mehr als derartige Rauschzustände, die, wenn sie das Volk ergriffen, alles gewaltsam gleich zu machen trachteten, was nicht gleich war. Für die egalitären Ziele der Französischen Revolution, die zwei Jahre später ausbrach, hatte er von Anfang an nicht die geringste Sympathie. In einem Aufsatz von 1823 bekannte er, sie sei für ihn *das schrecklichste aller Ereignisse gewesen.*[225]

Auch für Malerfreund Kniep ist der Rundgang durch das palagonische Irrenhaus ein einziger Horrortrip, dem er schnellstens entkommen möchte. Die allgegenwärtige Präsenz des Willkürlichen quält seinen Kunstsinn, der dem Chaos irgendeine Gestaltbarkeit abzuringen sucht, die nicht existiert und wenn es gestaltet würde, dem palagonischen Lügengespinst nur eine weitere Lüge hinzufügen würde.

Selbst vor der Schlosskapelle macht der dämonische Geist des Prinzen nicht Halt. Sie ist vielmehr, wie Goethe berichtet, der Höhepunkt aller Tollheiten, die hier im Originaltext der *Italienischen Reise* wiedergegeben werden sollen: *Die Kapelle zu beschreiben, wäre allein ein Heftchen nötig. Hier findet man den Aufschluß über den ganzen Wahnsinn, der nur in einem bigotten Geiste bis auf diesen Grad wuchern konnte. Wie manches Fratzenbild einer irregeleiteten Devotion sich hier befinden mag, geb' ich zu vermuten, das Beste jedoch will ich nicht vorenthalten. Flach an der Decke nämlich ist ein geschnitztes Kruzifix von ziemlicher Größe befestigt, nach der Natur angemalt, lackiert mit untermischter Vergoldung. Dem Gekreuzigten in den Nabel ist ein Haken eingeschraubt, eine Kette aber, die davon herabhängt, befestigt sich in den Kopf eines knieend betenden, in der Luft schwebenden Mannes, der, angemalt und lackiert wie alle übrigen Bilder der Kirche, wohl ein Sinnbild der ununterbrochenen Andacht des Besitzers darstellen soll.*[226]

Das i-Tüpfelchen dieser himmelschreienden Blasphemie ist Goethes Versuch, dem Absurden doch einen Un=Sinn abzuringen, dem er prompt erliegt, ohne es zu registrieren. Überhaupt scheint sein Gleichgewichtssinn in diesem Tollhaus weit weniger Schaden zu nehmen als er wiederholt beteuert. Die Magie der dunklen Kräfte zieht ihn wie fast alle Besucher in ihren Bann, stellt schamlos zur Schau, was tugendhafte Lebensführung verbietet und jedem und jeder doch eigen ist wie alle anderen angeborenen Kräfte, die zusammen *mehr als alles übrige des Menschen Schicksal* bestimmen.[227] So steht es in Goethes *Urworte.Orphisch* zur Auslegung des Wortes *Dämon* geschrieben.

Sein guter Dämon bewahrt ihn nicht vor der Dämonie des Schaurig-Schönen, die hier Regie führt. Mehr noch als dieses ihn abstößt, reizt ihn das phantasievoll-spielerische Element des palagonischen Freigeistes, der jede beliebige Gestalt annehmen kann, um seine Verrücktheiten zu betreiben. Dem Ur-Dämonischen hatte Goethe schon im *Urfaust* seine Referenz erwiesen. Palagonisch inspirierte Geister haben Einzug in die erste *Faust*-Fassung von 1808 gehalten. Unvergesslich und unübertrefflich die Studierzimmer-Szene, in der der hinter dem Ofen liegende Hund, nachdem er höllisch geschwitzt hat, jenen Dämon gebiert, der sich dem grübelnden deutschen Denker mit palagonischer Durchtriebenheit zu erkennen gibt:

> *Ich bin der Geist, der stets verneint!*
> *Und das mit Recht; denn alles, was entsteht,*
> *Ist wert, daß es zugrunde geht;*
> *Drum besser wär's, daß nichts entstünde.*
> *So ist denn alles, was ihr Sünde,*
> *Zerstörung, kurz das Böse nennt,*
> *Mein eigentliches Element.*[228]

Palagonisch beerbt ist dieser Lügengeist, der *Nichts* mit Schläue zu verkaufen weiß und lächelnd verkündet, ein Geist zu sein, der *stets das Böse will und stets das Gute schafft*. Der Prinz hätte allergrößtes Vergnügen an diesem Teufelskerl gehabt. Auch die *Hexenküche* ist palagonisch infiziert. Gleich nach der Rückkehr von Sizilien nach Rom fügte Goethe diese dem *Faust-Fragment* hinzu. Liest man die kurze Anleitung, die der Szene vorangestellt ist und erinnert sich, dass Goethe des Prinzen Gruselschloss *ein abgeschmacktes Unternehmen*[229] nannte, kann man sich des Eindrucks nicht erwehren, dass die schlummernden Monster im Schlossgarten des Prinzen aus ihrem steinernen Schlaf erwacht und zu einem Rudel von Meerkatzen mutiert sind, die in der Hexenküche große Lust auf allerlei Unsinn haben.

MEPHISTOPHELES zu Faust:
Wie findest du die zarten Tiere?
FAUST: So abgeschmackt, als ich nur jemand sah![230]

Über die ganz reale Dämonie der Armut außerhalb des Schlosses Palagonia auf den Straßen Bagheriàs berichtet Goethe lieber nicht. Von dem schon zitierten Julius R. Haarhaus, der hundert Jahre nach Goethe den Ort besuchte, erhalten wir folgenden Bericht: »Eine unendlich lange Straße mit dürftigen Hütten bildet den Hauptbestandtheil des Ortes, die Querstraßen und Plätze sind weder gepflastert noch chaussirt, und so uneben, daß die dem Wanderer Begegnenden plötzlich aus Erdlöchern emporzusteigen scheinen. Die Bevölkerung wohnt, arbeitet und kocht fast ohne Ausnahme auf der Straße, ganze Scharen ganz oder halbnackter Kinder folgen dem Fremden, der sich in diese Quartiere verirrt, mit ohrenzerreißendem Geschrei …«[231]

Münzen statt Mosaiken

Das totale Kontrastprogramm zur *Pallagonischen Raserei* verspricht am folgenden Tag ein Ausflug nach Monreale zu der vom letzten Normannenkönig, Wilhelm II., angelegten Benediktiner-Abtei zu werden, ca. 8km südwestlich von Palermo gelegen. Von dem in dreihundert Metern Höhe über der Conca d'Oro gelegenen Dom hat man einen phantastischen Ausblick über die wogenden Fruchtgärten der »Goldenen Muschel«. Die dreischiffige, kreuzförmige Basilika ist das bedeutendste Kulturdenkmal aus der normannisch-byzantinischen Zeit auf Sizilien, weltberühmt durch die goldgrundigen Mosaiken, die im oberen Teil des Chores Jesus Christus, den Weltenherrscher, den Pantokrator, mit einer faszinierenden Präsenz darstellen, die jeden Besucher beeindruckt. Man kann kaum glauben, dass die Künstler aus Konstantinopel die mehr als sechstausend Quadratmeter zusammenhängender Mosaiken der Innenwände in drei Jahren, von 1179-82, geschaffen haben. Ein Juwel für sich ist der Kreuzgang, dessen sechsundzwanzig Arkaden von 228 Doppelsäulen getragen werden, davon die meisten mit farbigen Steinen reich ornamentiert, andere glatt, einige in sich gedreht. Kein Säulenpaar gleicht dem anderen.

Goethe erwähnt dieses imposante Bauwerk mit keinem Wort, als sei er achtlos daran vorbei gegangen. Mangels eines Winckelmanns für die byzantinisch-arabisch-normannische Kunst lässt er die Zeugnisse dieser Kulturepochen am Wegesrande seiner vielfältigen Interessen noch ein Weilchen schlummern.

Glaubt man, Goethe stände mit seiner Geringschätzung der weltberühmten Mosaiken allein, täuscht man sich gründlich. Der vermögende englische Kunstkenner Thomas Payne Knight (1751-1824), der in den Jahren 1772/3 Frankreich und Italien und 1776-78 erneut Italien besuchte, befand über den Dom von Monreale: »Die Stadtkirche scheint aus den Zeiten der griechischen Kaiser zu sein: denn sie ist auch mit jener barbarischen Mosaik verziert.«[232] Als Goethe seine *Italienische Reise* verfasste, war ihm der Engländer gut bekannt. Dieser hatte bei seinem zweiten Italienaufenthalt Philipp Hackert als Begleitung für die Reise nach Sizilien engagiert.

Goethe nahm in die von ihm vollendete *Biographische Skizze* Hackerts Knights Bericht ihrer »Expedition into Sicily« (1777) in eigener Übersetzung teilweise auf. Der positive Nebeneffekt dieser von Erbstreitigkeiten begleiteten Arbeit war, dass sie Goethe initiierte, sich mit seinen eigenen italienischen Reiseaufzeichnungen zu beschäftigen: *ich hatte Ursache, mich zu fragen, warum ich dasjenige, was ich für einen anderen tue, nicht für mich selbst zu leisten unternehme?*[233] Die Reiseaufzeichnungen lagerten nun schon über zwanzig Jahre in der Schublade.

Zurück nach Monreale. Auch den Jüngsten der Goethezeitreisenden, der 26-jährige Bartels, konnte der mystische Glanz der goldgrundigen Mosaiken nicht entzücken: »Von der Kathedralkirche, das Einzige Merkwürdige im Innern dieser kleinen Stadt, sage ich Ihnen nichts. Ich sah sie in der Dämmerung, und bewunderte im Vorbeigehen ihre 22 hohen Säulen ...«[234] Es lag im Zeitgeist der Aufklärung, über dem Mittelalter die Lichter der Geschichte zu löschen in völliger Verkennung der ungewöhnlichen Geistes- und Glaubenstoleranz der arabisch-normannisch-staufischen Periode Siziliens, die der Insel eine nie wieder erreichte wirtschaftliche und kulturelle Blüte bescherte.

Von Monreale marschiert Goethe mit Kniep zehn Kilometer weiter zum Bergdörfchen San Martino delle Scale hinauf, so benannt nach der dortigen Benediktinerabtei San Martino, die im 6. Jh. von Papst Gregor d. Großen (590-604) gegründet wurde und gerade vor der Ankunft Goethes nach einer sechzehnjährigen Grundrenovierung (1770-86) im neuen Glanz erstrahlte. Ohne erkennbares Interesse an der großen Kunst des Klosters wendet er sich dessen Kleinkunst zu. *Die Mönche ließen uns ihre Sammlungen sehen. Von Altertümern und natürlichen Sachen verwahren sie manches Schöne. Besonders fiel uns auf eine Medaille mit dem Bilde einer jungen Göttin, das Entzücken erregen mußte. Gern hätten uns die guten Männer einen Abdruck mitgegeben, es war aber nichts bei Handen, was zu irgend einer Art von Form tauglich gewesen wäre.*[235]

Goethe kehrt *mit ganz andern Gesinnungen*[236] nach Palermo zurück, wozu die metallgeprägte junge Göttin unfehlbar beitrug, indem sie ihren Bewunderer der Verwirrung des Vortages entriss, um ihn für eine schönere zu gewinnen..

Noch einmal sucht Goethe in Palermo den Palazzo Reale auf, ohne dafür belohnt zu werden. Die Antikensammlung befindet sich *in der größten Unordnung, weil man eine neue architektonische Dekoration im Werke hatte.*[237] Die Statuen sind mit Tüchern verdeckt, Gerüste versperren den Weg und das mag auch der Grund gewesen sein, warum er auch beim ersten Mal die Cappella Palatina nicht besuchte.

Der Sprung hinüber zu den Katakomben erweist sich als ähnlich unergiebig. In der Via Cappuccini gibt's nicht etwa einen Cappuccino oder Caffellatte; nein, hier gibt's unterhalb des Kapuziner-Klosters nur 'ne Latte Mumien, die in voller Montur an die Wände gelehnt sind und hin und wieder den fallsüchtigen Drang spüren, den nichts ahnenden Besucher spontan zu begrüßen. Es ist nicht dieser makabre Ort, den Goethe aufsucht, sondern ein Stückchen weiter in der Via d'Ossuna die im Jahr zuvor entdeckten Höhlengräber, wo sich in den gewölbten Öffnungen des trockenen Tuffgesteins Särge von Erwachsenen und Kindern befinden, die anders als in den Kapuziner-Katakomben von vornherein als Grabstätten angelegt wurden. Goethe klärte damit eine damals gängige Verwechslung auf.

Dem Prinzen Torremuzza (1727-1794) bzw. dessen berühmter Sammlung antiker Münzen[i] stattet Goethe am 12. April einen Besuch ab, obwohl er sich nicht viel davon verspricht. Seine Mühe wird belohnt. Er schreibt: *Da man aber doch einmal anfangen muß, so bequemte ich mich und hatte davon viel Vergnügen und Vorteil.*[238] Er ist so erfreut über das gediegene Metall, auf dem die Welt ihre Geschichte hinterlassen hat, dass er in seinem Tagesbericht schreibt: *Leider haben wir andern in unserer Jugend nur die Familienmünzen besessen, die nichts sagen, und die Kaisermünzen, welche dasselbe Profil bis zum Überdruß wiederholen: Bilder von Herrschern, die eben nicht als Musterbilder der Menschheit zu betrachten sind.* Darauf folgt ein Ausspruch von weit mehr als numismatischer Bedeutung: *Sizilien und Neugriechenland lässt mich nun wieder ein frisches Leben hoffen.*

Mit seinen Kenntnissen des Münzwesens ist er noch nicht zufrieden, *doch das wird sich mit dem übrigen nach und nach schon geben.*[239] Hilfreich

---

i   Den Principe traf Goethe vermutlich nicht. Der lebte überwiegend in seiner Residenz in Bagherìa und war Nachbar von Prinz Palagonia. Ein Teil der Münzsammlung befindet sich heute im Museo Nazionale in Palermo.

konnte dabei der in Gotha geborene Altertumsforscher Friedrich Münter (1761-1830) sein, Theologie-Professor in Kopenhagen, den Goethe bereits in Rom getroffen hatte, als dieser von seiner Sizilienreise zurückkam und außer einer schönen Münzsammlung ein Manuskript zur Münzwissenschaft mit sich führte, auf das Goethe Herder sofort aufmerksam machte, denn *wir müssen doch auch, früh oder spat, in dieses Fach ernstlicher hinein.*[240]. Genau zehn Jahre später übernimmt Goethe zusammen mit dem von ihm geschätzten Weimarer Verwaltungsbeamten, Gottlob Christian Voigt (1743-1819), die Leitung des herzoglichen Münzkabinetts und legte sich ab 1803 eine eigene Münzsammlung zu.

Der Abend des 12. April geht mit einer Überraschung zu Ende. Gerade steht Goethe mit seinem Handelsmann auf dem sauber gefegten Schrittstein vor dem Laden, als ein Laufer mit einem silbernen Teller an sie herantritt und um eine Spende bittet, während in der Straßenmitte ein hagerer Herr daher geschritten kommt, der, wie Goethe beschreibt, *hofmäßig gekleidet, anständig und gelassen über den Mist einherschritt. Frisiert und gepudert, den Hut unter dem Arm, in seidenem Gewande, den Degen an der Seite, ein nettes Fußwerk mit Steinschnallen geziert: so trat der Bejahrte ernst und ruhig einher; aller Augen waren auf ihn gerichtet.*[241] Es war der Prinz Palagonia in persona, der nur ein Jahr später, 66-jährig, starb. Der Handelsmann erklärt Goethe, dass der Prinz, *von Zeit zu Zeit durch die Stadt geht und für die in der Barbarei gefangenen Sklaven ein Lösegeld zusammenheischt.*[242] Goethe wendet ein, dass er anstelle der Torheiten auf seinem Landsitz für diesen Zweck die großen Summen hätte verwenden sollen. *Kein Fürst in der Welt hätte mehr geleistet.* Darauf erwidert der lebenserfahrene Handelsmann: *Sind wir doch alle so! Unsere Narrheiten bezahlen wir gar gerne selbst, zu unsern Tugenden sollen andere das Geld hergeben.*[243]

Großer Lobgesang

Freitag, der 13. April 1787, ist trotz drohenden Unheils Goethes Tag des Lobgesangs. Die ersten Verse, wen wundert's, gelten den Steinen Siziliens. Goethes mineralogische Träume werden in Form von schönstem Marmor und herrlichsten Achaten wahr, von denen er beim Besuch der Steinschleifer Palermos sogleich eine komplette Sammlung bestellt. Diese Handwerker vollbringen in ihren Kalköfen wahre Wunder. So werden z.B. auf dünnen Glasscheiben durch Auftragen und Erhitzen von verschiedenfarbigen Lacken Achate nachgeahmt. Über das Ergebnis schreibt Goethe: *Solche Tafeln nehmen sich zur Dekoration schöner aus als der echte Achat, indem dieser aus vielen kleinen Stücken zusammengesetzt werden muß, bei jenen hingegen die Größe der Tafeln vom Architekten abhängt. Dieses Kunststück verdiente wohl, nachgeahmt zu werden.*[244]

Es folgt der Lobpreis des sizilianischen Klimas. *Vom Klima kann man nicht Gutes genug sagen*[245] schreibt er, obwohl es *gerade Regenzeit sei, aber immer unterbrochen; heute donnert und blitzt es, und alles wird mit Macht grün. Der Lein hat schon zum Teil Knoten gewonnen, der andere Teil blüht.*[246]

Nie vergisst Goethe, seinen treuen Begleiter Kniep zu loben: *Und mein Geselle ist ein exzellenter Mensch, der wahre Hoffegut, so wie ich redlich den Treuefreund fortspiele.*[247] Eine Anspielung auf die beiden Gefährten in seiner Nachdichtung von Aristophanes' »Die Vögel«.

Vorletztes Lob: *Vom Essen und Trinken hierzuland hab' ich noch nichts gesagt [...]. Die Gartenfrüchte sind herrlich, besonders der Salat von Zartheit und Geschmack wie eine Milch [...]. Das Öl, der Wein alles sehr gut [...]. Fische die besten ...*[248] und selbst das Rindfleisch sei zur Zeit gut. Sizilien verwöhnt Goethe an Leib und Seele.

Und zu ›guter‹ Letzt wird an diesem Tag ein Missetäter begnadigt, *welches immer zu Ehren der heilbringenden Osterwoche geschieht.*[249] Der Vizekönig hatte das Recht, zweimal im Jahr ohne öffentliche Gerichtsbarkeit Verbrecher zu amnestieren.[250] Mehr als das Verbrechen des Mannes interessiert Goethe dessen festliches Outfit, das dieser für die Entschuldungszeremonie anzulegen hatte. *Es war ein hübscher Mensch vom Mittelstande, frisiert, einen weißen Frack, weißen Hut, alles weiß...*[251] In seiner weltentrückten Festtagsstimmung schmückt Goethe den verkleideten Barabbas mit bunten Bändern, sodass er *als Schäfer auf jede Redoute*[252] hätte gehen können. Trotz der Unschuldsfarbe war der Mann ein Mörder: der 27-jährige Giuseppe Occo hatte im Streit seinen Gegner erschlagen.

Einen gelösteren, befriedeteren Goethe hat es bisher in Italien nicht gegeben. Innerhalb von zwei Wochen auf der Insel kann er die Weimarer Altlasten so weit hinter sich lassen, dass er ein paar Tage später, am 17. April 1787, wie schon erwähnt an Fritz von Stein schreibt: *Morgen, lieber Fritz, gehen wir aus Palermo. Ich befinde mich wohl und bin vielleicht in meinem Leben nicht 16 Tage hintereinander so heiter und vergnügt gewesen als hier.*[253]

Die Genese des sizilianischen Goethe zeigt erste Wirkung.

Der Magier aus Palermos Armenviertel

Noch weilt Goethe in Palermo und die Stadt hält bereits die nächste Überraschung bereit, die er begeistert an die Heimat weitergibt und mit einem ausführlichen Bericht für so manche Belanglosigkeit und Informationslücke zu entschädigen beabsichtigt. Worum es sich handelt, findet sich unter dem Datum vom 13. /14. April 1787 in der *Italienischen Reise: Schon die ganze Zeit meines Aufenthalts hörte ich an unserm öffentlichen Tische manches über Cagliostro, dessen Herkunft und Schicksale reden. Die Palermitaner waren darin einig, daß ein gewisser Joseph Balsamo, in ihrer Stadt geboren, wegen mancherlei schlechter Streiche berüchtigt und verbannt sei. Ob aber dieser mit dem Grafen Cagliostro nur e i n e Person sei, darüber waren die Meinungen geteilt. Einige, die ihn ehemals gesehen hatten, wollten seine Gestalt in jenem Kupferstiche wiederfinden, der bei uns bekannt genug ist und auch nach Palermo gekommen war.*[254]

Alessandro di Cagliostro, ein Künstlername könnte man sagen, war längst ein berühmt-berüchtigter Mann, als er 1785 durch die einzige Affäre, in die er schuldlos verwickelt war, zu Weltruhm gelangte und ein Interesse an seiner Person auslöste, das bis heute nicht erloschen ist.[255] Der selbsternannte Graf wurde 1743 als Giuseppe Balsamo in Palermos Armenviertel Albergheria geboren, hatte sich in seiner Jugend im Orden der Barmherzigen Brüder Kenntnisse der Krankenpflege aneignen können, die sein Interesse an der Medizin und angrenzende Wissenschaften weckten. Nach einigen mißglückten Übungen in seinem zweiten Talent, der Hochstapelei, begab er sich als Zwanzigjähriger auf Wanderschaft, bereiste zunächst noch bescheiden als Machese Pellegrini Nordafrika und den südöstlichen Mittelmeerraum, machte sich vertraut mit der Alchemie, diversen Religionen und dem Mystizismus und erschien, unterwegs zum Grafen Cagliostro avanciert, auf Malta beim Großmeister des Malteserordens, der ebenfalls ein Freund der Alchemie war und Cagliostro mit Empfehlungsschreiben den Eintritt in die Adelshäuser Roms und Neapels öffnete, wo überall geldhungrige Leute saßen, die nur zu gern die Kunst beherrscht hätten, aus unedlen Metallen edle zu machen. Gold, Silber oder Diamanten versprach Cagliostro, der sich ebenso seiner selbstgebrauten Heil-, Liebes- und Verjüngungsmitteln rühmte, deren Wirksamkeit er den neugierigen Damen gerne selbst demonstrierte. Mit dieser Leistungspalette und einer frei hinzuerfundenen Freimaurerkarriere war er am Markt der Eitelkeiten gut aufgestellt – und wäre es noch. Die Nobelherbergen der europäischen Spitzenverschwender von St. Petersburg bis Paris, von Rom bis London, standen ihm offen. Schlagzeilen machte er im August 1785 weniger durch eigene Schandtaten als durch die sog. Halsbandaffäre, die durch die Involvierung höchster französischer Adelskreise, allen voran Königin Marie-Antoinette und Kardinal Rohan, einen moralischen Sumpf zutage treten ließ, der an allen anderen europäischen Höfen bis hinunter zu Weimars Minihof mit größter Neugier und tugendsamster Verachtung verfolgt wurde. Als die Nachricht von der Verfahrenseröffnung in dem hochnotpeinlichen Skandal in Paris die Klatschspalten der Presse füllte und die Verteidigungsschriften der Hauptangeklagten schon vor der Prozesseröffnung zu Bestsellern wurden, war Goethes Reaktion außerordentlich heftig, wie er rückblickend zugesteht: *Schon im Jahr 1785 hatte die Halsbandgeschichte einen unaussprechlichen Eindruck auf mich gemacht. In dem unsittlichen Stadt-, Hof- und Staatsabgründe, der sich hier eröffnete, erschienen mir die greulichsten Folgen gespensterhaft, deren Erscheinung ich geraume Zeit nicht los werden konnte; wobei ich mich so seltsam benahm, daß Freunde, unter denen ich mich eben auf dem Lande aufhielt, als die erste Nachricht hievon zu uns gelangte, mir nur spät, als die Revolution längst ausgebrochen war, gestanden, daß ich ihnen damals wie wahnsinnig vorgekommen sei.*[256]

Schon einige Jahre vor seiner Italienreise hatte Goethe das Treiben des europaweit hofierten Scharlatans mit Interesse verfolgt. Cagliostro war für Goethe der Prototyp der Dämonie, ein leibhaftiger Mephistopheles, dem es mit seinen Verführungskünsten gelang, die größte Errungenschaft des Jahrhunderts, den Sieg der Vernunft über alles Mystisch-Dunkle zu verlachen. Was traf ihn wirklich so empfindlich, dass er halb durchdrehte? War es die öffentliche Bloßlegung der allseits bekannten Mätressen- und Günstlingswirtschaft, die nicht nur in französischen Palästen gang und gäbe war, sondern im eigenen Weimarer Haus und bei den braunschweigisch-preußischen Verwandten grassierte, die seinem eigenen Entsagungsfrust im Verhältnis mit Frau von Stein hohnlachte? Oder Cagliostros wirksamere Verführungskünste? – Schiller, der während Goethes Abwesenheit in Weimar mit Charlotte von Kalb kohabitierte, spöttelte über die platonische Goethe/von Stein-Liaison: »Man sagt, daß ihr Umgang ganz rein und untadelhaft sein soll.«[257]

Goethes Erklärung, sein *wahnsinniges* Benehmen hätte seine Befürchtung des sich bedrohlich abzeichnenden Endes des »ancien regime« ausgedrückt, kam dreißig Jahre später bzw. zu spät, als er sich des Vorfalls und der Halsbandaffäre im Zuge der Arbeiten an seiner Autobiographie entsann. Die Begründung verursachte ein gewisses Erstaunen, denn sie gab der Halsbandaffäre nachträglich eine hochpolitische Deutung, die sich nirgendwo in Goethes verschiedenen Bearbeitungen des Cagliostro-Stoffes nach der Rückkehr aus Italien wiederfinden ließ.

Die Recherchen zu dem hochaktuellen ›Stoff‹ konnte er in Palermo an der Quelle durchführen, die er mit dubiosen Mitteln zum Sprudeln brachte. Am 13. April 1787 gelingt es ihm, sich mit einem bühnenreifen Auftritt in das Haus der Familie Balsamo in Palermo einzuschleichen. Einige Tage vorher suchte er den Rechtsgelehrten Antonio Vivona auf, der im Auftrag der französischen Justiz zu klären hatte, ob der im Halsbandprozess angeklagte Graf Cagliostro mit dem Palermitaner Giuseppe Balsamo identisch sei. Die Recherchen bestätigten die Identität und Goethe erhält die Genehmigung, den Stammbaum der Familie Balsamo zu kopieren. Den Schreiber des Rechtsanwalts engagiert er, mit ihm die Mutter und Schwester des Grafen aufzusuchen, um aus erster Hand an die allerneuesten Nachrichten über die zurückgezogen lebende Familie Balsamo zu kommen. Mit einer Verschlagenheit, die der des Grafen in nichts nachsteht, erhält er unter dem Vorwand, ein englischer Freund des Grafen zu sein, der liebe Grüße des Sohnes überbringen soll, Eintritt in das Haus Balsamo.

Der Schwindel zeigt, wie genau Goethe über den Ausgang des Prozesses in Paris orientiert war, der am 31. Mai 1786, drei Monate vor seiner Abreise nach Italien, mit einem Freispruch für Cagliostro und seine Frau Serafina endete, die nach einer halbjährigen Untersuchungshaft in der Bastille in Boulogne-sur-Mer ein Schiff bestiegen, das sie nach Dover brachte, wo der Fremde im Hause Balsamo vorgab, den Grafen getroffen zu haben.

Die sizilianische Uraufführung des Possenspiels »Der falsche Engländer« gelingt Goethe so gut, dass die früh verwitwete Schwester den Freund ihres Bruders nicht nur sympathisch findet, sondern bereitwillig allerlei Familiäres ausplaudert, unter anderem, dass ihr wohlhabender Bruder ihr noch vierzehn Unzen für eingelöste Pfandsachen schulde, deren Rückzahlung ihre Armut doch ein wenig lindern könnte. Die schwerhörige Mutter Balsamo ist zu Tränen gerührt, als sie durch den Fremden von der glücklichen Rettung ihres Sohnes hört, für den sie jeden Tag gebetet hat, will aber vor weiteren Auskünften wissen, ob der Engländer auch der richtigen Religion angehöre. Die Tochter, lebenserfahrener als etwas später ein armes Mädel namens Margarete, rettet die Situation, indem sie der Mutter erklärt, es sei nicht schicklich, einem Gast eine solche Frage zu stellen. Alle Balsamos, die Kinder einschließlich, lieben den Engländer so sehr, dass sie ihn zum Rosalienfest im Juli als Gast in ihr Haus einladen. Schließlich verspricht Goethe, einen Brief der Familie an Giuseppe Balsamo in England zu übergeben, wozu es natürlich nie kommen konnte.

Der Zweck des Besuches war auf jeden Fall erfüllt, die Identität Giuseppe Balsamos und die Herkunft des Namens Cagliostro aus dem Familienstammbaum zweifelsfrei belegt. Von einer höheren Abstammung des Grafen keine Spur. Scharlatane wie Cagliostro und die Geisterbeschwörer der internationalen Freimaurer- und Illuminatensippe hielt Goethe später für die eigentlichen Drahtzieher der Revolution, die auf Menschen von Rang und Namen, Stand und Bildung eine solche Macht ausüben konnten, dass sie sich zu Werkzeugen ihres eigenen Untergangs machen ließen.[258] Aber am Freitag, d. 13. April 1787, als er sich bei den arglosen Balsamos einschlich, kamen Goethe keinerlei Bedenken, dass er sich durch seine fingierte Cagliostro-Freundschaft mit jenen Fälschern und Täuschern gemein machte, die ihm doch so widerwärtig waren. Welcher böse Dämon hatte Goethe geritten, der Familie Balsamo diesen schamlosen Lügenakt vorzuspielen?

Schwer zu sagen. Ein Bruchteil der Antwort ist allerdings überraschend simpel und heißt ›Sizilien‹, womit die gelöste Gemütsverfassung gemeint ist, die von Goethe seit seiner Ankunft in Palermo Besitz ergriffen hatte, eine Mixtur aus palagonischem Übermut, odysseeischer List und angeborener Lust am Verstellspiel. Hinzu kommt ein kräftiger Schuss journalistischer Neugier, die das erlaubte Maß überschreiten kann, wenn eine gute *story* winkt. Diese erscheint gedruckt erst fünf Jahre später, 1792, in dem Aufsatz *Des Joseph Balsamo, genannt Cagliostro, Stammbaum. Mit einigen Nachrichten von seiner in Palermo noch lebenden Familie*. Schon vorher, noch in Rom, schien Goethe der Stoff für eine komische Oper geeignet, die *Die Mystifizierten* oder *Il Conte* heißen sollte. Diesen Plan gab er auf und arbeitete das Material zu einem Prosalustspiel mit dem Titel *Der Großkophta* um, das, von Musik begleitet, noch im Dezember 1791 im Weimarer Hoftheater zur Aufführung kam und nach der dritten abgesetzt wurde. Was nicht überraschen konnte. Die Lustspielfassung wäre vielleicht vor der Revolution noch als düster-hellsichtige Politsatire durchgegangen. Danach war es ganz unmöglich, dem Weimarer Hofadel den Stoff als Komödie aufzutischen, während in Paris die komplette Demontage des »ancien régime« auf Straßen und Plätzen heranrollte und über die Grenzen zu schwappen drohte. Goethe selbst stellte besorgt fest, im eigenen Vaterlande gäbe es Gesinnungen, *welche eben auch uns ähnliche Schicksale vorbereiteten.*[259] Zwar gestand er zu, dass er sich im Stoff vergriffen habe, schob aber die ›Schuld‹ am Misserfolg des *Großkophtas* auf die hervorragenden Schauspieler ab, die *in der sorgfältigsten Aufführung das Ihre leisteten. Aber eben deswegen, weil das Stück ganz trefflich gespielt wurde, machte es einen um desto widerwärtigern Effekt.*[260] Die launige Erklärung seines Fehlgriffs hatte den Vorzug, dass sie die schlecht getimte Politsatire an den Ort ihrer real-komödiantischen Entstehung, nach Palermo zurückbrachte.

Dort gestattete sich Goethe am nächsten Tag einen weiteren Besuch bei den Balsamos, der ihn immerhin bewegte, sich hinterher die Schamlosigkeit seines Handelns einzugestehen und auf Abhilfe zu sinnen. Er schreibt in seinem ausführlichen Bericht von diesem Tage einsichtig und reuig: *Ich brauche nicht zu sagen, daß der Anteil, den ich an dieser Familie nahm, den lebhaften Wunsch in mir erregte, ihr nützlich zu sein und ihrem Bedürfnis zu Hülfe zu kommen. Sie war nun durch mich abermals hintergangen, und ihre Hoffnungen auf eine unerwartete Hülfe waren durch die Neugierde des nördlichen Europas auf dem Wege, zum zweitenmal getäuscht zu werden.*[261]

Das Eingeständnis versöhnt. Als Wiedergutmachung will er der Familie Balsamo die 14 Unzen noch vor der Abreise von Palermo unter dem Vorwand zukommen lassen, diese in England vom Schuldner wieder einzuziehen – und verfängt sich in ein neues Lügengespinst. Der Kassensturz ergibt einen Bargeldengpass und an Palermos Straßenecken fehlen noch die Geldautomaten. Die Bußgeldzahlung unterbleibt zunächst.

Goethe blieb jedoch seinem Vorsatz treu und schickte das Geld von Weimar nach Palermo, anonym natürlich. Er ließ es der Familie durch den echten englischen Kaufmann Jacob Joff gegen Quittung aushändigen, wobei der ›plietschen‹ Balsamo-Schwester die merkwürdigen Umstände dieses Geldtransfers nicht entgingen, die darin bestanden, dass sie vom Eintreffen des Geldbriefträgers, der plötzlich vor der Tür stand, nicht benachrichtigt worden seien. Dieser kleine Mangel verhinderte die Entgegennahme des Geldes nicht ernstlich. Von der Absicht, der Familie zu guter Letzt doch noch Aufklärung *über das wahre Verhältnis* zu geben, nahm Goethe Abstand. Wäre sein Falschspiel an die Öffentlichkeit geraten, hätte die Schadenfreude und Häme bestimmter Kreise nicht größer sein können.

Mit den Cagliostros nahm es kein gutes Ende. Alessandro wurde von seiner Frau Seraphina an die Inquisition verraten, 1791 auf Befehl des

89

Papstes Pius VI. zum Tode verurteilt, begnadigt zu lebenslanger Haft auf dem Fort San Leone in der Nähe Urbinos, wo er 1795, 52-jährig, starb. Hinter Seraphina, deren Freiheit das Heilige Officium für ein zu großes Sicherheitsrisiko hielt, schlossen sich für immer die Tore des Klosters Santa Apollonia, wo sie dem Wahnsinn verfiel.

In letzter Minute

Am 15. April 1787, dem ersten Sonntag nach Ostern, findet in Palermo eine große Prozession statt. Und das Wunder, von dem der Handelsmann sprach, geschieht: wie aus heiterem Himmel ergießt sich ein tropischer Regenguss auf die Straßen der Stadt. Vom Dom her hinunter zum Hafen reißen Wasserstrudel wie aus geöffneten Schleusen den aufgeschichteten Unrat mit sich und schieben diesen links und rechts an die Ufer der Straßenränder. Die Bewohner eilen herbei, um der von oben bewirkten Stadtreinigung mit Schaufeln und Besen nachzuhelfen und die müllfreien Inseln in der Straßenmitte miteinander zu verbinden. *Daraus erfolgte denn,* kommentiert Goethe staunend, *daß die Prozession, als sie begann, wirklich einen reinlichen Schlangenweg durch den Morast gebahnt sah und sowohl die sämtliche langbekleidete Geistlichkeit als der nettfüßige Adel, den Vizekönig an der Spitze, ungehindert und unbesudelt durchschreiten konnte. Ich glaubte die Kinder Israel zu sehen, denen durch Moor und Moder von Engelshand ein trockner Pfad bereitet wurde...*[262] Wunder scheinen Goethe inzwischen das Natürlichste von der Welt zu sein, zumindest hier in Palermo.

Die Feierlichkeiten nimmt Goethe zum Anlaß, drei Tage vor seiner Abreise die Hauptkirche von Palermo doch noch zu besuchen *und ihre Merkwürdigkeiten zu betrachten*[263]. Welche damit im Einzelnen gemeint waren, lässt er offen. Sicher ist, dass ihm die Kathedrale insgesamt nicht zusagte. Das innen und außen raumgreifende Gotteshaus bezeugt wie kein zweites Bauwerk der Stadt ihre wechselvolle Geschichte in einer Vielfalt von Stilen, die sich mit der von ihm favorisierten klassizistischen Schlichtheit – für die Winckelmann das Etikett »edle Einfalt und stille Würde« geliefert hatte – nicht vertrug. Ganz anders die Palermitaner, die die Stilvielfalt ihrer Stadt stets begeisterte. Der Hang zum Verspielten und Überladenen liegt ihnen im sizilianischen Blut. Jungtheologe Bartels, dessen norddeutsch-protestantischer Kunstgeschmack ebenfalls sparsamerer Architektur zuneigt, bestätigt Goethes strenges Urteil. Die öffentlichen Gebäude Palermos, die Kathedrale einschließlich, seien »weit von den Hauptregeln der Simplizität entfernet«[264], kommt aber anders als Goethe zu dem ›empathischen‹ Schluss, es sei ganz unangebracht, »sich über den verschrobenen Geschmak der Palermitaner in Kunstwerken, über ihre Nachläßigkeit und Gleichgültigkeit gegen grosse, schöne Formen, und über ihre kindische Libe zu Schnirkeleien ereifern; aber das hiße ungerecht sein: hier kommt es alles auf die Wirkung die das Ganze machet, an, und diese ist, unparteiisch zu urteilen, vortreflich!«[265]

Die Fortsetzung des Weges vom Dom zum arabisch-normannischen Lustschloß La Zisa[i] in der Nähe der Katakomben versprach für Goethe kein erhebendes Kunsterlebnis zu werden. Die Palastanlage diente den normannischen Herrschern als Ort der Entspannung von den Regierungsgeschäften, wofür unter anderem ein ausgeklügeltes Brunnen- und Kanalsystem sorgte, welches der Kühlung im Hause und der Bewässerung der Teiche und großzügigen Gartenanlage diente. Auch wenn dieser Komfort nicht mehr funktionierte, als Goethe La Zisa besuchte, hat die ruhevolle Symmetrie der arabischen Palastarchitektur seinen klassizistischen Geschmack vorteilhaft angesprochen, sodass er zu einem milden Urteil über dieses Gebäude kam, welches ihn *gar sehr ergötzte – nicht groß, aber mit schönen, weiten und wohlproportionierten, harmonischen Räumen; in einem nördlichen Klima nicht eben bewohnbar, im südlichen ein höchst willkommener Aufenthalt.*[266] Ein erster Eindruck, der Goethe reicht, um mit der ihm eigenen schnellen Beobachtungsgabe die klimatische Bedingtheit solcher Bauten zu erkennen, was auch für Palladios luftige Villen galt. Englische Bewunderer Palladios glaubten, diesen Umstand ignorieren zu

---

i   von arab. 'aziz': 'glanzvoll'

können und mussten dafür mit Rheuma, Gicht und baulichen Nachbesserungen ihrer Country Houses teuer bezahlen.

Abschied vom Zaubergarten

Mittwoch, der 16. April 1787, ist Goethes vorletzter Tag in Palermo. Er schreibt: *Da wir uns nun selbst mit einer nahen Abreise aus diesem Paradies bedrohen müssen, so hoffte ich, heute noch im öffentlichen Garten ein vollkommenes Labsal zu finden, mein Pensum in der ‚Odyssee' zu lesen und auf einem Spaziergang nach dem Tale am Fuße des Rosalienbergs den Plan der ‚Nausikaa' weiter durchzudenken…*[267]

Als sei's kaum noch eine Überraschung, enthüllt er jenen Plan, den er erstmalig auf dem Weg nach Rom in dem Apeninnendörfchen Giredo erwähnte. In seinem *Tagebuch der Italienischen Reise für Frau von Stein* vermerkte er: *Sagt ich dir schon daß ich einen Plan zu einem Trauerspiel Ulysses auf Phäa gemacht habe? Ein sonderbarer Gedancke der vielleicht glücken könnte.*[268] Dabei blieb es zunächst. Die neue jambische Fassung der *Iphigenie* hatte terminlich Vorrang, dann der unvollendete *Tasso*. Und Rom ließ ihn kaum noch zur Ruhe kommen. Erst ein halbes Jahr später glückt der Gedanke. Nicht zufällig begibt sich Goethe an diesem Tag noch einmal an den Fuß des Rosalienberges, um in der Nähe der Schutzpatronin einen Hauch ihres edlen Wesens für seine *Nausikaa* einzufangen. Goethe schließt seinen Tagesbericht mit den Worten: *Dies alles ist, wo nicht mit großem Glück, doch mit vielem Behagen geschehen. Ich verzeichnete den Plan und konnte nicht unterlassen, einige Stellen, die mich besonders anzogen, zu entwerfen und auszuführen.*[269] »Die Magie, die in der Begegnung mit der heiligen Rosalie auf ihn wirkte«, schreibt Norbert Miller im »Wanderer«, »ist noch in der Ära der *Wahlverwandtschaften* zu spüren…«[270] Um wie viel mehr hätte sie in *Nausikaa* nachgewirkt. Hätte …

Der Garten Villa Giulia lässt Goethe nicht los. Auch am letzten Tag in

Palermo begibt er sich in seinen Lieblingspark, um mit Homer, Odysseus und Nausikaa allein zu sein. Wiederum ereignet sich ein Vorfall, der nahtlos in die Kette unerwarteter Ereignisse passt, die typisch für die ganze Sizilien-Expedition sind, die nach kaum 14 Tagen zu einem atemberaubenden Abenteuer geworden ist. In Goethes Bericht am Abschiedstag, es ist der 17. April 1787, heißt es darüber: *Heute früh ging ich mit dem festen, ruhigen Vorsatz, meine dichterischen Träume fortzusetzen, nach dem öffentlichen Garten, allein eh' ich mich's versah, erhaschte mich ein anderes Gespenst, das mir schon diese Tage nachgeschlichen. Die vielen Pflanzen, die ich sonst nur in Kübeln und Töpfen, ja die größte Zeit des Jahres nur hinter Glasfenstern zu sehen gewohnt war, stehen hier froh und frisch unter freiem Himmel, und indem sie ihre Bestimmung vollkommen erfüllen, werden sie uns deutlicher. Im Angesicht so vielerlei neuen und erneuten Gebildes fiel mir die alte Grille wieder ein, ob ich nicht unter dieser Schar die Urpflanze entdecken könnte. Eine solche muß es denn doch geben! Woran würde ich sonst erkennen, daß dieses oder jenes Gebilde eine Pflanze sei, wenn sie nicht alle nach einem Muster gebildet wären?*[271]

Schon in Padua, wo Goethe knapp drei Wochen nach seiner Hegire Ende September 1786 ankam, hatte ihn das *Gespenst* berührt, als er voller Neugier den botanischen Garten der altehrwürdigen Universität durchstreifte. Die hochgeschätzte Renaissance-Architektur des Innenhofes beeindruckte ihn wenig, dafür aber der Muff der *Schulenge*[272] des 1222 gegründeten Instituts. *Das Universitätsgebäude hat mich mit aller seiner Würde erschreckt. Es ist mir lieb, daß ich darin nichts zu lernen hatte.*[273] Umso erfreulicher war der berühmte botanische Garten, der älteste Europas, 1545 angelegt, dessen Reichtum an ungewohnten Pflanzen alten und neuen Ideen Anstöße gab. *Hier in dieser neu mir entgegentretenden Mannigfaltigkeit wird jener Gedanke immer lebendiger, daß man sich alle Pflanzengestalten vielleicht aus einer entwickeln könne. Hierdurch würde es allein möglich werden, Geschlechter und Arten wahrhaft zu bestimmen, welches, wie mich dünkt, bisher sehr willkürlich geschieht. Auf diesem Punkte bin ich in meiner botanischen Philosophie steckengeblieben, und ich sehe noch nicht, wie ich mich entwirren will.*[274] Das fehlende Glied zwischen der intuitiv vorausgeahnten Einheit des Lebendigen einerseits und dem empirischen Nachweis andererseits, den er glaubte finden zu können, ja zu müssen – quälte ihn beträchtlich, so dass er den Gedanken daran zunächst aus seinem Kopf verbannte.

Im Garten Villa Giulia macht ihn die schiere Pracht und Fülle der Vegetation erneut schwach. Zögernd, fast widerwillig geht er daran, zwischen den unzähligen exotischen Pflanzen und Sträuchern mit phantasievollen Blattformen und Blüten, die er nie zuvor gesehen hatte, mit Düften, die er nie gerochen hatte, mit Namen, die er nie gehört hatte, die Ur-Mutter aller Pflanzen zu finden. Mit geradezu kindlichem Eifer wühlt er sich durch Beete, Töpfe und Kübel, als müsse sie dort irgendwo versteckt sein, ganz unprätentiös inmitten ihrer vielgestaltigen Abkömmlinge. Ihre äußere, schlichte, einblättrige Erscheinungsform, ihre erste reale Individuation, stand ihm so klar vor Augen, dass er sich nur eine handbreit von ihr entfernt fühlte. Doch solange er glaubte, sie irgendwo entdecken zu können, befand er sich auf dem Holzweg. Solange er die Grenze zwischen Naturforschung und Naturphilosophie nicht näher bestimmt hatte, musste er sich von der Urpflanze wie von einem *Gespenst* verfolgt fühlen. In einem Brief an den Botaniker und Naturphilosophen, Nees von Eesenbeck (1776-1858), erinnert sich Goethe später daran: *In den Tagebüchern meiner italienischen Reise, an welchen jetzt gedruckt wird, werden Sie – nicht ohne Lächeln – bemerken, auf welchen seltsamen Wegen ich der vegetativen Umwandlung nachgegangen bin; ich suchte damals die Urpflanze, bewußtlos, daß ich die Idee, den Begriff suchte, wonach wir sie uns ausbilden können.*[275]

Goethes offener Idee-Begriff war allerdings nicht in Einklang zu bringen mit dem ausgrenzenden kantischen, den ihm Schiller nach der Sitzung der Naturforschenden Gesellschaft in Jena am 20.7.1794, die ihr Freundschaftsverhältnis begründete, nahezubringen versuchte. Diese Begegnung, von Goethe als *Glückliches Ereignis*[276] bezeichnet, wie er zufällig mit Schiller, den er dort gar nicht erwartet hatte, hinausgegangen sei und das muntere Gespräch, das sich daran anknüpfte, habe ihn in Schillers Haus gelockt: *da trug ich die Metamorphose der Pflanzen lebhaft vor, und ließ, mit manchen charakteristischen Federstrichen, eine symbolische Pflanze vor seinen Augen entstehen.* Schiller antwortete kopfschüttelnd: *Das ist keine Erfahrung, das ist eine Idee.*[277] In Goethe wollte sich gerade der *alte Groll* wieder melden, besann sich aber eines Besseren und erwiderte: *Das kann mir sehr lieb sein, daß ich Ideen habe ohne es zu wissen, und sie sogar mit Augen sehe.*[278] Präziser als durch ihn selbst lässt sich Goethes ›Sicht der Dinge‹ nicht beschreiben. Genau diese Grenze, die für den an Kants Erkenntnisphilosophie geschulten Schiller eine Schnittstelle zwischen der Welt als Erfahrung und der Welt als Idee markiert, ist in Goethes Weltverständnis fließend. In einem Beitrag zur Naturforschung Goethes kommentiert Carl Friedrich von Weizsäcker: »Goethe aber mußte sich gegen diese Unterscheidung wehren, die das für ihn Einheitliche spaltete.«[279] Goethes Weltbild ist weder einseitig ein naturwissenschaftliches, noch ein philosophisches. »Keiner Anschauung, die von außen an ihn herankam, hat er sich ganz ergeben. Aber er sah, was ihm davon verwandt war und assimilierte es …«[280] schreibt Hans Wohlbold über »Die Naturerkenntnis im Weltbild Goethes«. Dieses entfaltet sich kernhaft aus seinem Selbstverständnis als Künstler, als welchen er sich in Italien wiedergefunden zu haben glaubte[281], des schreibenden als auch des bildenden Künstlers, für den das sehende Verstehen und das verstehende Sehen des Weltganzen ein unaufteilbarer Prozeß ist. Die nur denkbare Pflanze – von Goethe ohne klare Abgrenzung als ›*Typus*‹, ›*Modell*‹, ›*innere Struktur*‹ oder ›*Grundmuster*‹ bezeichnet – löst sich in seinem Denken nie soweit vom Anschaulichen, dass sie zur ›reinen Idee‹ entrückt, sondern behält auch im Verstehen eine sinnlich-visuelle Komponente. Bezugnehmend auf das Gespräch zwischen Goethe und Schiller macht Joseph Kiermeier-Debre in einem äußerst aufschlußreichen Beitrag (,Das Lyrische Werk von Johann Wolfgang von Goethe') darauf aufmerksam, dass dieser »gegen die Idee die Rechte des Auges«[282] und einen «Prioritätsanspruch der Sinne»[283] einfordere. Um nichts anderes als die Wiedereinsetzung der Sinne und des Sinnlichen in ihre ursprünglichen Rechte gehe es bei der ganzen Italienreise.

Den Vorrang des anschauenden Weltbegreifens bestätigt Goethe in seinen *Maximen und Reflexionen* mit aphoristischer Kürze: *Denken ist interessanter als Wissen, aber nicht als Anschauen.*[284] Im Garten Villa Giulia nimmt die Vision der Urpflanze vor seinem inneren Auge so anschauliche Formen an, dass er sich von seinem naturforschenden Findungstrieb überrumpeln läßt und zugreift. Daneben.

Aber nicht vergebens. Sein »denkendes Auge« (Weizsäcker) sah schon über die Grenze hinaus. Das geht aus dem Brief hervor, den Goethe vier Wochen später an seinen engsten Gedankenfreund, Johann Gottfried Herder, schrieb. Darin heißt es: *Den Hauptpunkt, wo der Keim steckt, habe ich ganz klar und zweifellos gefunden; alles übrige seh' ich auch schon im ganzen, und nur noch einige Punkte müssen bestimmter werden. Die Urpflanze wird das wunderlichste Geschöpf von der Welt, um welches mich die Natur selbst beneiden soll. Mit diesem Modell und dem Schlüssel dazu kann man alsdann noch Pflanzen ins Unendliche erfinden, die konsequent sein müssen, das heißt, die, wenn sie auch nicht existieren, doch existieren könnten und nicht etwa malerische oder dichterische Schatten und Scheine sind, sondern eine innerliche Wahrheit und Notwendigkeit haben. Dasselbe Gesetz wird sich auf alles übrige Lebendige anwenden lassen.*[285] Dieser letzte Satz, typisch für Goethes unorthodoxe Naturforschung des sehenden Verstehens, öffnet den visionären Horizont bereits weit über die Grenze des Botanischen hinaus und nimmt eine Einheit alles Lebendigen ins Visier, die der exakten wissenschaftlichen Verifikation um mehr als ein halbes Jahrhundert vorauseilt.

In der Fachwelt seiner Zeit wurden Goethes naturwissenschaftliche Leistungen kaum anerkannt. Darüber beklagt er sich ganz ausdrücklich. Als 1817 seine gesammelten Erkenntnisse *Zur Morphologie* erstmalig im Druck erschienen, fügte er in einem Vorwort mit dem Titel *Geschichte meiner botanischen Studien* hinzu: *Seit länger als einem halben Jahrhundert kennt man mich, im Vaterlande und auch wohl auswärts, als Dichter und läßt mich allenfalls für einen solchen gelten; daß ich aber mit großer Aufmerksamkeit mich um die Natur in ihren allgemeinen physischen und ihren organischen Phänomenen emsig bemüht und ernstlich angestellte Betrachtungen stetig und leidenschaftlich im stillen verfolgt, dieses ist nicht so allgemein bekannt, noch weniger mit Aufmerksamkeit bedacht worden.*[286]

Nur siebenundzwanzig Jahre trennen ihn an seinem Lebensende von einer höchst ehrenvollen Anerkennung als Naturforscher. 1859 erscheint in England ein umstrittenes Buch, welches seither als die kopernikanische Wende in der Erklärung des Lebens auf Erden betrachtet wird, dessen Wellenschlag nach wir vor kontroverse Diskussionen mit skurrilsten Blüten hervorbringt. Es ist Charles Darwins (1809-1882) revolutionäre Abhandlung über «Die Entstehung der Arten». Diese beginnt mit einem historischen Überblick über die Vorläufer des Evolutionsgedankens und nennt neben Lamarck (1744-1829) und Herbert Spencer (1820-1903) »Goethe in Deutschland«.[287]

In Palermo im Garten Villa Giulia behält das Gespenst der Urpflanze noch die Oberhand und stört den paradiesischen Frieden wie einst der Sündenfall, Ursache aller Rätsel, die das Leben aufgibt und Goethe *unruhig* machte. *Gestört war mein guter poetischer Vorsatz, der Garten des Alcinous war verschwunden, ein Weltgarten hatte sich aufgetan.*[288]

Ein langer Blick hinüber zum Rosalienberg wird am Ende dieses Tages seiner guten Stimmung wieder auf die Beine geholfen haben.

VIERTES KAPITEL
DIE INSEL
Auf dem Maultierrücken durch Sizilien

Reisevorbereitung
für stille Gesellschafter

Bevor man sich mit Goethe auf den Weg in die Berge und durch die Täler Siziliens macht, ist es angebracht, einen Augenblick inne zu halten und sich zumindest einige Unterschiede zwischen dem Reisen heute und um 1800 bewusst zu machen.

Im Jetset-Zeitalter sind wir es gewohnt, von jedem x-beliebigen Standort aus Reiseziele unserer Wahl rund um den Globus – und bald darüber hinaus – ohne allzu große Anstrengungen zu erreichen. Sollte doch einmal etwas Schweiß fließen oder das Sitzfleisch mürbe geworden sein, so erwarten uns am Ziel Sonne und Wonne und lange Buffets mit kulinarischen Genüssen. Selbst tapfere Fahrradtouristen müssen sich nicht mehr über Gebühr plagen. Ihr Gepäck erreicht lange vor ihnen das Tagesziel, sodass das Treten in die Pedalen die reine Lust ist. Selbst am abgelegensten Erdwall aus der frühesten Besiedlungszeit eines längst entschwundenen Ortes wartet das gastronomische Gewerbe mit stärkenden Verlockungen auf, um die staunenden Besucher mit einem Maximum an Wohlbehagen zu belohnen.

Solche Segnungen des Reisens hätte man sich vor 200 Jahren nicht einmal träumen lassen. Schon gar nicht in einem so abgelegenen, unerschlossenen und weitgehend unbekannten Teil der Welt wie Sizilien. Die meisten der sogenannten »Kavaliersreisen« nach Italien endeten in Neapel und nur die ›echt‹ landes- und völkerkundlich interessierten Geister der Zeit reisten weiter gen Süden, um Kalabrien, Sizilien, die Liparischen Inseln oder Malta zu erkunden. Betuchte Kunstreisende engagierten ortskundige und kunstverständige Reiseleiter: »Henry« Knight wurde von Philipp Hackert begleitet, Goethe von Kniep – und Bartels bedauerte, keinen bildenden Künstler bei sich gehabt zu haben, der Landschaften, Kulturzeugnisse, Menschen, Tiere und Pflanzen zeichnerisch zu dokumentieren in der Lage gewesen wäre. Hanno-Walter Kruft erklärt den Grund für diese Teambildungen und die vereinbarten Reisegeschäftsmodalitäten: »Zunächst mag es merkwürdig erscheinen, daß Goethe einen bezahlten Zeichner mit nach Sizilien nahm. Das wird jedoch leichter verständlich, wenn man sich vergegenwärtigt, dass die Insel – zumindest für die Deutschen – bis zum Ende des 18. Jahrhunderts eine terra incognita war.«[289]

Der einzige deutschsprachige Sizilienführer, der vor Goethes Italienreise erschien, war Johann Hermann Freiherr von Riedesels[i] »Reise durch Sizilien und Großgriechenland« von 1771. Riedesel, der seinen Freund und Lehrmeister Winckelmann gerne als Begleiter für seine Sizilienreise im Jahre 1767 gewonnen hätte, konnte diesen leider nicht davon abhalten, zunächst nach Deutschland zurückzukehren. Auf diesem Weg wurde Winckelmann 1768 von einem Strichjungen, wie es heißt, in Trient ermordet. Und als Goethe dem trefflichen *von Riedesel, dessen Büchlein ich wie ein Brevier oder Talisman am Busen trage*[290] in Agrigent für seine stille, innige Freundschaft danken wollte, war auch dieser bereits ein Jahr tot, ohne dass Goethe davon erfahren hatte. Der Freiherr war als Gesandter des großen Friedrichs in Wien durch einen Reitunfall 1785 gestorben.

Warum das einst so blühende Sizilien zur ›terra incognita‹ abgesunken war, erklärt Julius R. Haarhaus in dem schon erwähnten Reclam-Bändchen von 1897 mit dem einladenden Titel »Kennst du das Land«: »Eine Reise nach Sicilien, dem Schauplatze antiken Märchenspuks, mittelalterlicher Greuel und moderner Gesetzlosigkeit, galt in den letzten Jahrzehnten des vorigen Jahrhunderts noch für ein außerordentliches Wagniß.«[291] Gefahr drohte dem arglosen Reisenden unter anderem in Form von unliebsamen Begegnungen mit umherstreunenden ›brigantaggios‹, Straßenräubern also, für die die meist begüterten Sizilienfreunde eine willkommene, wenn auch

---

i   Johann Hermann Freiherr von Riedesel (1740-1785); der Reisebericht des preußischen Kammerherrn und Diplomaten war Goethe aus der Bibliothek seines Vaters bekannt

viel zu seltene zusätzliche Einkommensquelle waren. Goethe schenkte jedoch Riedesel Glauben und schätzte die drohenden Gefahren nicht so hoch ein, war sich aber darüber im Klaren, daß man in Thüringen über seinen plötzlichen Abstecher in dieses Land der unkalkulierbaren Risiken für Leib und Leben ganz anders dachte. Jedenfalls nahm er an, dass man um sein Wohlergehen bangte und schrieb noch von Neapel aus zur Beruhigung eventuell Besorgter: *Doch muß ich euch nicht, weder im Traume noch im Wachen, von Gefahr umgeben erscheinen; seid versichert, da, wo ich gehe, ist nicht mehr Gefahr als auf der Chaussee nach Belvedere*[i]. *Die Erde ist überall des Herrn! kann man wohl bei dieser Gelegenheit sagen. Ich suche keine Abenteuer aus Vorwitz noch Sonderbarkeit, aber weil ich meist klar bin und dem Gegenstand bald seine Eigentümlichkeit abgewinne, so kann ich mehr tun und wagen als ein anderer. Nach Sizilien ist's nichts weniger als gefährlich.*[292]

Man muss sich beizeiten daran gewöhnen, solche Mitteilungen Goethes wie ein Firmenzeugnis zu lesen, d.h. er war sich der Gefahren der Reise durchaus bewusst. Da Goethe aus der *Italienischen Reise* alles heraus hielt, was auch nur den Hauch einer Gefahr hätte andeuten können, müssen die Aussagen anderer Zeitreisender herangezogen werden, um von den tatsächlichen Verhältnissen eine Anschauung zu gewinnen.

Ein aufmerksamer Beobachter war Johann Gottfried Seume (1763-1810), der anders als Goethe mit offenem Visier für die wirklichen Verhältnisse Italiens bis an die südlichste Peripherie des Königreichs Neapel-Sizilien wanderte. 16 Jahre nach Goethe ging dieser vom Schicksal hart geprüfte Mann[ii] auf seinen legendären »Spaziergang nach Syrakus im Jahre 1802«, der in Leipzig begann und wie Goethe setzte er von Neapel nach Palermo per Segler über. Von ihm erfahren wir die üblichen Risiken des Transfers per Schiff: »Auf der Höhe [von Palermo, d. Vf.] hatten wir immer die Ka-

---

i   das herzogliche Jagdschloss südlich von Weimar ist gemeint

ii   Seume wurde 1781, als er das ihm auferlegte Theologie-Studium abbrechen und zu Fuß nach Paris fliehen wollte, von hessischen Werbern gefasst und wie viele andere Leidensgenossen nach England oder Kanada verkauft, um im Amerikanischen Unabhängigkeitskrieg gegen die aufständischen Nordamerikaner zu kämpfen. Nach seiner Rückkehr 1783 wurde er von preußischen Werbern arrestiert und in Emden zum Militärdienst gezwungen. Durch eine Kaution Emdener Bürger kam er 1787 frei, was nicht bedeutete, dass sein abenteuerliches Leben damit beendet gewesen wäre.

nonen scharf geladen und ungefähr vierzig große Musketons[i] fertig, um gegen die Korsaren[ii] zu schlagen, wenn einer kommen sollte. Denn Du mußt wissen, der Unfug ist jetzt so groß, und die neapolitanische Marine ist jetzt so schlecht, daß sie zuweilen bis vor Kapri und sogar bis vor die Stadt kommen, um zu sehen, ob sie etwa Geschäfte machen können [...]. Das ist nun freilich eine Schande für die Regierung, aber die Regierung hat dergleichen Schandflecke mehr.«[293]

In der Einschätzung der mit dem Landgang und einer Inseldurchquerung tatsächlich verbundenen Gefahren sind sich Riedesel, Bartels, Knight und auch Seume ziemlich einig, dass sie in der Regel übertrieben dargestellt werden. Riedesel berichtet, er sei »genöthiget« worden, »wider meinen Willen einen Soldaten, von denen, welche der König gegen die Räuber unterhält, zur Begleitung mitzunehmen. Ich war gar nicht dieser Meynung: Allein alle meine Bekannten, und der Vice-König selbst nöthigten mich dazu. Der König unterhält eine Compagnie von 40. Mann, und jedes Thal deßgleichen, zur Sicherheit der Wege. Jeder Besitzer von ansehnlichen Gütern ebenfalls unterhält einige gewaffnete und berittene Männer zu seiner besondern Bedeckung. Es ist falsch, was man mir erstlich erzählet hatte, daß diese Soldaten Anführer der Diebe sind, und einem zur Bedeckung dienen, weil sie mit ihnen in Gemeinschaft stehen. Es sind ehrliche Leute, und man ist sicher mit ihnen.«[294] Bartels verweist die kursierenden, wilden Geschichten, die er hörte, aber keiner, der sie berichtete, selbst erlebt hatte, vollends ins Reich der Märchen. Er hält die Sache mit dem Begleitschutz für reine Geschäftemacherei. »Räuber«, schreibt er, »vor deren Angriff sie in Sizilien schützen sollen, giebt es nicht mehr; aber Räubergeschichten in Menge«[295]. Allein Seume, der einsam Reisende, berichtet von einem unangenehmen Zwischenfall mit einer bewaffneten Reitergruppe kurz vor seinem Ziel Syrakus. Man packte ihn etwas grob beim Kragen und filzte ihn und sein Gepäck gründlich. »Man riß meinen Sack auf und fand darin freilich keine Herrlichkeiten, ein Hemde, zwei Bücher, ein Stück hartes Brot, ein Stückchen noch härteren Käse und einige Orangen. Man besah mich aufmerksam

---

i   alte Handfeuerwaffe mit einem nach vorne trichterförmig gestaltetem Lauf; hier ist offensichtlich ein kleinkalibriges Geschütz gemeint
ii Seeräuber

von der Ferse bis zum Scheitel. – Ihr habt also kein Geld zum Reiten? – Ich kann so viel nicht bezahlen. – Meine Figur und der Inhalt meines Sackes schienen ihnen hierüber ein gleichlautendes Dokument zu sein.«[296]

Jenseits der Hauptstrecke Palermo-Agrigent-Syrakus-Messina konnten sich die Verhältnisse schnell ändern. Ludwig Friedländer (1824-1909), namhafter Altphilologe und Kunsthistoriker, der sich 1853/4 ein Jahr lang in Italien aufhielt, schreibt darüber in seinen »Erinnerungen, Reden und Studien« von 1905: »Dennoch sind in der unermeßlichen Einöde der Kornbauzone die Verbrecher die Herrscher. Ihnen gehören die Ernten, die Gärten, die in dieser Wüste zerstreuten Häuser und Villen, Vermögen und Leben der Reisenden. Auf Pferden, die nicht die ihrigen sind, bewaffnet mit Gewehren und Revolvern, die sie nicht gekauft haben, durchstreifen sie als Herren das Land.«[297]

Es ist davon auszugehen, dass Goethes unbeschütztes Reiseteam auf der cross-road-Piste von Agrigent über Enna nach Catania nichts Böses zugestoßen ist. Aber selbst wenn etwas passiert wäre, hätte er darüber in der *Italienischen Reise* nicht oder anekdotisch verharmlost berichtet. Kein Wunder, dass der italienische Fremdenverkehrsverband Goethe für die Entlastung Siziliens von den touristisch abträglichen Räubergeschichten dankbar war. Gray/de Rosa schrieben in der ca. 1931 vom Verband herausgegebenen Schrift »Auf Goethes Spuren in Italien«: »Das italienische Volk hat Grund, dem Dichter dankbar zu sein, dass er das Schauermärchen über die Unwegsamkeit und die mangelnde persönliche Sicherheit im Innern der Insel durch seine Reise widerlegt. Er bereist die ganze Insel, ohne eine Eskorte mitzunehmen, wie er das anderswo getan hatte; nur von seinem Freunde Kniep und einem Diener begleitet, dringt er auch in entlegene Gegenden vor, ohne dass er je Grund zu Klagen gehabt hätte, wie das anderswo der Fall gewesen war.«[298] Demgegenüber gibt Ferdinand van Ingen in seinem treffend überschriebenen Artikel »Goethes *Italienische Reise*, ein fragwürdiges Modell« (1988)[i] zu bedenken: »Es muß die kritische Frage gestellt werden, ob das Mißverständnis, Goethes *Italienische Reise* sei ein

---

i   der Gegenentwurf zu der von Heinrich Niederer postulierten vorbildhaften Reisekultur Goethes

unübertrefflicher Reisebegleiter und eine grundwahre Darstellung, den Reisenden nicht vielleicht mehr zum Nachteil als zum Vorteil gereicht und ob sie nicht den Blick auf Italien eher verstellt als geschärft hat.«[299]

Diesem verlockenden Missverständnis sind zweifellos viele Italienverehrer ›auf Goethes Spuren‹ erlegen, denn als Goethe den 1.+ 2. Teil seiner *Italienischen Reise* 1816/17 und den 3. Teil 1829 veröffentlichte, waren Informationen in deutscher Sprache rar. Arthur Schulz weist in der Einführung der von der Winckelmann-Gesellschaft 1964/65 wieder herausgegebenen Riedeselschrift darauf hin, dass Goethes *Italienische Reise* im 19. Jahrhundert zu den drei bedeutendsten Italienbüchern in deutscher Sprache gehörte[300]. Unter diesen kommt der *Italienischen Reise* die Pionierrolle zu, da die beiden anderen von Schulz genannten Werke, Ferdinand Gregorovius' »Wanderjahre in Italien« (1861) und Victor Hehns »Italien« (1867) erst Reisenden der zweiten Hälfte des 19. Jahrhunderts zur Verfügung standen. Nicht zu vergessen ist der 3-bändige »Volkmann«[i] von 1770, damals viel gelesen[ii], dessen sich auch Goethe reichlich bediente. Italienreisende, die seit dem Erscheinen der *Italienischen Reise* dem Reiseführer Goethe folgten, der Italien im deutschsprachigen Bereich erst richtig populär machte, werden vor Ort nicht selten gestaunt haben. Verlangt man der *Italienischen Reise* jedoch nicht ab, was sie nie sein sollte: ein Reisehandbuch, so kann sie jedem literatursinnigen Italienreisenden zu einem ganz einzigartigen Erlebnis werden: als Selbstportrait des italienischen Goethe.

Inselidylle und reißende Gebirgsströme

Am Morgen des 18. April 1787 verlässt eine kleine Reisegesellschaft Palermo in südlicher Richtung. Goethe fällt der Abschied von dieser gesichter-

---

[i] der keinen Sizilien-Teil hatte
[ii] 1777 bereits in zweiter Auflage erschienen

reichen Stadt nach 14-tägigem Aufenthalt schwer. Homer, die Urpflanze und Santa Rosalia haben ihre verwandelnde Wirkung entfaltet.

Zu dem Reiseteam, das zu einer vierwöchigen Sizilienerkundung aufbricht, gehört ein neu angeworbener Vetturin, d.h. ein Kutscher, allerdings ohne Kutsche, der ihnen sehr schnell durch seine vielfältigen Talente als Reiseführer, Einkäufer, Koch, Beschützer und Dolmetscher unentbehrlich wird. Mit von der Partie – und gänzlich unersetzlich – sind die Maultiere, sprichwörtlich bekannt für ihre Geschicklichkeit und Ausdauer als Trag- und Zugpferde; ebenso für ihre gelegentliche Eigenwilligkeit, mit der sie recht gut in dieses Team passen, vor dem eine Gesamtstrecke von ungefähr 450 km liegt. Diese führt zunächst von Palermos Küste am Thyrrenischen Meer in südwestlicher Richtung über das Bergstädtchen Alcamo nach Castelvetrano und weiter hinunter an die Küste des Libyschen Meeres, die Sizilien nur 140 km vom afrikanischen Kontinent trennt. Von hier aus verläuft die Reiseroute in östlicher Richtung nach Agrigent, zu Goethes Zeit noch Girgenti genannt, um von dort auf einem weiten, nordöstlichen Bogen mit einem 150 km langen cross-country-Ritt fortzusetzen, der über Caltanisetta und Enna im gebirgigen Zentrum der Insel weiter entlang an den Vorgebirgen des schneebedeckten Ätna bis nach Catania am Rand des sagenumwobenen Ionischen Meers führt und von dort auf einem mythengepflasteren Küstenweg nach Taormina und Messina, der letzten Station einer Sizilienrundreise, die Goethe bald viel zu kurz, bald endlos vorgekommen sein mag. Letzteres nicht zuletzt auf Grund der Wege- und Straßenverhältnisse, über die Goethe erst gar nicht berichtet. Fußgänger Seumes Straßenzustandsbericht kann als zuverlässige Informationsquelle aushelfen, zumal die Bedingungen, die Goethe zwanzig Jahre vorher antraf, sicher nicht besser waren. Seume berichtet: »Einige Meilen in der Nachbarschaft der Hauptstadt ausgenommen, kann man eigentlich nicht sagen, daß in Sizilien Wege sind. Es sind bloße Mauleseltriften, die sich oft so verlieren, daß man mit ganzer Aufmerksamkeit den Hufen nachspüren muß.[301] Bartels, von Catania über Syrakus und Agrigent nach Palermo kommend, bestätigt die dürftigen Verkehrsverhältnisse auf der Insel, die, wie Seume berichtet, bis an die Hauptstadt heranreichten. Noch kurz vor Palermo, so Bartels Befund, war »keine Spur von einem gebaneten Weg, und überhaupt nichts zu sehen, was uns die Königin der Insel verkündet hätte«.[302]

Den Auftakt zu dem langen Ritt des Dreierteams durch Siziliens vielfältige Landschaften macht der schon damals touristisch bevölkerte Weg nach Monreale. *Wir zogen langsam die herrliche Straße hinauf, die uns schon beim Besuch auf San Martino bekannt geworden.*[303] Und bevor es richtig losgeht, legt der Vetturin bereits die erste Pause ein, um zu Beginn der Reise ein kleines Ritual zu zelebrieren. Er hatte sich ein Weißweinfässchen an einem Riemen umgehängt, welches er jetzt, vor dem Ausschank, mit Wasser auffüllte. Als sich die beiden Reitgefährten *mit wahrhaft deutschem Erstaunen*[304] erkundigen, was es mit dieser Panscherei auf sich habe, erklärt der Vetturin, dies sei ein altorientalischer Hochzeitsbrauch. Goethe mag sehnsuchtsvoll an die Hochzeit von Kana gedacht haben, wo eine ähnliche Prozedur erfolgte – *the other way round*. Nach dieser Stärkung ›mit Schuss‹ beginnt unwiderruflich der Ernst des Lebens auf dem Rücken der Maultiere. Goethe: *Hinter Monreale, wenn man den schönen Weg verläßt und ins steinichte Gebirge kommt, liegen oben auf dem Rücken Steine im Weg ...«*[305] »Der König selbst«, so Seume, »kann in seinem Königreich nicht weiter als nach Montreale, Termini und einige Meilen nach Agrigent zu im Wagen gehen: will er weiter, so muß seine Majestät sich gefallen lassen, einen Gaul oder sicherer einen Maulesel zu besteigen.«[306] Das aber wollen Seine Majestät oder sein Insel-Vize in der Regel nicht und ziehen es vor, in der vergleichsweise komfortablen Hauptstadt zu bleiben und das Land drum herum zugunsten der Hauptstadt auszusaugen. Die Folgen der einseitigen Metropolentwicklung sind für Seume unübersehbar: »Sowie man sich von der Hauptstadt entfernt, wird es ziemlich wild. Wir kamen durch einige ziemlich unbeträchtliche Örter, und der Abfall der Kultur und des äußerlichen Wohlstandes war ziemlich grell.«[307]

Die physischen Anforderungen, die ein solches Querfeldein-Unternehmen an Ross und Reiter stellte, waren kein Problem für Goethe, der durch so manchen Ausritt mit dem jungen Herzog reichlich Gelegenheit zum Üben hatte. Kein Ton der Klage kommt auf dem langen Insel-Parcours über seine Lippen, selbst auf der ganz unüblichen off-road-Strecke von Agrigent durchs Zentralgebirge nach Catania nicht, wo der Verlauf der

Pisten ganz unsicher wird und auch der Vetturin nicht sicher sein konnte, ob eine Trift aus dem Vorjahr noch bestand oder irgendwo im Geröll endete. Wetterumschwünge, Hitze oder Kälte, Nebelfelder und tiefhängende Wolken gehören in diesen Hochlagen zu den üblichen Risiken des Weges. Plötzliche Regengüsse verwandeln friedliche Bergbäche im Nu zu rauschenden Wasserfällen. Nicht überall haben sie so viel Glück wie oberhalb von Enna am Fiume Salso[i], wo sich zwar nicht das mosaische Wunder vom Roten Meer wiederholt, jedoch ein ebenso unerwartetes wie nützliches Geschehen eintrat. Goethe berichtet detailliert darüber: *Regenwetter war eingefallen und machte den Reisezustand sehr unangenehm, da wir durch mehrere stark angeschwollene Gewässer hindurch mußten. Am Fiume Salso, wo man sich nach einer Brücke vergeblich umsieht, überraschte uns eine wunderliche Anstalt. Kräftige Männer waren bereit, wovon immer zwei und zwei das Maultier mit Reiter und Gepäck in die Mitte faßten und so durch einen tiefen Stromteil hindurch bis auf eine große Kiesfläche führten; war nun die sämtliche Gesellschaft hier beisammen, so ging es auf eben diese Weise durch den zweiten Arm des Flusses, wo die Männer denn abermals durch Stemmen und Drängen das Tier auf dem rechten Pfade und im Stromzug aufrecht erhielten.*[308]

Nicht weit von hier erlebte Seume ein ähnliches Wunder, das am ›echten‹ Fiume Salso, einem Fluss ohne Brücken, ein gängiger Gelderwerb war. Als der sparsame deutsche Wanderer sich anschickte, den Fluss zu Fuß zu überqueren, wurde er handfest belehrt, dass das hier nicht die angesagte Methode war. Zwei «cyklopische Kerle« kamen und ergriffen ihn, setzten ihn auf ihre Schultern und trugen ihn zu der Stelle, wo das Überqueren am Gefährlichsten war, »um ihr Verdienst recht groß zu machen […] Ihre Forderung war unverschämt, und der Eseltreiber meinte ganz leise, ich möchte sie lieber willig geben, damit sie nicht bösartig würden. Sie sollten sich sonst kein Gewissen daraus machen, Jemand mit dem Messer oder dem Gewehrlauf, oder geradezu mit dem Knittel, in eine andere Welt zu liefern.«[309]

Der Weg, den Goethe von Enna nach Ibla Major (heute Paternò) zurück-

---

i   den Goethe wahrscheinlich mit dem Fiume Dittaino verwechselte

legte, beschäftigt Chronisten und Kartographen noch immer. Seine im Allgemeinen zutreffenden geographischen Angaben sind in dieser Region unstimmig. Auch intensive historische Kartenforschung hat bisher zu keiner überzeugenden Wegbeschreibung geführt. Julius R. Haarhaus hat nicht weniger als drei Routen ausgetüftelt, denen Goethe gefolgt sein könnte. Dieses Wegerätsel wirft ein Licht auf das damals noch äußerst unzuverlässige und lückenhafte Kartenmaterial. Bezeichnungen für Flussläufe, Berge und Ortschaften, die von den Sizilienreisenden in ihren Berichten mangels offizieller Bezeichnungen gebraucht wurden, waren häufig nur lokal gebräuchliche Namen, die sie von den Bewohnern hörten. Die Karten, die Bartels seinem Sizilienbericht hinzufügte, bestätigen, dass das sizilianische Binnenland und besonders die von Goethe durchquerte Nordwestecke wirklich eine ›terra incognita‹ war.

Schwere Zeiten für einen Vetturin, die Herrschaften bei Laune zu halten! Vier Tage nach Enna kommt die Gruppe in Catania an. Das Gasthaus, in dem sie schließlich absteigen, ist vorzüglich. Für ihr leibliches Wohl wird gesorgt wie seit dem Verlassen Palermos nicht mehr. Ende gut, alles gut, werden sie gedacht haben. Aber das Haus erweist sich als eines mit ganz verfänglichen Haken und Ösen.

Mehr davon im übernächsten Abschnitt.

Stern unterm Dach –
Bett vom Tischler

Das Thema ›Gasthof‹ ist ein Kapitel, dessen beide Komponenten ›Gast‹ und ›Hof‹ sich in Goethes Italien zwischen Mailand und Neapel langsam aber sicher mit Inhalt füllen, während sie in Sizilien außerhalb Palermos beinahe Leerhülsen sind. Seume berichtet, das Wirtshaus, das er kaum 25 km außerhalb Palermos vorfand, sei »geradezu der Revers des Namens«[310] gewesen. Nur wenige Ausnahmen bestätigen die Regel, wie Goethes erster Stopp in

Alcamo[i]. Am Ankunftstag, es ist der 18. April 1787, notiert Goethe: *Nun sind wir in Alcamo, einem stillen, reinlichen Städtchen, dessen wohleingerichteter Gasthof als eine schöne Anstalt zu loben ist[...]*[311] Das kleine, 250m hoch gelegene Weinbaudörfchen profitiert bis heute von seiner Lage am Rande des Speckgürtels der Hauptstadt und als Ausgangspunkt für einen Tagesausflug nach Segesta. Sie beziehen eine *gefällige Wohnung* und *fassen den Entschluß, den ganzen Tag hier zuzubringen [...] Die Lage von Alcamo ist herrlich auf der Höhe in einiger Entfernung vom Meerbusen, die Großheit der Gegend zog uns an. Hohe Felsen, tiefe Täler dabei, aber Weite und Mannigfaltigkeit.*[312]

Erneut ereignet sich eine unscheinbare Begebenheit, von der Goethe anekdotisch berichtet wie zuvor vom Schlachtfeld von Panormus und eben deswegen zum genaueren Hingucken veranlasst. Noch auf dem Weg nach Alcamo machte der kleine Trupp an einer schlechten Herberge Rast, um sich an einem mäßigen Imbiss zu erquicken. In der *Italienischen Reise* berichtet Goethe sodann die folgende Beobachtung: *Hunde verzehrten begierig die weggeworfenen Schalen unserer Würste, ein Betteljunge vertrieb sie und speiste mit Appetit die Schalen der Äpfel, die wir verzehrten, dieser aber ward gleichfalls von einem alten Bettler verjagt. Handwerksneid ist überall zu Hause.*[313]

Mehr als diese sarkastische Pointe hat er für das Elend an seiner Tischkante nicht über. Es ist wirklich kaum zu glauben, wie Goethe die überall in Italien zu beobachtende soziale Not und Gewalt aus seinem Blickfeld entweder ganz heraushält oder bagatellisiert wie die tagtäglichen Totschläge in Rom[314] oder verniedlicht wie die Kinderarbeit in Neapel, wo selbst die Kleinsten in Körben Holzstückchen aufsammeln, um sich ein Stück Melone zu verdienen: *Kinder von einigen Jahren, die auf der Erde so hinkriechen in Gesellschaft älterer Knaben von fünf bis sechs Jahren, befassen sich mit diesem kleinen Gewerbe*[315]. *Das sei wirklich artig anzusehen...*[316]

Bei solchen Beschreibungen stockt einem der Atem. Wo war der *freie, klare, lichte Blick*, dessen sich der Italienfahrer rühmte? Peter Boerner kommentiert zweifelnd: »Wie konnte Goethe die gesellschaftliche Wirklichkeit,

---

i   Alcamo wurde in der arabischen Periode als ›Al Kamûk‹ gegründet

die schon im 18. Jahrhundert das ganze Elend des Mezzogiorno[i] enthielt, auf derart provozierende Weise ignorieren?«[317] und versucht eine schonende Antwort zu geben: Goethe seien die realen Verhältnisse wohl bewusst gewesen, »allein er zögerte offenbar, die Leser der *Italienischen Reise* daran teilnehmen zu lassen«.[318] Emil Staiger führt entschuldigend an, die in Italien gezeigte soziale Apathie sei nicht typisch für Goethe; in Weimar habe er sich lange mit dem sozialen Elend im Herzogtum beschäftigt.[319]

Statt weiterer vergeblicher Erklärungsversuche soll Johann Gottfried Seume zu Worte kommen, der überall auf der Insel erbärmliche, menschenunwürdige Verhältnisse antraf wie auf halbem Wege von Termini nach Agrigent in der Nähe von San Giovanni. »Zu Mittage war im Wirtshause durchaus kein Stückchen Brot zu haben. Die Bettler kamen in den jämmerlichsten Erscheinungen [...]: sie bettelten nicht, sondern standen mit der ganzen Schau ihres Elends nur mit Blicken flehend in stummer Erwartung an der Türe. Erst küßte man das Brot, das ich gab, und dann meine Hand. Ich blickte fluchend rund um mich her über den reichen Boden, und hätte in diesem Augenblicke alle sizilische Barone und Äbte mit den Ministern an ihrer Spitze ohne Barmherzigkeit vor die Kartätsche[ii] stellen können. Es ist heillos.«[320] – Goethe schweigt.

Der folgende Tagesritt von ca. 50 Kilometern nach Castelvetrano macht die Troika außerhalb des hauptstädtischen Umfelds mit den wahren Bedingungen ihres Unternehmens bekannt. Sie müssen mit einer klapprigen Herberge Vorlieb nehmen, die kaum Erholung bietet, doch dafür eine Überraschung bereithält, die Goethes Gemüt erheitert. Mit Datum vom 21. April 1787 berichtet er: *In der Nacht begegnete mir ein eignes Abenteuer. Wir hatten uns in einem freilich nicht sehr zierlichen Lokal sehr müde auf die Betten geworfen, zu Mitternacht wach' ich auf und erblicke über mir die angenehmste Erscheinung: einen Stern, so schön, als ich ihn nie glaubte gesehen zu haben. Ich erquicke mich an dem lieblichen, alles Gute weissagenden Anblick, bald aber verschwindet mein holdes Licht und läßt mich in der Finsternis allein. Bei Tagesanbruch bemerkte ich erst die Veranlassung*

---

i   Italien südlich von Rom einschl. Sizilien
ii mit kleinen Bleikugeln gefülltes Artilleriegeschoß

dieses Wunders; es war eine Lücke im Dach, und einer der schönsten Sterne des Himmels war in jenem Augenblick durch meinen Meridian gegangen.[321]

Gab es in Castelvetrano zumindest einen schlechten Gasthof, so finden sie in Agrigent gar keinen, berichtet Goethe, was überrascht, denn die Stadt, die den bedeutendsten Schatz großgriechischer Baudenkmäler aufzuweisen hat, liegt verkehrsmäßig an der Hauptstrecke von Palermo nach Syrakus, auf der sich der innersizilianische und ein dünner Fremdenverkehrsstrom hin und her bewegt. Bartels hatte hier noch einen Gasthof aufgetan, aber glücklich konnte er darüber nicht sein, denn er landete »in dem elendesten Wirtshause, von allen Bequemlichkeiten des Lebens entblößet«, wo er hinreichende Ursache fand, »den traurigen Wechsel, der ehemaligen blühenden, grossen, und reichen Stadt zu beklagen.«[322] Freiherr von Riedesel kannte die trostlosen Verhältnisse in Agrigent und zog es vor, von einem Empfehlungsschreiben Gebrauch zu machen, wodurch er bei dem vornehmsten Einwohner der Stadt, Don Giovanni Ficani, logierte. Goethe hätte in Palermo vom Vizekönig die besten sizilianischen Adressen erhalten können, verzichtete aber darauf, um unerkannt als ›freier Mann‹ seines Weges ziehen zu können. Die sizilianische Gastfreundschaft hilft ihm in Agrigent aus der Klemme und er findet mit Kniep auf engstem Raum ein privates Quartier.

Vollends desolat wird die Lage auf dem Weg ins zentrale Hochland nach Caltanisetta und Enna jenseits der Hauptverbindung, die von Agrigent nach Syrakus verläuft. Zunächst sieht alles ganz positiv aus. Sie kommen bei heißem Sonnenschein *in dem wohlgelegenen und wohlgebauten Caltanisetta* an. Goethe fährt fort: *wo wir jedoch abermals vergeblich um eine leidliche Herberge bemüht waren. Die Maultiere stehen in prächtig gewölbten Ställen, die Knechte schlafen auf dem Klee, der den Tieren bestimmt ist, der Fremde aber muß seine Haushaltung von vorn anfangen. Ein allenfalls zu beziehendes Zimmer muß erst gereiniget werden. Stühle und Bänke gibt es nicht, man sitzt auf niedrigen Böcken von starkem Holz, Tische sind auch nicht zu finden.*[323] Will man die Böcke zur Nacht als Bettfüße verwenden, so muss man den örtlichen Tischler aufsuchen und sich gegen eine Gebühr ein paar Bretter leihen, um sie darauf zu legen: fertig ist das Nachtquartier! Gut, dass Goethe vorsorglich einen dicken Jutesack bei sich hatte, unter den er sich während der kalten Aprilnächte legen konnte.

Damit nicht genug. Vor allem aber mußte wegen des Essens Anstalt getroffen werden. Wir hatten unterwegs eine Henne gekauft, der Vetturin war gegangen, Reis, Salz und Spezereien anzuschaffen, weil er aber nie hier gewesen, so blieb lange unerörtert, wo denn eigentlich gekocht werden sollte, wozu in der Herberge selbst keine Gelegenheit war. Endlich bequemte sich ein ältlicher Bürger, Herd und Holz, Küchen- und Tischgeräte gegen ein billiges herzugeben und uns, indessen gekocht würde, in der Stadt herumzuführen, endlich auf den Markt, wo die angesehensten Einwohner nach antiker Weise umhersaßen, sich unterhielten und von uns unterhalten sein wollten.[324] Von Friedrich dem Zweiten sollten sie erzählen, womit nicht etwa der deutschstämmige Stauferkaiser gemeint war, den seine Mutter der Legende nach 1194 auf dem Marktplatz von Jesi in Mittelitalien zur Welt gebracht hatte, der als Vierjähriger König Siziliens[i] wurde, in Palermo residierte und einen halb aufgeklärten Militär- und Beamtenstaat etablierte, der ihn durchaus mit Preußens Friedrich verband. »Der Große« steht bei den kenntnisreichen alten Männern auf dem Marktplatz von Caltanisetta in hoher Achtung und Goethe hält es aus freundschaftlichen Gründen für ratsam, ihnen die Nachricht von dessen Tod im Jahr zuvor (1786) zu verschweigen. Dem immer wieder geäußerten Zweifel, ob Goethe nicht doch einer Verwechslung der beiden Friedrichs erlegen sei, ist Julius R. Haarhaus nachgegangen, der zu dem Schluss kommt, ein Irrtum sei nicht anzunehmen, da er »in der Nähe Palermos einen der bekannten reich bemalten Wagen antraf, auf dessen einer Wand der alte Fritz abgebildet war, nicht sehr porträtähnlich, aber am blauen Uniformrock, dem Ordensstern, dem Dreispitz und dem Krückstock deutlich zu erkennen.«[325] Woher diese Beliebtheit Friedrichs in Sizilien rührte, konnte Haarhaus nicht ergründen. Vielleicht waren die hier wie in Preußen ungeliebten Österreicher der Grund.

Castro Giovanni, heute Enna[ii] benannt, näherte sich die Reisecompagney

---

i Friedrich II. (1194-1250) war Enkel Friedrich Barbarossas; wurde 1211 auf Betreiben des Papstes Innozenz III. zum Deutschen König gewählt und zog danach auf einen abenteuerlichen Feldzug von Sizilien nach Deutschland, um seinen Machtanspruch durchzusetzen, wurde in Mainz (1212) und nochmals in Aachen (1215) zum König gekrönt; 1220 Kaiser des Heiligen Römischen Reiches in Rom

ii Aus dem antiken Enna wurde Castrum Ennea; daraus arabisch Kasr-Janni, daraus Castro Giovanni; heute wieder Enna

völlig durchnässt von einem Dauerregen, der die Hoffnung auf ein leidliches Gasthaus enorm erhöhte. Was sie empfing, sah so aus: *ein Estrichzimmer mit Läden ohne Fenster, so daß wir entweder im Dunkeln sitzen, oder den Sprühregen, dem wir soeben entgangen waren, wieder erdulden mußten.*[326]

Seume fand auf der fast parallel verlaufenden Strecke von Termini nach Agrigent keine besseren Bedingungen vor. Mehrere Male musste er weiterziehen, weil in den Wirtshäusern »auch nicht ein Stückchen Brot, auch nicht einmal Makkaronen«[327] zu haben waren. Auf dem weiteren Weg nach Syrakus sah es nur in Caltagirone besser aus. In der Keramikhauptstadt fand er, gemessen an den allgemein auf der Insel herrschenden Verhältnissen, »eine ziemliche Wohlhabenheit«[328] vor und ein Wirtshaus, das den Namen verdiente. »Ein so gutes Wirtshaus hätte ich hier nicht gesucht; Zimmer, Bett, Tisch, alles war sehr gut, und verhältnismäßig sehr billig.«[329] Und getrocknete Oliven, sein Leibgericht, waren auch reichlich vorhanden.

Erst in der zweiten Hälfte des 19. Jahrhunderts, gefördert durch verbesserte Verkehrswege und den einsetzenden Eisenbahnverkehr, stellte sich das gastronomische Gewerbe Siziliens auf die mit der neuen Mobilität wachsenden Besucherströme ein. Arthur Schulz beschreibt die veränderte Reisesituation hundert Jahre nach Goethes Sizilienaufenthalt folgendermaßen: »Man hat es nicht mehr nötig, mit dem Pferd, dem Maulesel, der zweirädrigen ‚Sedia' mit halbem Verdeck für zwei Personen, mit der Goethe noch gereist ist, auf unsicheren Straßen durch verseuchte Gebiete zu reisen und in schmutzigen und dürftigen Herbergen zu übernachten.«[330] Den Tourismus-Boom in Sizilien soll übrigens der englische König Georg III. mit einem Besuch in Taormina ausgelöst haben, wohin es in der Folge betuchte internationale Jetsetter zog, noch bevor es Jets gab.

Das englische Menetekel

Dem Vetturin entgeht nicht, dass die Stimmung in Enna auf den Tiefpunkt gesunken ist und sinnt auf Abhilfe, über deren unvorhersehbaren Verlauf Goethe ausführlich berichtet. *Unser Reitmann versprach, um unser mürrisches Wesen zu begütigen, für den Abend eine gute Herberge, brachte uns auch wirklich in einen vor wenig Jahren gebauten Gasthof, der auf diesem Wege, gerade in gehöriger Entfernung von Catania gelegen, dem Reisenden willkommen sein mußte, und wir ließen es uns bei einer leidlichen Einrichtung seit zwölf Tagen wieder einigermaßen bequem werden.*[331] Doch dann fällt ihnen in ihrem Zimmer etwas auf. *Merkwürdig aber war uns eine Inschrift, an die Wand bleistiftlich mit schönen englischen Schriftzügen geschrieben; sie enthielt folgendes: ‚Reisende, wer ihr auch seid, hütet euch in Catania vor dem Wirtshause zum goldenen Löwen; es ist schlimmer, als wenn ihr Kyklopen, Sirenen und Skyllen zugleich in die Klauen fielet'.*[332]

Tags darauf erreichen sie Catania, wollen aber, Goethes abergläubischer Neigung folgend, keinesfalls im Goldenen Löwen absteigen und wählen ein anderes Quartier. Doch es kommt, wie es kommen muss. Goethe: *In unserer Herberge befanden wir uns freilich sehr übel. Die Kost, wie sie der Maultierknecht bereiten konnte, war nicht die beste. Eine Henne, in Reis gekocht, wäre dennoch nicht zu verachten gewesen, hätte sie nicht ein unmäßiger Safran so gelb als ungenießbar gemacht.*[333]

Das Nachtlager war äußerst unbequem und für einen weiteren Aufenthalt ungeeignet. Deshalb sprachen sie gleich frühmorgens mit dem freundlichen Wirt. *Er bedauerte, daß er uns nicht besser versorgen könne: ‚Da drüben aber ist ein Haus, wo Fremde gut aufgehoben sind und alle Ursache haben, zufrieden zu sein.' – Er zeigte uns ein großes Eckhaus, von welchem die uns zugekehrte Seite viel Gutes versprach. Wir eilten sogleich hinüber, fanden einen rührigen Mann, der sich als Lohnbedienter angab und in Abwesenheit des Wirts uns ein schönes Zimmer neben einem Saal anwies, auch zugleich versicherte, daß wir aufs billigste bedient werden sollten.*[334] Mittlerweile hat Goethe schon einiges Lehrgeld bezahlen müssen und lässt sich für alles all-inclusive-Preise geben. Zufrieden treten Kniep und er auf den Balkon ihres Zimmers hinaus, um die Aussicht auf das Meer zu genießen *und siehe! da droben über unserm Haupte ein großer goldener Löwe. Wir sahen einander bedenklich an, lächelten und lachten.*[335]

Wo aber lauerten die angekündigten homerischen Gespenster? Im Haus hielt sich außer dem Bediensteten und dessen hübscher Frau mit Kind niemand auf. Um eine Besorgung zu machen, lässt der Ehemann *das hübsche Madamchen*[336] ganz unsizilianisch mit den beiden fremden Männern allein. Am nächsten Tag schlägt er ihnen eine Lustpartie zu den Felsen von Jaci vor, den sieben Kyklopenfelsen zwischen den heutigen Orten Aci Castello und Aci Reale knapp 10km nördlich von Catania. Die dort im Vulkangestein vorkommenden kristallenen Zeolithe interessieren Goethe sehr. Seine Frau, so der lohnbedienstete Wirt, erbiete sich, ihnen die Bootsfahrt mit Trunk und Speise so angenehm wie möglich zu machen. Vielleicht wünschten sie wie einige Engländer vor ihnen auf einem Kahn von Musik begleitet zu werden, was eine *Lust über alle Vorstellung sei…*[337] Und nun dämmert es den beiden Herren langsam, dass Zyklopen nicht unbedingt hässlich und einäugig sein müssen und entscheiden sich, dem warnenden Rat der Engländer zu folgen: *wir taten auf die Zeolithe Verzicht und dünkten uns nicht wenig wegen dieser Enthaltsamkeit.*[338]

Dieser entsagungsvolle Moment soll Anlaß sein, einen Blick auf Goethes ›Empfänglichkeit‹ für Italiens Damenwelt zu werfen. In dieser Hinsicht ist der erste Teil der Italienreise bis zum Ende des Sizilienaufenthaltes leicht zu beschreiben: Fehlanzeige!, obwohl sein Blick durchaus *licht* auf das schwache Geschlecht fällt. Die regional unterschiedlichen Physiognomien, Gewandungen und darunter verhüllten Formen finden von Anfang an sein völkerkundliches Interesse. Wie genau er hinguckt, zeigt der folgende Bericht über die Bekleidung der Veroneserinnen: *Hier ein Wort vom ‚Zendale' den sie tragen und der ‚veste'. Diese Tracht ist recht eingerichtet für ein Volck das nicht immer reinlich seyn mögte und doch offt öffentlich erscheinen, bald in der Kirche bald auf dem Spaziergang seyn will. ‚Veste' ist ein schwarzer Tafftener Rock der über andre Röcke geworfen wird. Hat das Frauenzimmer einen reinen (meist weißen) darunter; so weiß sie den schwarzen an einer Seite in die Höhe zu heben. Dieser schwarze Rock wird so angethan daß er die Taille abschneidet und die Lizzen des Corsets bedeckt. Das Corset ist von jeglicher Farbe.*[339] Hier spricht ein Mann vom Fach. Die Vicentinerinnen haben es ihm angetan: *Besonders wollen mir die Frauens sehr wohlgefallen. Die Veroneserinnen will ich nicht schelten, sie haben eine gute Bildung, vorgebaute Gesichter aber meistens Bleich, und der Zendal thut ihnen Schaden weil man unter der schönen Tracht auch was schönes sucht.*[340] Und weiter heißt es im Tagebuch für Frau von Stein: *Hier aber find ich gar viel hübsche Wesen, besonders die schwarzhärigen haben ein eigen Interesse für mich, es giebt auch eine blonde Art die mir aber nicht behagen will.*[341] Über so gute Nachrichten von ihrem Flüchtling wird sich die verlassene Geliebte herzlich gefreut haben!

Auch nach fortgesetztem, mehrtägigem Studium ist seine Begeisterung für die Vicentinerinnen ungebrochen: *das weibliche Geschlecht ist im Durchschnitte schön, und leben so ohne Coquetterie vor sich hin, sind durchaus reinlich gekleidet. Ich habe sie alle recht scharf angesehn und in denen acht Tagen nicht mehr als Eine gesehen, von der ich gewiß sagen möchte daß ihre Reitze feil sind.*[342] Das wird Frau von Stein wieder beruhigt haben. Schließlich kann Goethe es doch nicht unterlassen, der Seelenfreundin den vorläufigen Höhepunkt seiner Schürzenforschung mitzuteilen: *Heut hat mich zum erstenmal ein feiler Schatz bey hellem Tage in einem Gäßgen beym Rialto angeredet.*[343] Na, endlich! Ein wenig erbaulicher Opernbesuch in Venedig bietet überraschende Einblicke in die Geheimnisse der Röcke, die Goethe seiner Herzdame unbedingt mitteilen muss: *Das Ballet von elender Erfindung, ward auch ausgepfiffen. Einige herrliche Springer – und Springerinnen, welche letztere sichs recht zur Pflicht rechnen, das Publikum mit jedem schönen Theile ihres Körpers bekannt zu machen.*[344] So hat sich der Abend doch noch gelohnt.

Die Beobachtung der Agrigenter Nudeldreherinnen ist ein weiteres Beispiel für das gezügelte Interesse, das sich Goethe beim Studium der *Sitten und Völker* mühsam auferlegt. In dem großen Zimmer, von dem ihr kleines Notquartier abgetrennt war, ist die Familie bei der Arbeit: *Ein grüner Vorhang trennte uns und unser Gepäck von den Hausgliedern, welche in dem großen Zimmer Nudeln fabrizierten, und zwar von der feinsten, weißesten und kleinsten Sorte, davon diejenigen am teuersten bezahlt werden, die, nachdem sie erst in die Gestalt von gliedslangen Stiften gebracht sind, noch von spitzen*

115

Mädchenfingern einmal in sich selbst gedreht, eine schneckenhafte Gestalt annehmen.[345] Dieser strapaziöse Prozeß der Nudeldreherei hält Goethe und Kniep nicht davon ab, genaueste Kenntnisse über die Technik einzuziehen: *Wir setzten uns zu den hübschen Kindern, ließen uns die Behandlung erklären…*[346]

Bis zum Ende der Sizilienreise bleibt es strikt bei der reinen Anschauung. Die wiedergewonnene innere Festigkeit erlaubte Goethe nach der Rückkehr auf das italienische Festland eine größere Aufgeschlossenheit gegenüber der holden Weiblichkeit. Der Anlaß ließ nicht lange auf sich warten und kam sogleich im Doppelpack. Anfang Oktober 1787 hielt sich Goethe auf Einladung des wohlhabenden englischen Kunsthändlers Jenkins in Castel Gandolfo[i] auf, ein Herbstaufenthalt, wie man ihn sich von einem Badeorte denken müsse, erläutert Goethe, nur ohne Gebrechen und deshalb prädisponiert für die *entschiedensten Wahlverwandtschaften.*[347] Er macht die Bekanntschaft *einer jungen Mailänderin*[348], deren Namen er in der *Italienischen Reise* nicht nennt, der aber durch einen Brief Angelica Kauffmanns als Maddalena Riggi bekannt ist. Sie ist die erste, die ihn *blitzschnell* elektrisierte: hellbraune Haare, von klarer Gesichtsfarbe, zarter Haut und fast blauen Augen. Wäre sie nicht einem anderen versprochen gewesen, hätte alles anders kommen können. Goethe steckte den unabänderlichen Korb ohne zu wanken weg und gratulierte sich selbst dazu, dass er diese heikle Probe aufs Exempel so gut überstand und machte dafür die neue innere Stärke verantwortlich, die den nach-sizilianischen vom vor-sizilianischen Goethe unterscheidet. *Ich hatte Jahre und Erfahrungen hinreichend, um mich, obwohl schmerzhaft, doch auf der Stelle zusammenzunehmen. ‚Es wäre wunderbar genug', rief ich aus, ‚wenn ein wertherähnliches Schicksal dich in Rom aufgesucht hätte, um dir so bedeutende, bisher wohlbewahrte Zustände zu verderben.'*[349] Danach sucht er Ruhe und Balance bei seiner *inzwischen vernachlässigten* Liebe, der Natur.

Noch bevor ihm die Mailänderin vorgestellt wurde, traf er kurz zuvor am selben Ort eine ihm bereits vom ersten Romaufenthalt bekannte *gar*

---

i ehemaliger Adelssitz der Familie Gandolfi; weltbekannt, seitdem er durch Urban VIII. zum Palazzo Papale, zur Sommerresidenz der Päpste umgebaut wurde

hübsche römische Nachbarin[350], die mit ihrer Mutter daherstolziert kam. Die Tochter hatte abends am Corso vor der Tür gesessen und Goethe war *öfters nah genug* vorbeigegangen. Und dabei blieb es: *denn ich war dem Gelübde, mich durch dergleichen Verhältnisse von meinem Hauptzwecke nicht abhalten zu lassen, vollkommen treu geblieben.*[351] Auch jetzt hat sie gegenüber der Mailänderin zunächst das Nachsehen; in the long war sie die absolute Siegerin. Ob sie wirklich die früh verwitwete Tochter des Gastwirts von nebenan war, deren Namen Goethe ebenfalls nicht preisgibt, wohl aber die *Faustine* der *Römischen Elegien* sein kann, wo es in der XVIII. heißt: *Darum macht Faustine mein Glück; sie teilet das Lager/Gerne mit mir, und bewahrt Treue dem Treuen genau*[352] – steht nicht fest. Tischbein sicherte auf jeden Fall den Beweis einer Bettgenossin in einer eilig hingeworfenen, amüsanten Skizze des goetheschen Schlafzimmers. »Das verfluchte zweite Kissen« heißt der Sprechblasentext des über die Betten gebeugten Goethe, der das verräterische ›zweite‹ gerade verschwinden lassen will.

Von den zeitgenössischen Italienreisenden, die hier schon des Öfteren zu Worte gekommen sind, ist Bartels mit 26 Jahren der jüngste; Riedesel und Richard Payne Knight waren mit 27 ebenfalls noch Twens, als sie Sizilien bereisten, Goethe mit 37 der älteste. Riedesel liebte Agrigent nicht nur wegen der antiken Bauten. Die Damen der Tempeloase entzückten ihn nicht weniger: »Diese Stadt ist auch wegen der Schönheiten des weiblichen Geschlechts berühmt; allein die Eifersucht besitzt die Männer so sehr, daß man selten einige nur zu sehen bekömmt.«[353] Riedesel war im Hause seines Gönners wahrscheinlich ganz anderen Agrigentinerinnen begegnet als Bartels auf der Straße hinter der nächsten Ecke. Aber auch die Syrakuserinnen schneiden bei Riedesel entschieden besser ab als bei Bartels: »Das weibliche Geschlecht ist meistentheils schön, und genießt mehr Freyheit als in andern Städten Siciliens, weil die beständig starke Besatzung Königl. Truppen fremde Sitten und Gebräuche eingeführt.«[354] Der junge Diplomat kennt sich in internationalen Gebräuchen bereits aus. Dieses unmoralische Laissez-faire geht dem etwas Prüden aus dem Norden entschieden zu weit. Aber er hat nicht nachgelassen, der Misere der sizilianischen Frauen auf den Grund zu gehen und ist überzeugt, diesen auch gefunden zu haben. Am Beispiel der Palermitanerinnen stellt er seine Forschungsergebnisse ausführlich dar: diese seien »im Ganzen heslich, von mittelmäßiger Statur, blaßgelber Farbe, stark markireten Zügen, und verraten im Anzuge, und in ihrem ganzen Betragen eine Nachlässigkeit, die oft ins Ekelhafte ausartet.«[355] Über die Ursache solch gänzlich unfemininen Niedergangs ist sich Bartels keinen Augenblick im Zweifel: »Wären sie nicht fast durchaus Sklavinnen ihrer Männer, behandelten diese sie nicht mit barbarischer Roheit, und betrachteten sie sie nicht , als ihre Dienstmägde, die ihnen ihren Körper Preiß geben müssen – so würde das nicht sein. [...] dahingegen ein Weib, mit eben den Anlagen und Fähigkeiten, und mit einem völlig ähnlichen Körper versehen, aufblühet, wie die edelste Blume ihres Geschlechts, und ihre stolze Schönheit durch Anmut und Frohsinn zu erhöhen weiß, wenn kein Tyrann durch seine Fesseln sie am Boden bindet ....[356]

Last but not least soll auch der Engländer zu Worte kommen. Richard Payne Knights sizilianische Geschlechterstudien kulminieren in dem Schluß: »Sollten die Männer hier so wunderlich sein, von ihren Frauen eine strenge Treue zu erwarten, so würden sie sich wahrscheinlich öfters betrügen: denn das Blut der Sicilianerinnen ist zu warm, als daß sie der Gelegenheit widerstehen sollten, welche hier niemals ausgeht. Die Frauen sind überhaupt lebhaft und angenehm, aber im Ganzen fehlen ihnen jene Vollkommenheiten, wodurch die Engländerinnen so liebenswürdig sind«[357] – sprach der Engländer.

FÜNFTES KAPITEL
DIE INSEL
Spuren einer sizilianischen Odyssee

Segesta:
Gipfeltreffen zwischen dorischen Säulen

Himmelhohe Erwartungen knüpfen sich an die Begegnung zweier Hochkulturen, die in Segesta nach zweitausendjähriger Wartezeit zueinander finden: Goethe trifft die Antike, deren zahlreiche architektonischen Zeugnisse der Insel ihr klassisch-griechisches Flair geben. Segesta macht nicht nur den spannungsreichen Auftakt, sondern ist mit dem besterhaltenem dorischen Tempel Siziliens zugleich ein Höhepunkt.

Es ist auffällig, dass Goethes Gedanken, soweit er diese mitteilt, nicht um dieses kulturelle Großereignis kreisen. Auf dem Weg nach Alcamo ist er ganz und gar den Steinen und Pflanzen am Wegesrand zugetan. Botanische, geologische und mineralogische Beobachtungen füllen die *Italienische Reise* seitenweise, wo doch über das nahende Segesta so viel zu sagen gewesen wäre. Es sind die beschwingten Rhythmen der sizilianischen Landschaft, deren reichem Farben-, Formen- und Lichtspiel Goethe erliegt wie bisher nur dem Zauber der rosenbekränzten Santa Rosalia. In einem im Januar 1815 geschriebenen Brief erinnert sich Goethe an Italien als den Lebensabschnitt, *wo das bisher beengte und beängstigte Natur-Kind in seiner ganzen Losheit wieder nach Luft schnappt...*[358] Nirgendwo gelingt ihm der Durchbruch zur *Losheit* mehr als in Sizilien, ein Signal, welches den in der Stille erfolgten Fortschritt im Loslassen anzeigt. Auf dem Weg nach Alcamo, hoch genug an den Hängen des Monte Bonifato gelegen, um über die Weite des fruchtbaren Grüns hinweg das matt schimmernde Blau der Küste von Castellamare zu entdecken, findet Goethe Worte einer prosaischen Naturlyrik, wie sie ihm die glanzvollen Mosaiken von Palermo und Monreale nicht entlocken konnten: *Die fruchtbaren Felder stehen grün und still, indes auf dem breiten Wege wildes Gebüsch und Staudenmassen wie unsinnig von Blüten glänzt: der Linsenbusch, ganz gelb von Schmetterlingsblumen überdeckt, kein grünes Blatt zu sehen, der Weißdorn, Strauß an Strauß, die Aloen rücken in die Höhe und deuten auf Blüten, reiche Teppiche von amarantrotem Klee*[359]. Die lokalen Bauern verraten ihm hinter vorgehaltener Hand das Geheimnis der Fruchtbarkeit ihrer Felder: *Mist tut mehr Wunder als die Heiligen.*[360]

Erst am folgenden Tag zieht es Goethe nach Segesta, wo er den besterhaltenen Tempel Magna Graecias in Augenschein nimmt. Kniep hat sich dem Anlass entsprechend reichlich mit Zeichenstiften und Pappen versorgt, um das langgestreckte Tal, an dessen Ende der berühmte Tempel auf einsamer Anhöhe steht, aufs Papier zu bannen. Die Begegnung mit dem antiken Prunkstück hält Goethe mit folgenden Worten fest: *Der Tempel von Segesta ist nie fertig geworden, und man hat den Platz um denselben nie verglichen, man ebnete nur den Umkreis, worauf die Säulen gegründet werden sollten; denn noch jetzt stehen die Stufen an manchen Orten neun bis zehn Fuß in der Erde, und es ist kein Hügel in der Nähe, von dem Steine und Erdreich hätten herunterkommen können. Auch liegen die Steine in ihrer meist natürlichen Lage, und man findet keine Trümmer darunter. – Die Säulen stehen alle; zwei, die umgefallen waren, sind neuerdings wieder hergestellt. Inwiefern die Säulen Sockel haben sollten, ist schwer zu bestimmen und ohne Zeichnung nicht deutlich zu machen. Bald sieht es aus, als wenn die Säule auf der vierten Stufe stände, da muß man aber wieder eine Stufe zum Innern des Tempels hinab, bald ist die oberste Stufe durchschnitten, dann sieht es aus, als wenn die Säulen Basen hätten, bald sind diese Zwischenräume wieder ausgefüllt, und da haben wir wieder den ersten Fall. Der Architekt mag dies genauer bestimmen.*[361]

Um mit dem Positiven zu beginnen, kann man über diesen Tempelbericht sagen: er ist sachlich präzis, die Feststellungen über den baulichen Zustand sind zutreffend: die Cella im Inneren fehlt, der Boden ist noch unausgeglichen, die Kapitelle sind angedeutet, keine Spur von Stuckarbeiten. Es ist eine registrierende Bestandsaufnahme, die einen Restaurator oder Archäologen erfreuen kann, Notizen für einen späteren Fachartikel.

Mehr ist dieser Bericht nicht. Keine Spur von Begeisterung, kein einziges Wort über die Legenden, die sich um den um 426 v. Chr. gebauten und seitdem dachlos gebliebenen Tempel ranken. Die mächtigen Säulen des Tempels entlocken ihm keine der legendären Gestalten der Antike wie die des Trojaflüchtlings Aeneas, der der Gründer des alten Segesta sein soll. Das ist der Preis der Geschichtslosigkeit. Tempelbeschreibungen reduziert zu Vermessungsprotokollen. Nirgendwo ein Ausdruck innerer Bewegung, ob der Freunde oder der Enttäuschung. Nach dem persönlichen Stempel des Autors sucht man vergeblich, es sei denn, man erkennt ihn, so paradox es klingen mag, in dem, was fehlt.

Man sollte einen Augenblick lang bei Goethes wohltemperierter Beschreibung der Lage des Tempels verweilen: *Die Lage des Tempels ist sonderbar: am höchsten Ende eines weiten, langen Tales, auf einem isolierten Hügel, aber doch noch von Klippen umgeben, sieht er über viel Land in eine weite Ferne, aber nur ein Eckchen Meer. Die Gegend ruht in trauriger Fruchtbarkeit, alles bebaut und fast nirgends eine Wohnung. Auf blühenden Disteln schwärmten unzählige Schmetterlinge. Wilder Fenchel stand acht bis neun Fuß hoch verdorret von vorigem Jahr her so reichlich und in scheinbarer Ordnung, daß man es für die Anlage einer Baumschule hätte halten können. Der Wind sauste in den Säulen wie in einem Walde, und Raubvögel schwebten schreiend über dem Gebälke.*[362]

Traurige Fruchtbarkeit bis in die Ferne, völlige Menschenleere, blühende Disteln und verdorrter wilder Fenchel, sausender Wind in den Säulen und schreiende Raubvögel im Tempelgebälk: ein filmreifes Untergangsszenario. Der ernüchternden Begegnung mit der archaischen Baukunst, die sich dem klassizistisch verschlankten Kunstsinn des Betrachters verweigert, entspricht eine unerquickliche Natur, die ihm an diesem Orte keine Zuflucht bietet. Die Entzauberung von Segesta hätte nicht totaler sein können, wenn da nicht das Blau des entfernten Meeres wäre. Zwar macht es nur ein Eckchen des gesamten Bildes aus, steht aber für die Hoffnung des Tempelbetrachters, dass Vergangenheit und Gegenwart nicht endgültig für einander verloren sind. Doch woher bezieht diese Hoffnung ihre Kraft? Segesta lässt die Antwort offen bzw. verdeckt sie wie Goethe überhaupt alles tut, um sich in der *Italienischen Reise*, seiner italienischen Selbstbiographie, zu verstecken als wolle er der Nachwelt für immer Rätsel aufgeben.

Die bedrückende Nüchternheit des Berichts von Segesta bringt Reaktionen auf die Veröffentlichung des 1.+ 2. Teils der *Italienischen Reise* 1816/17 in Erinnerung, wie sie damals in der preußischen Botschaft in Rom geäußert wurden. Dort hatte sich zwecks gemeinsamer Lesung ein Kreis deutschsprachiger Künstler versammelt, die sich in Lebensstil und Kunst ganz dem Mittelalter verbunden fühlten und wegen ihrer langen Haare als »Nazarener« bezeichnet wurden. Gastgeber war der preußische Gesandte und renommierte Historiker Barthold Georg Niebuhr (1776-1831), dem Goethe für dessen 1811 erschienene »Römische Geschichte« (1. Band) einen überschwänglichen Dankesbrief schrieb, obwohl er sie noch nicht gelesen hatte. Zu den Gästen Niebuhrs gehörten Friedrich Overbeck (1789-1869), Peter von Cornelius (1783-1867), Wilhelm von Schadow (1788-1862): die junge Generation. Durch einen Brief Niebuhrs vom 16. Februar 1817 an den Berliner Rechtsprofessor Karl von Savigny (1779-1861) ist bekannt, was sich bei diesem Treffen zutrug. Niebuhr äußert zunächst sein persönliches Erstaunen über Goethes italienische Kunstbegegnung: »Übrigens ist es seltsam, wie er das Herrlichste meistens gar nicht gesehen hat oder, wenn er es sieht, es ihm im zweiten Rang steht.«[363] Es folgen Beispiele: Padua, Venedig, Florenz, die ganze lange Latte. Peter von Cornelius, »ein inniger Enthusiast für Goethe«[364], habe geäußert, »wie tief es ihn bekümmre, daß Goethe Italien so gesehen habe. Entweder habe ihm das Herz damals nie geschlagen, das reiche, warme Herz, es sei erstarrt gewesen; oder er habe es gleich festgekniffen«.[365]

Cornelius hatte den Nagel auf dem Kopf getroffen. Die konsequente Unterdrückung dessen, was Niebuhrs Kreis und andere in Goethes Berichten so schmerzlich vermissten – hohe, hehre Gefühle – war die methodische Konsequenz der Flucht aus den Weimarer Verhältnissen. Friedrich Gundolf machte darauf in seiner Goethe-Biographie von 1917 aufmerksam: »Was Goethe nicht, oder wenigstens zuletzt in Italien suchte [...] waren geschichtliche Erinnerungen mit mehr oder minder empfindsamen Gedanken über Vergänglichkeit«.[366]

Zu dem nur ca. 20 Fußminuten vom Tempel entfernt gelegenem griechischen Theater in luftigen 415 Metern Höhe am Westhang des Monte Barbarò steigt Goethe widerstrebend hinauf. Was ihn erwartet, entzückt ihn nicht: *Die Mühseligkeit, in den unscheinbaren Trümmern eines Theaters herumzusteigen, benahm uns die Lust, die Trümmer der Stadt zu besuchen.*[367] Segestas heute ausgegrabenes Theater aus dem 3. oder 2. vorchristlichen Jahrhundert ist bei Goethes Besuch von hohen Unkrautstauden überwachsen; Kriechtiere haben die Plätze eingenommen. Kein Vergleich mit dem heutigen Anblick des Theaters, das sich mit denen von Syrakus und Taormina absolut messen kann.

Es ist nicht nur die Mühseligkeit des Kletterns, der sich Goethe entledigen möchte. Zu den Münzen von San Martino lief er 1½ Stunden den steinigen Weg zum Kloster hinauf. Die vorgebliche Plage der Trümmer ist einer der unscheinbaren Zipfel, die in der *Italienischen Reise* die sich im Stillen vollziehende Wandlung Goethes anzeigen. Der Trümmerverzicht signalisiert einen bedeutsamen Wechsel der bisherigen Seh-Methode, durch den sich Goethe den Freiraum schafft, zu sich selbst zu kommen. Das zeitaufwändige Vergleichen und wiederholte Ansehen, das er der Kunst Roms schuldig zu sein glaubte, lässt er ausklingen und wechselt ohne Aufsehen, aber folgenreich zur Methode des Exemplarischen über, ein ›Dreh‹, der bereits ein Stück des neuen Selbstvertrauens ankündigt und seine innere und äußere Bewegungsrichtung auf der Insel wesentlich beeinflussen wird. Auf diesem Weg kann er die Früchte der römischen Schulung nutzen und sich auf sein geübtes Auge verlassen, das Typische eines Kunstwerks schnell erfassen zu können. In Neapel hatte er den bevorstehenden Durchbruch *jenseits des Meeres* eine Woche vor der Abreise wie ein Leitmotiv über die ganze Sizilienreise gestellt: *Nicht sowohl das Beharren als ein schnelles Auffassen muß jetzt mein Augenmerk sein. Hab' ich einem Gegenstand nur die Spitze des Fingers abgewonnen, so kann ich mir die ganze Hand durch Hören und Denken wohl zueignen.*[368] Der Tempel von Segesta in seiner groben, unvollendeten Gestalt bot sich dem schnellen Erfassen des Typischen geradezu an. Leicht kommt ihm die Grundform antiker Tempel entgegen, der Urtempel, dem spätere Baumeister, Steinmetze und Bildhauer die individualisierten korinthischen und ionischen Spielarten entlockten. Auf weitere Exemplare hätte er verzichten können und er tut es in letzter Konsequenz auch, um von Trümmern befreit den Weg zu sich selbst zu finden.

Das Fazit von Segesta: der erwartete Kulturgipfel fällt bescheiden aus, was weder am Tempel, noch am Theater lag. Der erhebende Augenblick, das große Staunen, das andächtige Verweilen, die spontane Begeisterung, die beflügelnde Inspiration: nichts davon findet statt. Jedenfalls nicht auf dem Papier. Der Gewinn: das neue Sehen signalisiert das Wagen von Wegen, ohne die ein eigenes Finden nicht geht. Schritt für Schritt kumulieren sich auf sizilianischem Boden die Zugewinne, die letztlich zum Ziel der ganzen Italienreise führen werden.

Agrigent: Tal oder Tempel?

Mit Goethe ist in Sizilien gut reisen, wer dieselbe nie erlöschende Liebe zur Mineralogie, Botanik und Geologie hat. Der Weg von Alcamo/Segesta über die Zwischenstation Castelvetrano nach Agrigent bietet ihm reichlich Material, seine Leidenschaft auszuleben und mit wahren Wortkaskaden von geschliffener Schönheit zu krönen: *Von Alcamo auf Castel Vetrano kommt man am Kalkgebirge her über Kieshügel. Zwischen den steilen, unfruchtbaren Kalkbergen weite, hüglige Täler, alles bebaut, aber fast kein Baum. Die Kieshügel voll großer Geschiebe, auf alte Meeresströmungen hindeutend; der Boden schön gemischt, leichter als bisher, wegen des Anteils von Sand. Salemi*[i] *blieb uns eine Stunde rechts, hier kamen wir über Gipsfelsen, dem Kalke vorliegend, das Erdreich immer trefflicher gemischt. In der Ferne sieht man das westliche Meer. Im Vordergrund das Erdreich durchaus hüglig. Wir fanden ausgeschlagne Feigenbäume, was aber Lust und Bewunderung erregte, waren unübersehbare Blumenmassen, die sich auf dem überbreiten*

---

i Salemi – Ort auf halbem Weg zwischen Alcamo und Castelvetrano

Wege angesiedelt hatten und in großen, bunten, aneinander stoßenden Flächen sich absonderten und wiederholten. Die schönsten Winden, Hibiscus und Malven, vielerlei Arten Klee herrschten wechselweise, dazwischen das Allium[i], Galegagesträuche[ii]. Und durch diesen bunten Teppich wand man sich reitend hindurch, denen sich kreuzenden unzähligen schmalen Pfaden nachfolgend. Dazwischen weidet schönes rotbraunes Vieh, nicht groß, sehr nett gebaut, besonders zierliche Gestalt der kleinen Hörner.[369]

An Selinunt, über dessen antike Trümmer Goethe auf dem Weg nach Agrigent fast stolpert, zieht er wortlos vorbei. Nicht alle Goethe-Autoren haben Verständnis für sein Desinteresse. Hanno-Walter Kruft kommentiert: »Unverständlich bleibt es, daß Goethe, der über Castelvetrano und Sciacca nach Agrigent weiterreiste, Selinunt nicht besuchte, das nur 14 km von Castelvetrano entfernt liegt und bereits damals festen Bestandteil einer Sizilientour bildete. Goethe muß durch Riedesel und Payne jedenfalls von Selinunt gewußt haben.«[370] Kruft übersieht die veränderte Weichenstellung von Segesta. Seit Segesta steht die Kompassnadel ›Tempel‹ eindeutig auf ›Exemplarisch‹. Norbert Miller hat den sich unauffällig vollziehenden, inneren Entpflichtungsprozess Goethes erkannt: »In weiser Selbstbeschränkung verzichtete Goethe [...] auf einen Besuch der wirr durcheinander lagernden Trümmerfelder des alten Selinunts.«[371]

Nicht überall bietet die Insel so abwechslungsreiche Landschaftsrhythmen wie um Castelvetrano und er zögert nicht, anderen Wegabschnitten den Stempel *mineralogisch uninteressant*[372] aufzudrücken, als sei er als Weimarer Bergbaubeauftragter für Sizilien unterwegs. Der Strecke nach Sciacca über endlose Kieshügel verpasst er diesen Stempel zu früh, denn mit einem Jubelschrei entdeckt er *endlich auch Pantoffelholz*[373], das auch als Korkeiche bezeichnet wird.

Sciacca ist ein auf hügeligen Terrassen über dem Mittelmeer malerisch gelegener Ort. Den kurzen Zwischenaufenthalt nutzt Goethe für einen Gang zum Karmeliterkloster, der Chiesa del Carmine und zu den heißen, mineralogischen Quellen der antiken Bäder, die noch immer in Betrieb

---

i   Allium – Knoblauch-Schnittlauch-Pflanze
ii Galegagesträuch – Schmetterlingsblütler

waren. Richard Payne Knight beschreibt, wie ein solches »Sudatorium« funktionierte: »Dies ist eine natürliche Höhle in dem Felsen, woraus mit großer Gewalt ein heißer Luftstrom dringt, welcher sehr heilsam in gichtischen und rheumatischen Fällen gefunden worden. Der Kranke sitzt ohngefähr eine halbe Stunde drin, und geht dann zu Bette, und wiederholt dieses jeden Tag, bis er genesen ist.«[374]

Ein weiterer 85 km Tagesritt bringt die kleine Gesellschaft zum heutigen Agrigento, Girgenti zu Goethes Zeit, als Akràgas 583 v. Chr. von Kolonisten aus Rhodos gegründet, der Sage nach aber von Daidalos, dem geschickten attischen Baumeister und Erbauer des Labyrinths von Kreta, der von dort nach Sizilien flüchtete, als König Minos erfuhr, dass er seiner Tochter Ariadne den Tipp mit dem Wollknäuel gegeben hatte, der ihrem Geliebten, Königssohn Theseus von Athen, den Rückweg aus dem Labyrinth sicherte. Pindar (ca. 518-ca. 446 v.Chr.), der aus seiner Heimat in Böothien nach Akràgas kam, sang das Hohelied der Stadt in seiner 12. Pythischen Ode[i], wo es in der Übersetzung von Friedrich Hölderlin (1771-1843) heißt:

> »Ich bitte dich, glanzliebende,
> Schönste der sterblichen Städte,
> Persephonens Siz, die
> du über den Ufern des schaafenährenden[ii]
> Wohnest, auf Akragas wohl-
> Gebaueter Pflanzstadt, Königin,
> Freundlich mit der Unsterblichen
> Und der Menschen Wohlgefallen…«[375]

Die Blütezeit der Stadt kam mit dem Sieg der Agrigenter über die Karthager im Jahre 480 v. Chr, dem selben Jahr, in dem die Athener über die

---

i »Diese Ode feiert als einzige einen Sieg im musischen Wettkampf, und zwar den des Flötenspieler Midias, der wohl mit Thrasybulos, dem Neffen Therons, 490 nach Delphi gekommen war.« (Pindar, Siegesgesänge und Fragmente; München o.J.)

ii Akràgas wurde nach dem gleichnamigen Fluss benannt, der im Osten des Tempelgebietes fließt und heute Fiume San Biagio heißt

Perser bei Salamis siegten. Pindar, der ca. 446 starb, ahnte nicht, dass die »Schönste der sterblichen Städte« bereits vierzig Jahre nach seinem Tod von den im Westen Siziliens herrschenden Karthagern (406/5 v. Chr.) in Schutt und Asche gelegt wurde. Der Stolz der Stadt ist bis auf den heutigen Tag der hier im Jahre 483 v. Chr. geborene Naturphilosoph, Arzt, Dichter, Politiker und Zyniker Empedokles, der seinerzeit für die wankelmütigen Agrigenter ebenso unbequem war wie fast zur gleichen Zeit Sokrates (469 – 399 v. Chr.) den Athenern. Diogenes Laërtius (3. Jahrhundert n.Chr.), dessen »Leben und Meinungen berühmter Philosophen« das besterhaltene griechisch-römische Werk der Philosophiegeschichte des Altertums ist, berichtet, Empedokles habe über die Bewohner seiner Heimatstadt gesagt: »Die Akragantiner schwelgen, als müßten sie morgen sterben, ihre Häuser aber richten sie her als würden sie ewig leben«.[376] Letzteres behauptete Empedokles sogar von sich selbst: »Ich aber wandle vor euch als unsterblicher Gott«[377]. Er irrte.

Wie schon in Segesta eilt Goethe auch in Agrigent nicht als erstes in das berühmte Tal der Tempel. Vom Fenster seines Privatquartiers genießt er zunächst den weiten Ausblick über das Tal und schreibt darüber am 24. April 1787: *So ein herrlicher Frühlingsblick wie der heutige bei aufgehender Sonne ward uns freilich nie durchs ganze Leben. Auf dem hohen, uralten Burgraume liegt das neue Girgenti, in einem Umfang, groß genug, um Einwohner zu fassen. Aus unsern Fenstern erblicken wir den weiten und breiten sanften Abhang der ehemaligen Stadt, ganz von Gärten und Weinbergen bedeckt, unter deren Grün man kaum eine Spur ehemaliger großer bevölkerter Stadtquartiere vermuten dürfte. Nur gegen das mittägige Ende dieser grünenden und blühenden Fläche sieht man den Tempel der Konkordia hervorragen, in Osten die wenigen Trümmer des Junotempels; die übrigen, mit den genannten in grader Linie gelegenen Trümmer anderer heiliger Gebäude bemerkt das Auge nicht von oben, sondern eilt weiter südwärts nach der Strandfläche, die sich noch eine halbe Stunde bis gegen das Meer erstreckt.*[378] Dies ist zugleich das Schönste und Erinnerungswerteste, was Goethe über Agrigent zu sagen hatte. Vielleicht auch das Wichtigste. Das sizilianische Programm.

Der erste Tag ist der 230 Meter hoch gelegenen Altstadt gewidmet. Der angeworbene Weltgeistliche, hauptamtlich Antiquar, führt sie hinauf zur antiken Akropolis, wo sich der im 11. Jhdt. von den Normannen erbaute Dom an der Stelle befindet, wo einst vermutlich ein Zeus-Tempel stand. Die Hauptkirche birgt einen Kunstgenuß, den sich Goethe nicht entgehen lassen will. Es ist der berühmte Phädra- oder Hippolytossarkophag aus dem 2. oder 3. nachchristlichen Jahrhundert, der seit dem Erbeben von 1966 in der Kirche San Nicola neben dem Museo Archeologico aufbewahrt wird. Dieser zeigt Szenen aus dem Leben Phädras, der Gattin König Theseus', darunter ihren Stiefsohn Hippolytos mit seinen Jagdgefährten, ein Anblick, dem Goethe intuitiv die künstlerische Hauptabsicht ansieht. Diese sei, *schöne Jünglinge darzustellen*[379]. Die Experten sind sich einig, dass Goethes Charakterisierung des Sarkophags die kürzeste und treffendste ist.

Der Dom ist nach wie vor der ideale Standort für einen einzigartigen Panorama-Rundblick über die Natur- und Kulturschätze Agrigents. Die Totale der Galerie der antiken Tempel über der Stadtmauer ist ein einmaliges Seh-Erlebnis. Dahinter glitzert das gegen die Südküste Siziliens auflaufende Mittelmeer. Die Weinhänge aber, die einst die Stadt unterhalb des Doms umkränzten, sind heute fast vollständig dichten, unansehnlichen Hochhausreihen gewichen.

Goethe wird im Laufe des Tages ungeduldig, nicht etwa wegen des unwiderstehlichen Rufs der Tempel. Im Gegenteil: *Versagt ward heute, uns in jene so herrliche grünenden, blühenden, fruchtversprechenden Räume zwischen Zweige und Ranken hinabzubegeben*[380]. Selbst am Abend gibt's keinen Ausgang. Der Führer nahm seinen Job ernst und wusste *die Ungeduld zu besänftigen, die uns hinabwärts trieb, indem er uns abermals auf die Höhe zu herrlichen Aussichtspunkten führte und uns dabei die Übersicht der Lage gab alle der Merkwürdigkeiten, die wir morgen in der Nähe sehen sollten.*[381]

Die Hauptattraktion Agrigents war und ist das Tal der Tempel, heute Weltkulturerbe der UNCESCO. Man darf sich das 1200 Hektar umfassende Tempelareal, das Goethe sah, nicht so vorstellen wie es sich dem heutigen Besucher optisch und leicht zugänglich darbietet. Steinige Pisten verbanden die von Geröllfeldern und felsigem Terrain umgebenen Tempel, die nur bescheiden oder gar nicht restauriert waren. In Agrigent scheut Goethe nicht nur die *Mühseligkeit* der Besichtigung; er muss vom Führer geradezu angehalten werden, sich auf den Weg in das Tal der Tempel zu machen. Die Magie des Einmaligen verfehlt ihn vollständig. Kryptisch fällt sein Besichtigungsbericht[382] aus. Man erfährt, daß *die Trümmer des Junotempels jährlich mehr verfallen; [...] die schlanke Baukunst* des Concordia-Tempels *ihn schon unserm Maßstabe des Schönen und Gefälligen näh*ere und kritisiert die misslungene Restaurierung der verwitterten Säulen mit weißem Gips; vom Zeustempel – sehr treffend formuliert – sei nur die weit gestreckte *Knochenmasse eines Riesengerippes* zu sehen. In einem Schutthaufen findet er einen Triglyph[i] und gibt durch ein Säulenstück, in dessen Kannelierung er sich wie in eine Nische hineinstellen kann, eine erahnbare Anschauung von den gigantischen Ausmaßen des Tempels: *Zweiundzwanzig Männer, im Kreise nebeneinander gestellt, würden ungefähr die Peripherie einer solchen Säule bilden;* der Tempel des Herakles[ii] *ließ noch die Spuren vormaliger Symmetrie entdecken;* es folgt ein Hinweis auf die beidseitig *in gleicher Richtung* hingestreckten Säulenreihen als seien sie *wie auf einmal zusammen hingelegt;* er erwähnt den Tempel des Äskulap, der *in ein kleines feldwirtschaftliches Haus beinahe eingemauert* sei und steigt zum sogenannten Grabmahl des Theron[iii] hinab, das Kniep als Vordergrund einer *wundersamen Ansicht* diente: *denn man schaute von Westen nach Osten an dem Felslager hin, auf welchem die lückenhaften Stadtmauern sowie durch sie und über ihnen die Reste der Tempel zu sehen waren.*

Das ist es, was Goethe über Agrigents Tal der Tempel mitzuteilen hat. Der Rest sind topographische und mineralogische Angaben zum Umfeld der Tempel. Der gerade zwei Seiten in Anspruch nehmende Bericht vermittelt dem Leser nicht mehr als die vageste Vorstellung von der Einmaligkeit

---

i   rechteckige Steinplatte mit drei senkrechten Rillen im Fries des dorischen Tempels
ii Vom Herakles-Tempel stand nur ein einsamer Säulenstumpf; von den 38 Säulen wurden 1924 acht wieder aufgerichtet
iii Theron, Tyrann von Akragas, und sein Schwiegersohn, Gelon von Syrakus, fügten den Karthagern (unter Himilkar) 480 v. Chr. bei Himera (heute Imera, östlich von Palermo zwischen Termini und Cefalù) eine vernichtende Niederlage zu; das turmartige Grabmal mit dem fälschlich zugeeigneten Namen stammt aus der römischen Zeit (ca. 1. Jh. v.Chr.)

der Tempelanlage oder irgendeines Tempels – auch, wenn ein paar Säulen weniger aufgerichtet waren als heute[i].

Wieder einmal ist man unerwartet schroff mit einem befremdlichen Minimalismus konfrontiert, für den man nur Verständnis aufbringt, wenn man ihn autobiographisch verstehen kann. Als solcher bringt er aufs Deutlichste in Erinnerung, worum es Goethe in Italien, verschärft in Sizilien, nicht ging. Immer konsequenter überlässt er es den Lesern, sich die statistischen Daten durch anderweitig verfügbare Publikationen zu verschaffen, sei es hinsichtlich des Erscheinungsbildes der Tempel oder deren bewegter Geschichte. Was bei einer solchen Reduktion der Schätze von Agrigent herauskommt, ist ein Knochengerüst wie das des Zeustempels: geschichtslos und gesichtslos. Der Leser der *Italienischen Reise* hätte sich einen anschauungsreicheren, kulturhistorisch belehrenderen Bericht aus Goethes berufenem Munde gewünscht. Literaturwissenschaftler versuchen immer neue Erklärungen für die immer wieder überraschende Leere der Berichte, wo Fülle erwartet wurde. Goethe-Biograph Emil Staiger erkennt in dem totalen Verzicht auf kulturhistorische Substanz eine der aus der Not geborenen goetheschen Selbstbeschränkungsmaßnahmen: »Eher drohte ihm von dieser Seite die Gefahr der Zerstreuung, des Irrewerdens an seinem Ziel«.[383] Ein anderer Aspekt ist das von Goethe seit seiner Jugend gepflegte, imaginierte Italienbild, mit dem er bereits in Rom Schiffbruch erlitt. Norbert Miller greift dieses anhaltende Problem in Goethes italienischer Kunst-Begegnung auf und entdeckt in der unterkühlten Rezeption der antiken Bauwerke die Konsequenz einer bildhaft-idealisierten Vergangenheitsvorstellung, die »den titanischen, nach Maß und Proportion unfaßbaren Bauwerken der Griechen nicht gewachsen zu sein« schien. Dieses Eingeständnis habe sich Goethe nur widerwillig abgerungen, andererseits öffnete es den Weg zu der ihm gemäßen Rettung der Vergangenheit in die Gegenwart, der »die *dichterische* Begegnung mit Homer in Homers Landschaft«[384] war. Im Grunde war die Besichtigung des Tempeltals eine Art von Pflichtübung, zu der sich Goethe drängen lassen musste, denn das

---

[i] unter anderem die nord-westliche Giebelecke des Dioskurentempels, auch Kastor- und Pollux-Tempel genannt, die zwischen 1836 und 1871 aufgerichtet wurde und heute das Wahrzeichen Agrigents ist.

Urtempel-Bild von Segesta konnten die dorischen Tempel Agrigents und alle weiteren, nur bestätigen, nicht ändern. Wäre es anders gewesen, hätte sich der methodische Ausweg als katastrophaler Irrweg erwiesen. Der in Segesta eingeschlagene Weg musste sich in Agrigent bestätigen und sein Programm sein: er musste nicht sehen, wie es viele von ihm erwarteten, er musste nicht schreiben, was viele von ihm hören wollten, er musste nicht dahin gehen, wo man ihn gern gesehen hätte. Er musste einzig und allein dem Weg folgen, der zu ihm selbst führen würde. Das war Goethes finale sizilianische Maxime.

Im Vergleich ist Riedesels Bericht vom Tal der Tempel deutlich detaillierter als Goethes, aber ähnlich inventarisierend. Der Freiherr fühlte sich darin seinem Freunde Winckelmann verpflichtet[i], aber auch dem kunst- und welthungrigen Lesepublikum der Zeit, denn seine Mitteilungen über Sizilien und Großgriechenland waren die ersten in deutscher Sprache. Äußerst sympathisch an Riedesels Bericht vom Tempeltal ist, dass ihm plötzlich, nach all dem ›drögen‹ Säulenzählen und –vermessen, der Geduldsfaden reiner Sachlichkeit reißt und sich eine spontane, ja überschwängliche Begeisterung für die letzten Repräsentanten einer längst untergegangenen Hochkultur Bahn bricht. Umringt von »entzückenden Feldern«, berichtet Riedesel, »entdeckte ich den wohlerhaltenen so genannten Tempel der Juno Lacinia, den unversehrten der Concordia, die Überbleibsel des Herkules gewidmteten, und die Trümmer des riesenförmigen Jupiters.«[385] Überwältigt rief er aus: »Hier möchte ich leben, die Meinen vergessend und von ihnen vergessen, und aus der Ferne und vom Land her dem tobenden Neptun zuschauen.«[386] Goethe täuscht Sehnsüchte wie die seines Sizilienführers gar nicht erst vor. Ruinengesättigt möchte er nur noch raus in die lebendige Natur.

Zwar geht er am folgenden Tag mit dem Führer den Weg vom Vortag noch einmal, bekommt hier und da weitere antike Überreste gezeigt und sieht, dass Kniep fleißig Skizzen anfertigt, wo es sich lohnt. Dann hat er aber wirklich seine Pflicht und Schuldigkeit getan und vom redseligen

---

i   dem er den zuerst 1771 anonym in Zürich erscheinenden Bericht seiner Reise in der beliebten Briefform widmete

Führer, der es gut meinte, genug: *Ich hörte von nichts, was nur einigermaßen in Aufnahme wäre. Das Gespräch schickte sich recht gut zu den unaufhaltsam verwitternden Trümmern.*[387]

Man muss diesen kläglichen Abgesang auf die Tempel biographisch verstehen lernen, um das eigentliche Thema darin zu entdecken und falsche Deutungen zu vermeiden. Am Agrigenter Scheideweg lässt er entschlossen die bedrückenden Erfahrungen der Vergangenheit hinter sich, nicht, um sie los zu sein – er hätte *die Eine Existenz* verspielt – sondern um frei zu sein, sie als Verwandelter zurückgewinnen zu können. – Was sagt Goethe selbst über seine Befindlichkeit an dieser Schnittstelle seines Lebens? Nichts! Es sei denn, man lernt, in seinem Schweigen seine Stimme zu vernehmen.

Der Führer hat endlich seinen Job getan und entlässt seine merkwürdigen Kunden, die sich sogleich ins fruchtbare Grün der Hänge Agrigents stürzen. Der Puffbohnenanbau fängt Goethes ungeteiltes Interesse, ebenso der 4-Jahreszyklus des Fruchtbaus. Der Anbau des hier verwendeten Weizens, Tumenia, ein Sommerkorn, nimmt ihn vollkommen gefangen. Und ›mitten drin‹ kommen ihm die Worte, die man anderswo vermisst und er schenkt dem Leser als Entschädigung für das Entbehrte eine seiner zahlreichen Gaben botanischer Lyrik, die Goethes eigentliche ›Hommage à Sicilia‹ sind:

> *Der Lein ist schon reif.*
> *Der Akanth*[i] *hat seine prächtigen Blätter entfaltet.*
> *Salsola fruticosa*[ii] *wächst üppig.*
> *[...]*
> *An den Feigen waren alle Blätter heraus,*
> *und die Früchte hatten angesetzt.*
> *Sie werden zu Johanni reif,*
> *dann setzt der Baum noch einmal an.*
> *Die Mandeln hingen sehr voll;*
> *ein gestutzter Karubenbaum*[iii] *trug unendlich Schoten.*

---

i   Akanth – Bärenklau
ii Salsola fructicosa – buschiges Salzkraut
iii Karubenbaum – Johannisbrotbaum

*Die Trauben zum Essen werden an Lauben gezogen,
durch hohe Pfeiler gestützt.
Melonen legen sie im März, die im Juni reifen.
In den Ruinen des Jupitertempels wachsen sie munter
Ohne eine Spur von Feuchtigkeit.*[388]

Man muss diesen Text schon einmal so schreiben, als sei er in freier Versform verfasst. Dann zergeht einem die Harmonie von Sprache und Natur auf der Zunge.

Das innere Aufatmen lässt Goethes Lippen schweigen über das, was sich jenseits von Agrigents Hain und Flur auf den Straßen abspielt. Das wird umso genauer von den wachen Augen des späteren Bürgermeisters registriert, dem die verheerenden Lebensbedingungen in Agrigent nicht entgehen. Arbeitslosigkeit, Verarmung, Resignation und Arbeitsunlust prägen hier wie überall auf der Insel das Bild. »Weder Schönheit noch Pracht, weder Geschmak noch Kunst zeichnet das izige Girgenti, auf der Spize der Berge, wo einst das Schloß lag, aus, […] die Gebäude gleichen eher Bauerhütten, als Wonungen, […] das Pflaster […] ist so elend, als man sich es nur denken kann […] wo izt der Einwoner beständig im Kote waden, und oft mit Lebensgefar umher hinken muß; aber die Polizei schläft, und die Girgentiner scheinen den Unflat zu lieben, wie die Sau ihre Pfüze. Diese Trägheit und Unreinlichkeit entdeket man hier in allen Dingen; nicht nur bloß außer dem Hause, selbst bei den Reichern, sondern auch in ihren Wonungen, und nicht bloß an ihren Geräten, sondern auch auf ihrem Leibe.«[389] Mit einem treffenden Vergleich fängt er die beiden Gesichter Agrigents ein: »Ist der Mensch hier gleich ausgeartet und verwildert, die Natur ist's nicht; sie gleichet einem schönen Mädchen, deren Reize selbst ein Trauergewand erhöhet«.[390] Oder frei nach Shakespeare: ›Mourning becomes Girgenti's hillocks well‹.

Syracus:
die verschmähte Metropole

Ohne eine unterirdische Spurenlese der *Italienischen Reise* muss bzw. musste die Verwunderung groß sein, dass Goethe die in seinem Leben wohl einmalige Chance, Syrakus zu sehen, nicht wahrnahm und auf gänzlich unüblichen Pfaden nach Norden ins gebirgige Inselinnere zog. Machte eine sizilianische Expedition ohne diesen Höhepunkt Sinn? Was wäre eine Reise ins Mutterland der Griechen ohne Athen? Mit Hellas' Hauptstadt konnte sich Syrakus dereinst durchaus messen. Keine andere Stadt Großgriechenlands war in ihrer Glanzzeit vom fünften Jahrhundert v. Chr. bis zur Übernahme durch die Römer (212 v. Chr) mächtiger als Syrakus, mit einer Million Einwohner größer als Athen und wie Athen kultureller Magnet der führenden Geister der Zeit, darunter Goethes Vorväter vom Fach wie Euripides und Sophokles. Aischylos' »Die Perser« wurde im griechischen Theater der Stadt vor 15.000 Zuschauern in Anwesenheit des Dichters aufgeführt und Platon wurde als Erzieher und Staatsphilosoph mehrmals hierher gerufen[i]. Diese Großen werden noch übertroffen vom Ruhm des legendären Archimedes, ca. 287 v. Chr. in Syrakus geboren, bedeutender Mathematiker und einfallsreicher Erfinder, der mit riesigen Brennspiegeln die römische Flotte abgefackelt haben soll, jedoch nicht gründlich genug. Im Schicksalsjahr der Stadt, 212 v. Chr., wurde er von einem römischen Soldaten getötet. Unsterblichkeit erlangte er durch seinen »Heureka«-Ruf (»Ich hab' es«), als er halbnackt durch die Straßen Syrakus' lief, weil ihm gerade die Idee des spezifischen Gewichts gekommen war: in der Badewanne. Natürlich! Wo sonst?

Zur Begründung seines Entschlusses, Syrakus nicht zu sehen, erklärt Goethe in der *Italienischen Reise* unter dem Datum des 27. April 1787: *Ich hatte nämlich auf dem bisherigen Wege in Sizilien wenig kornreiche Gegenden gesehen, sodann war der Horizont überall von nahen und fernen Bergen beschränkt, so daß es der Insel ganz an Fläche zu fehlen schien und man nicht*

---

i   388/7; 367; 361 v.Chr.

begriff, wie Ceres dieses Land so vorzüglich begünstigt haben sollte. Als ich mich darnach erkundigte, erwiderte man mir, daß ich, um dieses einzusehen, statt über Syrakus, quer durchs Land gehen müsse, wo ich denn der Weizenstriche genug antreffen würde. Wir folgten dieser Lockung, Syracus aufzugeben, indem uns nicht bekannt war, daß von dieser herrlichen Stadt wenig mehr als der prächtige Name geblieben sei. Allenfalls war sie von Catania aus leicht zu besuchen.[391]

Woher hatte Goethe die Information, dass vom alten Syrakus nichts Lohnendes mehr zu sehen sei? Hanno-Walter Kruft nimmt an, Quelle der Falschinformation sei der »Volkmann« gewesen. Im Vorwort zu dem 3-bändigen Werk heißt es: »Wir haben in diesem Werke nichts von Sicilien und dem Theile von dem ehemaligen sogenannten Großgriechenland gesagt, welcher weiter hinunter als Neapel liegt, weil selten Reisende diese Gegenden besuchen, und die wenigen Überreste es auch kaum verdienen, eine mit vielen Unbequemlichkeiten verknüpfte Reise zu unternehmen.«[392] Mangels eigener Auskünfte weist Volkmann auf den Sizilien-Report des Freiherrn von Riedesel hin. Stand da etwas, was Goethe von Syrakus hätte abhalten können? »Wenn man auch bedenkt, was für Belagerungen und Zerstörungen diese Stadt erlitt; was endlich die Römer, besonders Verres[i], aus derselben nach Rom geführt, so ist kein Wunder, daß man weder Statuen noch Basreliefs, noch andere Denkmäler der Kunst mehr daselbst findet.«[393] Das klang in der Tat nicht sehr einladend. Und als Riedesel Syrakus verließ, verabschiedete er sich mit den Worten: »Ich verließ endlich das alte Syrakusa in seinen elenden Trümmern, und reiste von dem jetzigen Siracusa ab.«[394] Daran war manches wahr, aber der Stab über Syrakus dennoch nicht gebrochen. Das zerstörte, geplünderte Syrakus hatte – so Riedesel – einen absoluten Höhepunkt griechischer Kultur auf Sizilien zu bieten, den er gar nicht genug preisen konnte. Es ist das »grosse Theater des alten Siracusa in den Felsen eingehauen. Ungeachtet die Scene völlig zerstört ist, so erwecket doch desselben Grösse, seine Majestät, da es

---

i   Gaius Verres (118-43 v. Chr.) war 73-71 v. Chr. Statthalter der römischen Provinz Sizilien; von seinem räuberischem Treiben auf der Insel erfuhr die Nachwelt durch die Anklagereden Ciceros (106-43 v.Chr.).

in den lebendigen Berg gehauen ist, und die höchst reitzende Lage, eine ehrfurchtsvolle Verwunderung. Mit dem höchsten Vergnügen habe ich zwey Tage mit Besichtigung desselben zugebracht; und dieses ist einer der malerischten Anblicke, welche ich in ganz Sicilien angetroffen und den ich am meisten bereue, daß ich ihn nicht habe durch eine guten und genauen Zeichner können zeichnen lassen.«[395] Goethe hätte sich um seinen Sizilienmentor, dessen Büchlein er *wie ein Brevier oder Talisman am Busen*[396] trug, um Syrakus und alle Kunstfreunde verdient machen können, wenn er mit Kniep diesem Lockruf gefolgt wäre. Über die Mittel verfügte er; allein er tat es nicht.

Was war nun wirklich von der alten Herrlichkeit Syrakus' übrig geblieben? Übereinstimmend bezeichnen die Sucher nach dem griechischen Sizilien in Syrakus nur noch zwei der ehemals fünf Stadtteile des antiken Syrakus für sehenswert: die Neapolis, die Neustadt, heute Neapoli, und Ortygia, heute Ortigia. Bis zum nördlichsten Stadtteil, Epipolai, der ehemals der größte war, hat sich das moderne Siracusa erst in den letzten Jahren wieder ausgedehnt. Schon zu Goethes Zeiten wanderten die Besucher vor allem in die Neapolis, wo sich jetzt der Parco Archeologico befindet, der den größten Teil der sehenswerten antiken Anlagen umfasst. Zeitzeuge Bartels ist von dem Anblick des griechischen Theaters genauso begeistert wie Riedesel. »Das Theater ist das wichtigste und vorzüglichste, was uns von der ehemaligen Pracht Neapolis übrig ist«[397] und fährt fort: »Es war ein froher Augenblick meines Lebens, wie ich in der Mitte dieses Teaters stand, Geist und Auge sich weideten an dem Paradies umher …«[398] Wie Riedesel möchte er italienische Landschaftsmaler bewegen, hierher zu kommen und »zum Entzüken und Erstaunen hinreissende Anblike« in »Gemälde mit romantischer Schönheit« einzufangen. Erwähnt werden desweiteren das römische Amphitheater aus dem 3. nchr. Jahrhundert, die Latomien, Steinbrüche aus dem 6. vchr. Jahrhundert, die tausenden von Sklaven und Gefangenen zur Hölle wurden; das »Ohr des Dionysios« in der Latomia del Paradiso, die Abhöranlage des Tyrannen. Das ganze Gelände drum herum muß ein phantastischer, naturbelassener Park gewesen sein, dessen unglaubliche Schönheit auch Bartels preist: dies sei ein Ort, »wo kunstvolle Ruinen mit allem Seegen der Natur umkränzet«[399] seien. Es hätte ein Paradiso für den thüringischen Botaniker sein können, der die Weizenfelder Ennas vorzog.

Seume, der in Syrakus das Ziel seines langen Spazierganges erreichte, wanderte durch alle alten Stadtteile und beschrieb sie ausführlich. Der Höhepunkt, die Neapolis, wäre ihm beinahe zum Verhängnis geworden. Von einem Ausflug in die südliche Umgebung der Stadt zurückkehrend, überquerte er den Fiume Anapo und plante, den Weg direkt zur Neapolis fortzusetzen. »Aber o Syraka[i]! Syraka! An solchen Orten sollte man durchaus mit der Karte in der Hand gehen. Ehe ich mirs versah, war ich im Sumpfe; ich dachte es zu zwingen und kam immer tiefer hinein: ich dachte nun rechts umzukehren, um keinen zu großen Umweg zu machen; und da fiel ich denn einige Mal bis an den Gürtel in noch etwas schlimmeres als Wasser. Es war Abend und ich fürchtete man möchte das Tor schließen, wo man denn ebenso unerbittlich ist, als in Hamburg. Endlich arbeitete ich mich doch mit viel Schweiß in einem nicht gar erbaulichen Aufzug wieder auf den Weg, und kam soeben vor Torschluß herein.«[400]

Nach dem schweren Erdbeben von 1693 erfolgte der barocke Wiederaufbau Ortigias, das heute durch die Ponte Nuovo mit dem Festland verbunden ist. Nur dieser Stadtteil Syrakus' war bewohnt, als Riedesel, Knight und Bartels Syrakus besuchten. Der größte Teil war nach wie vor unbewohnbar. Erhalten blieb der Dom mit dem schönen Namen Santa Maria delle Colonne, der daran erinnert, daß die Kirche – wie mit Agrigents Concordia-Tempel geschehen – im 7. Jahrhundert in einen Tempel eingebaut wurde, der von Syracus' Herrscher Gelon anläßlich des Sieges über die Karthager 480 v. Chr. in der Schlacht von Himera gestiftet wurde. Bartels und Knight kommentieren den Tempelumbau mit Abscheu, der für Goethe ein Verstoß wider den heiligen Geist klassizistischer Architekturauffassung gewesen wäre. Aber nicht nur das. Mit Palladio war er der Meinung, dass die christlichen Kirchen nicht länger an der Basilikenform festhalten sollten, da *die Tempelgestalt vielleicht dem Kultus vorteilhafter wäre.*[401]

An der Arethusaquelle wanden sich keine zierlichen Nymphen das frische Wasser aus dem wallenden Haar. Völlig versumpft fand Henry Knight

---

i Syraka: Sumpfgebiet zwischen dem Anapo Fluß und der Nekropolis

sie vor und »nichts als eine Gesellschaft der schmutzigsten alten Waschweiber, die ich jemals gesehen«[402]. Bartels bestätigte diese Beobachtung und ergänzte eine weitere: »ja, ich möchte beinah behaupten, daß in keiner grossen Stadt das Sittenverderbniß so tief eingewurzelt sei, und sich durch solche Ausschweifungen äußere, als in Sirakus. Freilich ist hier nicht alles so öffentlich, wie in Neapel, Venedig und Rom; aber je mehr es im Finstern schleichet, um desto verderblicher ists. Armut ist ein neuer Grund, der den Vater treibet seine Tochter, den Mann seine Frau, zum schändlichen Gebrauche zu verkaufen. Ich war selbst Augenzeuge davon, wie ein solcher Handel geschlossen ward, sah kaltblütig den Vater seine vierzehn järige Tochter vermiten, sah' die Mutter schamlos ihr Kind dem Buhlen zufüren, und selbst sich zu allen Exzessen der Wollust anbiten.[403] Die Verursacher dieses wirtschaftlichen und moralischen Verfalls, der auf der ganzen Insel herrschte, nennen Seume und Knight ohne Umschweife beim Namen. Seume: »Syrakus kommt immer mehr und mehr in Verfall; die Regierung scheint sich durchaus um nichts zu bekümmern. Nur zuweilen schickt sie ihre Steuerrevisoren, um die Abgaben mit Strenge einzutreiben.«[404] Knight: »Die Privathäuser sind alle arm und schlecht gebaut, indem der ganze Reichtum der Gegend der Kirche gehört.«[405]

Die trostlosen Verhältnisse der Stadt, »in der es keine Gasthäuser gab, so daß die Reisenden auf sehr primitive und unsaubere Hütten und auf den mitgebrachten Proviant angewiesen waren«[406] macht Julius Haarhaus mitverantwortlich für die touristische Unattraktivität Syrakus', hat aber wie andere Autoren Schwierigkeiten, die »merkwürdige Entscheidung« Goethes – so Gero von Wilpert[407] – zu akzeptieren, Syrakus links – geographisch rechts – liegen zu lassen und sich fern von Tempeln und Theatern in die gelbe Stille der Kornkammer Siziliens zu begeben.

Wendepunkt

Man mag noch so viele Gründe für Goethes Absage an Syrakus finden; sie sind alle unerheblich, was Syrakus angeht. Selbst wenn ihn in Ortigia ein schön-erhaltener Apollon-Tempel begrüßt hätte wie den Besucher heute und die Arethusa-Quelle verlockend ihr Liebeslied gelispelt hätte: Goethe hätte sich dennoch nicht auf den Weg nach Syrakus gemacht. Seine Entscheidung war nicht contra Syrakus gefallen, sondern ›pro Goethe‹ für die Vollendung des inneren Reifungsprozesses, mit dessen Gelingen das gesamte Italienexperiment, er selbst also, stand und fiel.

Ein halbes Italienjahr musste vergehen, bis er endgültig mit einer Einsicht ernst macht, die ihm bereits nach den ersten Wochen der Romerforschung deutlich genug war und in einem Brief vom 25. Januar 1787 festgehalten ist: durch das großzügige Verständnis des Herzogs für seine *hegire* müsse ihm seine *Lage die glücklichste scheinen [..] Und sie wird es sein, sobald ich an mich a l l e i n denke, wenn ich das, was ich solang für meine Pflicht gehalten, aus meinem Gemüte verbanne* [408]. Die Empfängerin des Briefes war Charlotte von Stein.

Das Wort eilte der Tat weit voraus. Der Weimarer Workaholic war zu tief in ihm verwurzelt und Rom erwies sich als kontraproduktiv, um zu sich *allein* zu kommen. Das notwendige Innehalten als Voraussetzung für die Freilegung und Neubündelung verschütteter Lebensenergien konnte nur in einer Oase der Ruhe gelingen. Der dänische Literat Jakob Levinsen, der sich 1999 mit zwei Kollegen anläßlich des 250. Geburtstages Goethes auf dessen Spur in Italien machte, kommt zu dem Ergebnis, Sizilien sei »gleichzeitig der Nullpunkt und Höhepunkt der italienischen Reise« und fährt fort: »Kulturbeschauung und Bildungsgedanke sind so gut wie endgültig weg, zurück bleibt allein der einzelne, Goethe selbst, und die Natur um ihn herum.«[409] Dieser Nullpunkt war kein absoluter, sondern der innere Wendepunkt als Bedingung dafür, dass Sizilien der Höhepunkt seines Selbstfindungsprozesses werden konnte. Die Wegführung zu sich selbst musste er auf der Zielgeraden allein übernehmen.

Zum ersten Mal in Italien ›emanzipiert‹ Goethe sich. Dazu waren Trennungen erforderlich. Das Heraustreten aus dem Schatten der Mentoren war unumgänglich. Er musste die geliehenen Sicherheiten aufgeben, um die eigene Stück für Stück durch Konzentration auf sich selbst zurück zu gewinnen. Der ansteigende Weg, den er wählte in die Stille der Kornfelder und durch das gebirgige Vorfeld des Ätna symbolisiert diese Trennungen augenfällig: er war unbequem und unverzichtbar zugleich. Anders konnte die letzte sizilianische Etappe nicht gelingen. Die Frage, die Goethe in Agrigent entschied, lautete nicht: ›Syrakus oder Kornkammer?‹, sondern: ›To be or not to be‹.

Auf diese ultimative Situation war er vorbereitet. Die Antwort hatte er vorausschauend in Segesta gegeben. Vor den Toren von Syrakus wiederholte er sie und war bemüht, sie so harmlos wie möglich klingen zu lassen. Die autobiographische Spur versinkt wieder einmal tief in den Untergrund. Die Absage an Syrakus war nicht weniger als die letzte Abmahnung an sich selbst, die letzte Chance, auf klassischem Boden wieder ein heiler Mensch zu werden. So zog es ihn in die Einsamkeit der Kornkammer der Insel, um mit der schöpferischen Kraft der hier beheimateten Korngöttin Ceres die Wandlung zu sich selbst im Modus des homerischen Mythos zu wagen. Was er in der Natur fand, den einen Lebensplan, der jeder Zelle ihre Bestimmung gab, dieses eine, innere Gesetz musste er in sich selbst finden, um sich neu erfinden zu können. Die Route ins Zauberland der Märchen, Mythen und Legenden versprach mehr als alle anderen Ziele das Gelingen dessen, worum es Goethe in Italien primär ging.

Caltanisetta:
Vorstoß ins goldene Zentrum

Mineralogen und Botaniker werden Goethe dafür preisen, statt auf ausgetretenen Pfaden nach Syrakus weiter zu ziehen, die beschwerlichere Route durch das gebirgige Innere der Insel gewählt zu haben. Ein keineswegs gefahrloses Unternehmen, dessen glückliches Finale gekrönt wird von der noch weitgehend unbekannten Naturschönheit der zentralen Bergregionen der Insel.

Nicht weit hinter Agrigent beginnt das seit dem Altertum von Griechen, Karthagern, Römern und anderen Usurpatoren begehrte goldene Sizilien. Goethe beschreibt den ersten Anblick so: *Eine Strecke, nachdem wir Girgent verlassen, fing der fruchtbare Boden an. Es sind keine großen Flächen, aber sanft gegeneinander laufende Berg- und Hügelrücken, durchgängig mit Weizen und Gerste bestellt, die eine ununterbrochene Masse von Fruchtbarkeit dem Auge darbieten.*[410] Nach stundenlangem Ritt unter glühender Sonne ist Goethes Bedarf an Kornfeldern vorzeitig gesättigt. Die *wüste Fruchtbarkeit* um ihn herum ergötzt ihn immer weniger, ebenso wenig wie Kniep, dessen motivsuchende Augen unter dem abwechslungslosen Ambiente zu leiden beginnen. Die Eintönigkeit der Kornkammer wird den beiden Künstlern nach nicht enden wollender Durchquerung unerträglich. Goethe gesteht: *Und so war denn unser Wunsch bis zum Überdruß erfüllt, wir hätten uns Triptolems Flügelwagen gewünscht, um dieser Einförmigkeit zu entfliehen.*[411] Mit einem geflügelten Schlangenwagen beschenkte einst die Korngöttin Demeter, die hier auf der Insel seit den römischen Zeiten »Ceres« genannt wird, den Triptolem, einen jungen Bauernburschen, damit er Ähren ausstreue und Brot und Frieden unter die Menschen brächte.

Der Weg hinauf nach Caltanisetta, auf dem 478 Meter hohen Monte Artesino gelegen, entschädigt die Korngesättigten und präsentiert sich als ein einzigartiges mineralogisch-botanisches Dorado. Goethe ergötzt sich an der morphologischen Beschaffenheit der Gesteinsgeschiebe, zaubert ein profundes Fachwissen hervor, dessen reichliche Verwendung ihm mehr Vergnügen bereitet als manchem Leser. Mit unersättlichem Forschergeist der Sache und mit der Seele der Poesie der Natur hingegeben, produziert Goethe wiederum lyrische Naturabbildungen, die auch jeden Nicht-Mineralogen und Nicht-Botaniker begeistern müssen. Hier ein kurzer Auszug vom 28. April 1787: *Von Girgent die Muschelkalkfelsen hinab zeigt sich ein weißliches Erdreich, das sich nachher erklärt: man findet den älteren Kalk wieder und Gips unmittelbar daran. Weite flache Täler, Fruchtbau bis an die Gipfel, oft darüber weg; älterer Kalk mit verwittertem Gips gemischt.*

Nun zeigt sich ein loseres, gelbliches, leicht verwitterndes neues Kalkgestein; in den geackerten Feldern kann man dessen Farbe deutlich erkennen, die oft ins Dunklere, ja ins Violette zieht. Etwas über halben Weg tritt der Gips wieder hervor. Auf demselben wächst häufig ein schön violettes, fast rosenrotes Sedum und an den Kalkfelsen ein schönes gelbes Moos.[412] Und plötzlich kommen heimatliche Gefühle auf: die Landschaft habe *viel Ähnliches mit deutschen hügeligen und fruchtbaren Gegenden, z.B. mit der zwischen Erfurt und Gotha, besonders wenn man nach den Gleichen hinsieht.*[413] Thüringenkundige wissen, dass damit drei zwischen Gotha und Erfurt gelegene Burgen gemeint sind, die der Erzählung nach in der Nacht des 31. Mai 1231 vom Blitz getroffen gleichzeitig abgebrannt sein sollen.[i]

Von Caltanisetta geht es auf der nordöstlichen Route weiter zum in fast tausend Metern Höhe auf dem Bergkegel des Monte Canarella gelegenen Enna. Im Altertum galt die Bergfeste als uneinnehmbar, doch schon Odysseus wusste, wie man unüberwindbare Mauern mit List und Tücke öffnet. Ennas Mauern fielen durch Verrat. Der Ort geriet 258 v. Chr. unter römische Herrschaft und wurde vom Räuber Verres gefilzt.

Kurz vor Enna schlägt das Wetter um, der Hitze folgt ausgiebiger Regen, der die Fortbewegung auf dem Maultierrücken nicht erleichtert. Goethe schreibt: *Die Wege waren entsetzlich, noch schrecklicher, weil sie ehemals gepflastert gewesen und es regnete immer fort. Das alte Enna empfing uns sehr unfreundlich*[414] und er verabschiedet sich schnellstens von diesem ungastlichen Ort. Herbert von Einem kommentiert in der Hamburger Goethe-Ausgabe: »Die Unfreundlichkeit des Empfanges hat Goethe, der 1772 ein Monodrama *Proserpina* gedichtet hatte, leider die historische und mythologische Bedeutung dieses Städtchens gänzlich übersehen lassen.«[415] Das trifft nicht nur auf Enna zu. Zu Recht erfolgt die Erinnerung an die un-

---

[i] Außerdem geht die nicht unpikante Sage, dass Lambert II., Graf von Gleichen, 1227 mit dem Stauferkaiser Friedrich II. an einem Kreuzzug gegen die Sarazenen teilnahm, von dem er die Tochter eines Sultans zurückbrachte, die ihn aus der Gefangenschaft ihres Vaters unter der Bedingung befreite, dass der Graf sie zur Frau nähme. Da der Graf bereits verheiratet war, ging der Rückweg direkt über Rom zum Papst, der ihnen nach vielen Bedenken die Genehmigung zu einer Zweitehe gab. Zuhause angekommen, war auch die Gräfin mit dieser (ab)gesegneten Lösung zufrieden und schloss die Sultanstocher in ihre Arme.

glückliche Proserpina, die griechische Persephone, Tochter der Kornmutter Ceres, die hier in der Nähe von Enna verzweifelt ihre Tochter gesucht haben soll, die Zeusbruder Hades von der Erdoberfläche entführte und zur Königin seines glanzlosen Totenreiches machte.

Die Leben spendende Korngöttin hatte es Goethe angetan. Im zweiten Teil des *Faust* erwähnt er der *Ceres' Gaben*, deren goldene Ähren sowohl der Nahrung dienen als auch den jungen Gärtnerinnen als Schmuck sehr *hold und lieblich stehn*.[416] Der räudige Räuber Verres machte selbst vor dem Kultbild der Segen spendenden Göttin nicht Halt und stahl es. In den *Römischen Elegien*, die Goethe gleich nach seiner Rückkehr von Italien schrieb, erinnert die XII. Elegie an diesen unerhörten Frevel:

Hörest du, Liebchen, das muntre Geschrei den Flaminischen Weg her?
Schnitter sind es; sie ziehn wieder nach Hause zurück,
Weit hinweg. Sie haben des Römers Ernte vollendet,
 Der für Ceres den Kranz selber zu flechten verschmäht.
Keine Feste sind mehr der großen Göttin gewidmet,
Die, statt Eicheln, zur Kost goldenen Weizen verlieh.
Laß uns beide das Fest im stillen freudig begehen.[417]

Der erwähnte *Flaminische Weg*, die Via Flaminia, befand sich in der Nähe der Wohnung Goethes am Corso in Rom, unweit der Porta del Popolo, die früher Porta Flaminia hieß. Das *Liebchen*, mit dem der Dichter die Schande Roms sühnen und die geschmähte Göttin versöhnen möchte, ist vermutlich die römische Nachbarin am Corso. Nach seiner Rückkehr nach Weimar schlüpfte die 23-jährige Christiane Vulpius nahtlos in die Rolle und inspirierte den selten so Glücklichen zur Vollendung einer der schönsten Dichtungen der Liebesliteratur, die schon genannten *Römischen Elegien*. Vielleicht sorgte ohnehin mehr als alles andere eine auserwählte Damenriege für Goethes instinktiven Drang nach Norden auf einer ›female route‹, die in Palermo mit Santa Rosalia begann, sich in Enna und Taormina mit Rosalias älteren Schwestern Ceres und Nausikaa fortsetzte, auf dem italienischen Festland Maddalena Riggi passierte, sich sodann über die Römerin und die Alpen nach Thüringen schwang, wo sie in Christianes

Schoß ihre deutsche Endstation erreichte und ein Stück des italienischen Traums nach Weimar transportierte.

Zwischen Enna und Paternò, Goethes Ibla Major, ändert sich das Landschaftsbild erneut radikal. Goethe berichtet: *wir zogen durch lange, lange, einsame Täler; unbebaut und unbewohnt lagen sie da, dem weidenden Vieh überlassen [...] Diese guten Geschöpfe hatten zwar Weide genug, sie war ihnen aber doch durch ungeheure Distelmassen beengt und nach und nach verkümmert.*[418] Die Kontraste des Landes werden im Vorfeld des näherrückenden Schicksalsberges immer schärfer. Weizen und Disteln markieren sinnfällig die widerstreitenden Pole des Lebens auf der Insel. Der Maler mit den ständig bereiten Zeichenstiften bemüht sich sehr, aber vergeblich, dieser Landschaft ein lohnenswertes Sujet abzugewinnen, weiß sich aber schließlich zu helfen. Goethe berichtet amüsiert über die geschickte Verfahrensweise seines Begleiters, dessen Blick an einer ihm bedeutsam erscheinenden Ferne hängen bleibt. Der setzt, *weil der Mittel- und Vordergrund gar zu abscheulich war [...] ein Poussinsches Vorderteil daran* – ganz im Stile der Zeit, ideale, wenn nötig, idealisierte Landschaftspanoramen aufs Papier zu bringen – *welches ihm nichts kostete und das Blatt zu einem ganz hübschen Bildchen machte.*[419] Goethe kommentiert zeitlos zutreffend: *Wieviel malerische Reisen mögen dergleichen Halbwahrheiten enthalten.*[420].

Auf halbem Weg nach Paternò geraten die Reiter auf einen steil abfallenden Pfad. Sie müssen die Maultiere führen. Eine merkwürdige Lufterscheinung baut sich vor ihnen auf, die Goethe wie folgt beschreibt: *Die Atmosphäre vor uns tief herab mit Wolken bedeckt, wobei sich ein wunderbar Phänomen in der größten Höhe sehen ließ. Es war weiß und grau gestreift und schien etwas Körperliches zu sein; aber wie käme das Körperliche in den Himmel!*[421] Das Gebilde, das unwirklich wie eine Fata Morgana vor ihnen steht, ist der Ätna, der Mongibello[i], wie er auf der Insel heißt, der sich abwechselnd mit schneebedeckten und schneefreien Vorgebirgen durch die tiefhängenden Wolken drängt. Goethes naturwissenschaftliche Sinne steigern sich zu höchster Aktivität, sobald ein Vulkan in sein Umfeld rückt.

---

i   zusammengesetzt aus den ital. und arab. Wörtern für ‚Berg': ital. Monte – arab. Djebel – Berg der Berge

Auch jetzt hält er wie ein Schatzsucher Ausschau nach dem ersten Stück Lava. Vor Paternò, nur noch fünfundzwanzig Kilometer von Catania und der Ostküste entfernt, *melden sich,* wie Goethe notiert, *Lavageschiebe, welche das Wasser von Norden herunterbringt.*[422] Wie eine Göttergabe empfängt er diese und bemüht zum Dank seine Sprachmalkunst, um die Begegnung mit ein paar farbenfrohen Strichen festzuhalten: *Wie die Natur das Bunte liebt, läßt sie hier sehen, wo sie sich an der schwarzblaugrauen Lava erlustigt; hochgelbes Moos überzieht sie, ein schön rotes Sedum wächst üppig darauf, andere schöne violette Blumen.*[423] Die ganze Palette der Naturfarben des von der Allgegenwart des Ätna geprägten Ostens der Insel.

Bis nach Catania widmet sich Goethe diesem mineralogischen und botanischen Zaubergarten mit einer Hingabe, auf die die Tempel von Segesta und Agrigent vergeblich warteten. Behutsam öffnet er seine Sinne für ein noch weitgehend unbekanntes und unbeachtetes Sizilien, für die Menschen der Insel, ihre Wohnstätten, Sitten und Gebräuche, für ihre Tätigkeiten in Hauswirtschaft, Landwirtschaft und Handwerk.

Nach drei weiteren Tagesritten, die von ständig wechselnden Wetterlagen begleitet sind, kommen Goethe, Kniep und der unermüdlich um ihr Wohl bemühte Vetturin in Catania an.

Catania:
Im Vorgarten des Mongibello

Ein Empfehlungsschreiben führt Goethe und Kniep am Tag nach der Ankunft, dem 3. Mai 1787, zum reichsten und vornehmsten Bürger der Stadt, Vincenzo Principe di Biscari, der im Familien-Palazzo ganz in der Nähe des Domplatzes die von seinem Vater gesammelten Schätze hegt und pflegt. Goethes Auskünfte über die Biscaris sind spärlich und wären doch in diesem Fall am Platze gewesen. Die Biscaris gehörten zu den wenigen Adeligen der Insel, deren Name weit und breit einen guten Klang hatte. Begründet wurde dieser durch Vater Ignazio Principe di Biscari, der gerade im Jahr vor Goethes Besuch gestorben war und in jeder Hinsicht eine sizilianische Ausnahmeerscheinung darstellte. Richard Payne Knight, der den Fürsten 1777 in Catania traf, berichtet, er habe das erste Mal das Vergnügen gehabt, »einen edlen Vasallen des Königs von Neapel kennen zu lernen«[424]. Der Unterschied, den dieser Mäzen Siziliens machte, zeigte sich z.B. in der Bewirtschaftung seiner Landgüter. Knight schreibt darüber: »Das Aussehen seines Lehngutes Biscari, die Zufriedenheit seiner zahlreichen Untertanen, die Neigung, mit der sie von ihm sprachen, und der allgemeine Geist der Tätigkeit, der im Ganzen herrschte, gab mir den günstigsten Begriff von ihm«[425]. Gleich hinter der Grenze der biscarischen Ländereien herrschte das landesübliche Elend.

Besichtigungen der Sammlungen des Hauses fanden inzwischen wegen der häufigen Diebstähle nicht mehr statt. Für Goethe macht der Prinz eine Ausnahme. Ernst und würdevoll präsentiert er die private Münzkollektion, die Goethe dank der Klosterbrüder von Monreale und der Unterrichtung beim Prinzen Torremuzza mit erhöhtem Verstand betrachtet. Goethe notiert: *Ich lernte wieder und half mir an jenem dauerhaften Winckelmannischen Faden, der uns durch die verschiedenen Kunstepochen durchleitet, so ziemlich hin. Der Prinz, von diesen Dingen völlig unterrichtet, da er keine Kenner, aber aufmerksame Liebhaber vor sich sah, mochte uns gern in allem, wornach wir forschten, belehren.*[426] Mit größtem Entzücken wird ihnen die Bernsteinsammlung des Hauses von der reizenden Prinzen-Mutter, Fürstin von Poggio Reale, vorgeführt. Goethe berichtet: *Sie schloß uns darauf selbst den Glasschrank auf, worin die Arbeiten in Bernstein aufbewahrt standen. Der sizilianische unterscheidet sich von dem nordischen darin, daß er von der durchsichtigen und undurchsichtigen Wachs- und Honigfarbe durch alle Abschattungen eines gesättigten Gelbs bis zum schönsten Hyazinthrot hinansteigt. Urnen, Becher und andere Dinge waren daraus geschnitten, wozu man große, bewunderungswürdige Stücke des Materials mitunter voraussetzen mußte.*[427]

Die Tore des Biscari-Palastes standen Gästen weit offen, besonders Sinnesverwandten. Als die Fürstin vernimmt, daß die Besucher Deutsche sind, ist sie ganz aus dem Häuschen und erinnert sich sofort an die Herren

Riedesel, Bartels, Münter, welche sie sämtlich gekannt und, ihren Charakter und Betragen gar wohl unterscheidend, zu würdigen wußte.[428] Nur ungern trennt sich die Principessa von ihren Gästen und diese sich von ihr.

Die Schätze und Gastfreundschaft der Biscaris wären nicht zu überbieten gewesen, hätte vor Ort nicht eine noch reizvollere Schatzkammer ihre Tore für sie geöffnet. Der Gastgeber war Guiseppe Gioeni, Malteser-Ritter und renommierter Professor der Naturgeschichte an der Universität Catania, ein Ätna-Spezialist, dessen mineralogische Sammlung keinen Wunsch Goethes offen ließ, außer dem, alles einzupacken und nach Weimar mitnehmen zu dürfen. Dankbar hält Goethe diese Begegnung in seinem Tagesbericht vom 4. Mai 1787 fest: *Ich fand in seiner reichen, sehr galant aufgestellten Sammlung die Laven des Ätna, die Basalte am Fuß desselben, verändertes Gestein, mehr oder weniger zu erkennen; alles wurde freundlichst vorgezeigt. Am meisten hatte ich die Zeolithe zu bewundern aus den schroffen, im Meere stehenden Felsen unter Jaci.*[429] – Die Zeolithe!

Goethe und Kniep erörtern mit Gioeni ihr Vorhaben, den Gipfel des Ätna zu besteigen. Der Professor rät ihnen davon ab: ‚*Überhaupt*', sagte er, nachdem er uns um Verzeihung gebeten, ‚*die hier ankommenden Fremden sehen die Sache für allzu leicht an; wir andern Nachbarn des Berges sind schon zufrieden, wenn wir ein paarmal in unserm Leben die beste Gelegenheit abgepaßt und den Gipfel erreicht haben.*'[430]

Sie folgen dem Rat des Professors und belassen es bei der Besteigung eines Nebengipfels des Ätna, dem knapp 1000 Meter hohen Monte Rosso. Von hier war 1669 die vernichtende Lavawalze ins Tal gerollt und begrub Catania fast vollständig unter sich. Der Ausbruch riss den Monte Rosso auseinander und hinterließ eine Doppelspitze, was die Umbenennung in Monti Rossi notwendig machte.

Der Aufstieg in den frühen Morgenstunden von Nicolosi aus entwickelt sich zu einer einzigartigen Mischung aus Risiko und Rausch. Der Bericht darüber gehört zu den erzählerischen Perlen der *Italienischen Reise*. Ein kurzer Auszug: *Wir rückten dem roten Berge näher, ich stieg hinauf: er ist ganz aus rotem vulkanischem Grus*[i]*, Asche und Steinen zusammengehäuft.*

---

i feinkörniges Geröll; Gesteinsschutt

Um die Mündung hätte sich bequem herumgehen lassen, hätte nicht ein gewaltsam stürmender Morgenwind jeden Schritt unsicher gemacht; wollte ich nur einigermaßen fortkommen, so mußte ich den Mantel ablegen, nun aber war der Hut jeden Augenblick in Gefahr, in den Krater getrieben zu werden und ich hinterdrein. Deshalb setzte ich mich nieder, um mich zu fassen und die Gegend zu überschauen; aber auch diese Lage half mir nichts: der Sturm kam gerade von Osten her über das herrliche Land, das nah und fern bis ans Meer unter mir lag. Den ausgedehnten Strand von Messina bis Syrakus mit seinen Krümmungen und Buchten sah ich vor Augen, entweder ganz frei oder durch Felsen des Ufers nur wenig bedeckt. Als ich ganz betäubt wieder herunterkam, hatte Kniep im Schauer[i] seine Zeit gut angewendet und mit zarten Linien auf dem Papier gesichert, was der wilde Sturm mich kaum sehen, viel weniger festhalten ließ.[431]

Obwohl Goethe selbst an den Rand des Absturzes in den Krater geriet, gedenkt er eines Geistesverwandten nicht, der sich angeblich in den heißen Schlund des Ätna stürzte, um durch ein spurloses Verschwinden seine Himmelfahrt zu fingieren. Der Vulkan verweigerte ihm diesen letzten Gag, spie seine Sandalen aus, die man am Kraterrand fand, wodurch seine Feinde es als erwiesen ansahen, dass dieser Mann ein Scharlatan gewesen sei. So will es eine der vielen Legenden und Anekdoten wissen, die sich um die schillernde Gestalt des Empedokles ranken, der, soweit man weiß, mit ca. 60 Jahren um 434 v. Chr. auf dem Peloponnes gestorben sein soll.

Kurz vermerkt werden soll, dass sich Riedesel vom gleichlautenden Rat des Professors nicht abhalten ließ, den Ätna zu besteigen. Sein Bediensteter und ein bergkundiger Bauer schafften es trotz Eis und Schnee in klirrender Kälte bei Nacht bis zum Krater. Die Beschreibung der Expedition hinauf und das Erlebnis des Ausblicks vom Olymp Siziliens über die gesamte Insel und darüber hinaus ist nach wie vor ein einziges Lesevergnügen.[432] Richard Payne Knights Bericht steht dem nicht nach. Mit demselben Bauern aus Nicolosi namens Blasio schafft er den letzten Teil des Anstiegs zum Ätna-Krater in der eiskalten Nacht des 27. Mai 1777 und berichtet über den Anblick, den der ›Berg der Berge‹ ihm bot: »Der Krater war zu unterschei-

---

i offener Unterstand

den an einem roten düsteren Lichte, das durch die weiten Dampfwolken brach, die sich hervorwälzten. Das Ganze zusammen bildete die furchtbarste Szene, die ich jemals gesehen, und welcher gewiß in der Welt nichts verglichen werden kann.«[433] Die einzigartige Aussicht, die sich im Blaugrau der frühen Morgenstunden immer deutlicher abzeichnete, war »über alle Beschreibung und Einbildung«.[434] Die spannendste Besteigung kann man mit dem schottischen Pastorensohn Patrick Brydone (1741-1819) erleben, dessen Bericht[i] Bartels kannte und über den er sagte: »Die Beschreibung seiner Etna-Reise ist gewiß ein Meisterstük der Kunst; aber es ist ein Roman; denn Herr Brydone war nie auf der Spitze des Berges. Wie er bei dieser Beschuldigung, von der ich in meinen Briefen mehr sagen werde, seine Ehre retten will begreife ich nicht.«[435]

Eine Bootsfahrt zu den Felseninseln von Aci hätte Goethe nicht nur zu den Zeolithen gebracht, sondern ihm vom Meer her den Totalblick auf das gewaltige Massiv des Ätna gewährt, der sich wie eine Pyramide mit eminenter Autorität und Würde über Stadt, Land und Meer erhebt. Sieben Mal wurde Catania, das die Araber ›catane‹, ›die Hügelige‹, nannten, von den Lavaströmen des Ätna überrollt, zuletzt gut hundert Jahre vor Goethes Besuch. Zwanzigtausend Menschen kamen ums Leben. Nur vierundzwanzig Jahre später, 1693, zerstörte ein schweres Erdbeben, dem auch Syrakus anheim fiel, den Rest des alten Catania fast vollständig. Riedesel beschreibt das Bild, das sich ihm bot: »Gleichet es irgendwo der Verwüstung, der Zerstörung und der Hölle selbst, so ist es die Gegend von Catania. Dieselbe ist ganz mit Lava, schwarzem Sand und Asche des Berges bedeckt.«[436] Die erkalteten Lavaströme, die er vorfand, waren zum Teil höher als die höchsten Häuser.

Die Geschichte des neuen Catania beginnt um 1700 mit dem Wiederaufbau der Stadt, bei dem vom reichlich vorhandenen Lavagestein allseitig Gebrauch gemacht wurde und der Stadt den Beinamen »die Schwarze« einbrachte. Goethe sammelt bei einer Ausfahrt sogleich an drei verschiedenen Stellen Proben ein. Er schreibt darüber am 4. Mai 1787: *Ich schlug ein unbezweifeltes Stück des Geschmolzenen herunter, bedenkend, daß vor meiner*

---

[i] «A Tour Through Sicily and Malta» (1773)

Abreise aus Deutschland schon der Streit über die Vulkanität der Basalte sich entzündet hatte. Und so tat ich's an mehrern Stellen, um zu mancherlei Abänderungen zu gelangen.[437]

Mit diesen Beweisstücken beabsichtigte Goethe, in den Wissenschaftsstreit einzugreifen, der zwischen Vulkanisten und Neptunisten ausgebrochen war. Der Vulkanfan Goethe vertrat in dieser Sache überraschend die Seite der Neptunisten. Im *Faust II* findet der Streit einen famosen Niederschlag, in dem er Anaxagoras[i] und Thales[ii] als Vertreter der Feuer- bzw. Wassergeburt der Erdoberfläche[iii] auftreten lässt:

> *ANAXAGORAS zu Thales:*
> *Dein starrer Sinn will sich nicht beugen;*
> *Bedarf es Weitres, dich zu überzeugen?*
> *THALES:*
> *Die Welle beugt sich jedem Winde gern,*
> *Doch hält sie sich vom schroffen Felsen fern.*
> *ANAXAGORAS:*
> *Durch Feuerdunst ist dieser Fels zu Handen.*
> *THALES:*
> *Im Feuchten ist Lebendiges entstanden.*[438]

Später war Goethe nicht zur Korrektur bereit, als sich die Urmeer-Theorie der Erdoberfläche als Irrtum erwies. Der gealterte Weise von Weimar konnte äußerst starrsinnig sein.

Über die vom alten Catania übrig gebliebenen Reste antiker Baukunst schreibt Goethe kurz und knapp, diese seien *durch Laven, Erdbeben und Krieg dergestalt verschüttet und versenkt [...], daß Freude und Belehrung nur*

---

[i] griech. Philosoph (um 500-428 v.Chr.), vertrat die Auffassung, die Sonne sei eine glühende Steinmasse; wegen Gottlosigkeit aus Athen verbannt

[ii] griech. Philosoph (um 625-544 v.Chr.) aus Milet, soll gelehrt haben, dass alles aus dem Wasser entstanden sei

[iii] Die Neptunisten erklärten die Erdoberfläche als Ablagerung des zurückweichenden Ur-Meeres, die Vulkanisten als Abkühlungsrückstand des ursprünglich feurig-flüssigen Erdkerns

dem genauesten Kenner altertümlicher Baukunst daraus entspringen kann.[439] Die ›Methode Segesta‹ zieht ihre Kreise.

Vom neuen Catania, dass von dem genialen Stadtarchitekten Giovanni Battista Vaccarini das beschwingte barocke Gesicht erhalten hatte, berichtet Goethe gar nichts und löst sich auch darin von Mentor Riedesel. Der Freiherr ist vom Wiederaufbau der Stadt ganz begeistert: »Diese ist eine der schönsten in Sicilien, und kann vielleicht Palermo und Meßina übertreffen, wenn sie vollendet ist«[440]. Bartels, der 10 Jahre nach Riedesel Catania besucht, kommt zum selben Urteil. Sie sei «die geschmakvollste, und vielleicht auch die prächtigste Stadt in Sizilien«[441] und kann kaum glauben, daß Catania noch Anfang des Jahrhunderts »ein Schutthaufen« war.

Der weltgeistliche Führer, hier wie andernorts ein ehrgeiziger und stolzer Mann, erspart Goethe nicht den Besuch der 1702 auf dem Boden der einstigen griechischen Akropolis errichteten Kirche des Benediktinerklosters San Nicolò, das eines der größten Europas ist. In einer Zelle, berichtet Goethe, treffen sie einen Mönch, *dessen bei mäßigem Alter trauriges und in sich zurückgezogenes Ansehn wenig frohe Unterhaltung versprach.*[442] Sodann lauschen sie den Klängen der herrlichen Orgel, die die geräumige Kirche *bis in den letzten Winkel mit leisestem Hauch sowohl als gewaltsamsten Tönen durchsäuselte und durchschmetterte.*[443] Gespielt wurde das ungeheure Instrument von einem ganz unscheinbaren Mann, über den Goethe staunend mitteilt, wer diesen vorher nicht gesehen habe, *hätte glauben müssen, es sei ein Riese, der solche Gewalt ausübe*[444]. Der Organist war der Bruder ›von der traurigen Gestalt‹.

Taormina:
Premiere zwischen Himmel und Erde

Von Catania nach Taormina führt einer der schönsten Küstenwege der Insel, vierzig Kilometer lang, die Goethe in seiner Berichterstattung überspringt als habe er es plötzlich eilig, zur vorletzten Station der Sizilienreise zu kommen, wo er wahrscheinlich nicht in der 200 Meter über der Küste gelegenen Stadt gewohnt hat, sondern südlich am Fuße des steil aufragenden Monte Taurus im damaligen Fischerdorf Naxos am Cap Schisò, wo Siedler von den Kykladen 735 v. Chr. die erste griechische Siedlung gründeten, der sie den Namen ihrer Heimatinsel gaben.

Es wäre viel zu sagen gewesen über diesen griechischsten Teil der Insel, der politisch einst wechselweise von Syrakus und Messina beherrscht wurde. Nirgendwo auf der Insel kommt man der Sagen- und Mythenwelt der Antike näher als hier, wo der Küstenabschnitt nördlich von Catania zwischen Aci Castello und Acireale noch immer Riviera di Ciclopi heißt. Odysseus wurde hier auf seiner Irrfahrt angeschwemmt, vom Kyklopen Polyphem, dem Sohn des Meeresgottes Poseidon, gefangen genommen und für den Verzehr vorgesehen. Nachdem sechs seiner Kumpane diesen Weg gegangen waren, gelang es Odysseus, das gierige Ungeheuer mit süßem Wein in einen Rausch zu versetzen, ihm das einzige Auge auszustechen und mit den verbliebenen Mannen seewärts zu entkommen. Der wütende Polyphem warf den flüchtenden Schiffern ein paar Felsen hinterher, die heute malerisch und photogen vor der Küste zwischen Catania und Acireale liegen: die sieben Scogli der Isole Ciclopi.

Von der heute touristisch intensiv bewirtschafteten Küste erstrecken sich landeinwärts bis zum nur zwanzig Kilometer entfernten Ätna die fruchtbarsten Anbaugebiete Siziliens. Es kann hundert Jahre dauern, bis die oberste Lavaschicht durch Verwitterung eine neue Fruchtbarkeit entfaltet, die dann so reichlich ist, dass die Ostsizilianer nie bereit waren, diesen gesegneten Landesteil aufzugeben, auch wenn er oft die Hölle war. Richard Payne Knight beschreibt begeistert »die Gewalt der Vegetation« dieses einzigartigen Korridors zwischen Küste und Ätna: »Jedes Erzeugnis der Erde grünt und blühet in der größten Vollkommenheit, und die Milde und Gesundheit der Luft kommt der Fruchtbarkeit des Bodens völlig gleich.«[445] Die Römer entrissen die hängenden Gärten des Ätna den Griechen im 2. Punischen Krieg (218-201 v. Chr.) und legten große Plantagen an, um die ewig hungrige Hauptstadt Rom zu ernähren. Heere von Sklaven wurden in diesen landwirtschaftlichen Arbeitslagern, den Latifundien, eingesetzt, wodurch die skrupellosen Betreiber selbst die Voraussetzungen für wiederholte Sklavenaufstände (135-132 v.Chr. und 109-102 v. Chr.) schafften, die von römischen Truppen gnadenlos niedergeschlagen wurden. Dies geschah an den Hängen des Ätna noch bevor der weitaus bekanntere Sklavenaufstand unter der Führung von Spartacus im Jahre 72 v.Chr. losbrach.

Anders als in Segesta und Agrigent drängt es Goethe in Taormina[i] sogleich hinauf zum griechisch-römischen Theater, welches auf einer Felsenhöhe über der Stadt liegt. Das 1748 restaurierte Theater, das Goethe sah, wurde im 3. Jahrhundert v. Chr. von Syrakus' letztem mächtigen Herrscher Hieron II. (275-215 v. Chr.) erbaut, im 2. Jahrhundert n. Chr. unter römischer Besetzung runderneuert, sodass vom griechischen Theater nur die ursprüngliche, muschelförmige architektonische Einfügung der Sitzreihen in die Felsen des Monte Tauro blieb. Über diese Meisterleistung schreibt Goethe: *Wenn man die Höhe der Felsenwände erstiegen hat, welche unfern des Meeresstrandes in die Höhe steilen, findet man zwei Gipfel durch ein Halbrund verbunden. Was dies auch von Natur für eine Gestalt gehabt haben mag, die Kunst hat nachgeholfen und daraus den amphitheatralischen Halbzirkel für Zuschauer gebildet...*[446] Bartels verschlägt's den Atem: »Einer der frappantesten Anblicke den man sich denken kann!«[447] schreibt er und Riedesel nennt Taorminas Theater »das seltenste Denkmal, vielleicht in der Welt, aus dem Altertum«[448]. Der Panoramablick, der sich dem Besucher von der Höhe des Teatro Greco bietet, ist durch den teilweisen Einsturz der Rückwand des Bühnenhauses ›perfekt‹. Goethe genießt die weite Aussicht über Land, Küste und Meer und beschreibt sie schwelgerisch: *Nun sieht man an dem ganzen langen Gebirgsrücken des Ätna hin, links das Meerufer bis nach Catania, ja Syrakus; dann schließt der ungeheure, dampfende Feuerberg das weite, breite Bild, aber nicht schrecklich, denn die mildernde Atmosphäre zeigt ihn entfernter und sanfter, als er ist. – Wendet man sich von diesem Anblick in die an der Rückseite der Zuschauer angebrachten Gänge, so hat man die sämtlichen Felswände links, zwischen denen und dem Meere sich der Weg nach Messina hinschlingt.*[449]

Die Synthese von Kunst und Natur, von Theater und Landschaft ist im

---

i   das alte Tauromenium wurde 396 v. Chr. vom Katharger Himilkon nach der Einnahme von Messina als feste Siedlung in steilen 120 Metern über dem Meer in der Nachbarschaft des Monte Tauro angelegt

Gegensatz zu Segesta vollkommen. Lücken schließen sich. Der Dichter findet in Taormina zur Balance zwischen äußerer und innerer Architektur, die ihm in Segesta nicht gelingen wollte. Über dem weit ausschwingenden Halbrund des Theaters liegt noch immer die würdevolle Aura der großen Zeit der Dichterväter, die die Dramaturgie des menschlichen Daseins zeitlos in Szene setzten. In diesem wahrhaft *überklassischen* Szenario erfasst Goethe ein intensives Gefühl des Angekommenseins; es ist der Ort, an dem sich die letzten inneren Nähte glätten. Kein anderer Ort als Taormina war besser geeignet, jenen Plan, den er in Palermos Gärten fasste und mit sich durch Siziliens Hügel und Täler trug, aus der Geheimhaltung zu entlassen und vor seinen Augen dramaturgische Gestalt annehmen zu lassen.

Am nächsten Tag will Goethe gleich wieder hinauf, doch er entschließt sich, Kniep alleine ziehen zu lassen und schreibt: *dann aber reizte mich's, hier zu bleiben, die Enge sucht' ich wie der Vogel, der sein Nest bauen möchte. In einem schlechten, verwahrlosten Bauergarten habe ich mich auf Orangenäste gesetzt und mich in Grillen vertieft. [...] Und so saß ich, den Plan zu ‚Nausikaa' weiter denkend, eine dramatische Konzentration der ‚Odyssee'.*[450] Norbert Miller schreibt dazu im »Wanderer«: »In Taormina, in der milden Frühlingsidylle eines Gartens am Meer, verdichtet sich die Wirklichkeit Homers zur dramatischen Evokation der Königstochter Nausikaa und des Landes der Phäaken, in das Odysseus-Ulysses als Fremder verschlagen wird.«[451] Wie unwiederbringlich sizilianisch diese *Grillen* inspiriert waren, zeigt die folgende, später von Goethe aus der Rückschau von 30 Jahren geschriebene Erklärung: *so gab ich um so mehr einem nach und nach auflebenden Drange nach: die gegenwärtige herrliche Umgebung, das Meer, die Inseln, die Häfen, durch poetische würdige Gestalten zu beleben und mir auf und aus diesem Lokal eine Komposition zu bilden, in einem Sinne und einem Ton, wie ich sie noch nicht hervorgebracht.*[452] Die geballte poetische Wucht dieser mythologisch aufgeladenen Landschaft ergreift ihn und vollbringt die homerische Transformation. *Nausikaa*, Goethes rein sizilianisches Produkt, ist zugleich die Geburtsurkunde eines Neugeborenen, dessen Schöpferkraft sich eindrucksvoll zurückmeldet. Wäre dieser Goethe sich selbst begegnet wie er vielen Kunstwerken zu begegnen pflegte, dann hätte er analog über sich gesagt: ›Er ist mir seit langem bekannt, aber völlig neu und ganz anders‹.

Solange er sich in Sizilien aufhielt, war er sich seiner wochenlangen Homer-Umnebelung gar nicht bewusst geworden. Später, als er mit der Herausgabe der Italienreise beschäftigt war, kommentierte er sein *Attachement an diesen Plan* so: *daß ich darüber meinen Aufenthalt zu Palermo, ja den größten Teil meiner übrigen sizilianischen Reise verträumte. Weshalb ich denn auch von allen Unbequemlichkeiten wenig empfand, da ich mich auf dem überklassischen Boden in einer poetischen Stimmung fühlte, in der ich das, was ich erfuhr, was ich sah, was ich bemerkte, was mir entgegenkam, alles auffassen und in einem erfreulichen Gefäß bewahren konnte.*[453] Die dramaturgisch verselbständigte *Nausikaa* stand Goethe in ihrer poetischen Gestalt und dichterischen Form so klar vor Augen, dass er in Taormina darauf verzichtete, sie niederzuschreiben, in der festen Absicht, dies bei reduzierter Betriebsamkeit in Neapel und Rom nachzuholen. Dazu kam es nicht.

Die Exposition des Fünfakters, die Goethe in einem *Aus der Erinnerung* betitelten Text der *Italienischen Reise* beifügt, ist kurz umrissen diese: 1. Akt: Nausikaa, Tochter des Phäakenkönigs Alkinoos, und ihre Begleiterinnen beim Ballspiel am Ufer; sie entdecken den Fremdling; 2. Akt: Nausikaas untaugliche Freier im Haus des Königs; 3. Akt: Odysseus erzählt von seinen Abenteuern; Nausikaa ist von den *großen Vorteilen* des Fremdlings als Ehegatte überzeugt; 4. Akt: Odysseus im sportlichen Kampf mit Jünglingen und Freiern; Nausikaa *kompromittiert sich unwiderruflich* gegenüber den phäakischen Freiern durch ihre offenbare Sympathie für den Fremdling; der 5. Akt in Goethes Originalwortlaut: *Ulyß, der, halb schuldig, halb unschuldig, dieses alles veranlaßt, muß sich zuletzt als einen Scheidenden erklären, und es bleibt dem guten Mädchen nichts übrig, als im fünften Akte den Tod zu suchen.*

Das war der Weg, den so manches verlassene Mädchen nicht nur auf der Bühne ging. An diesem Rollenspiel ändert Goethe nichts. Nicht Nausikaa, die allein gelassen und ohne Klage oder Anklage bereit ist, das ultimative Opfer zu bringen, ist die Heldin. Die tragische Gestalt, ob in Homers Nausikaa-Erzählung oder Goethes Tragödie, ist natürlich Odysseus. Nausikaa hat immerhin einen Ausweg aus ihrem Kummer und sie geht ihn, während der Verursacher ihrer Schmach durch ein höheren Orts beschlossenes Schicksal zum Leben verurteilt ist und rastlos weiterziehen muss. ›Schuldlos schuldig‹ hinterlässt er eine Leidensspur gebrochener Frauenherzen und das alles ganz absichtslos, kurzum ›echt‹ tragisch!

Die autobiographischen Bezüge der *Nausikaa*-Konzeption gesteht Goethe rückblickend unumwunden zu: *Es war in dieser Komposition nichts, was ich nicht aus eignen Erfahrungen nach der Natur hätte ausmalen können.*[454] Die *eignen Erfahrungen* hatten Namen: Käthchen Schönkopf, Friederike Brion, Charlotte Buff, Lili Schönemann, Charlotte von Stein.[i] Wie gut, dass Goethes Erinnerung an *Nausikaa* nicht ganz verblasste und in einigen Fragmenten der sizilianische Zauber *Nausikaas* überlebte. So in ihren anmutigen Worten, mit denen sie den Fremdling in den Garten ihres Vaters, König Alkinoos, einlädt:

> *In meines Vaters Garten soll die Erde*
> *Dich umgetriebnen vielgeplagten Mann*
> *Zum freundlichsten empfangen ....*
> *[...]*
> *Dort dringen neben Früchten wieder Blüten*
> *Und Frucht auf Früchte wechseln durch das Jahr*
> *Die Pomeranze die Zitrone steht*
> *Im dunklen Laube und die Feige folgt*
> *[...]*
> *Dort wirst du in den schönen Lauben wandeln*
> *In weiten Teppichen von Blumen dich erfreun*
> *Es rieselt neben dir der Bach geleitet*
> *von Stamm zu Stamm ...*[455]

---

[i] Käthchen Schönkopf (1746-1810) war Goethes Studentenliebe in Leipzig, Friederike Brion (1751-1813) in Straßburg; Charlotte Buff lernte er während seiner Frankfurter Anwaltszeit in Wetzlar kennen, ebenso ihren Verlobten, Johann Christian Kestner (»Lotte« und »Albert« im *Werther*); in Frankfurt folgte 1775 die Verbindung mit der Bankierstochter Anna Elisabeth Schönemann (1758-1817), genannt Lili

Unerfahren und aus reinstem Herzen lässt Goethe Nausikaa die Worte ihres großen Irrtums aussprechen:

Du bist nicht einer von den Trüglichen
Wie viele Fremde kommen die sich rühmen
Und glatte Worte sprechen wo der Hörer
Nichts Falsches ahndet und zuletzt betrogen
Sie unvermutet wieder scheiden sieht
Du bist ein Mann ein zuverlässger Mann
Sinn und Zusammenhang hat deine Rede. Schön
Wie eines Dichters Lied tönt sie dem Ohr
Und füllt das Herz und reißt es mit sich fort.[456]

Und dann die beiden Zeilen, die in ihrer Kürze ein lyrisches Kleinod sind:

Ein weißer Glanz ruht über Land und Meer
Und duftend schwebt der Äther ohne Wolken[457]

Die Schwerelosigkeit dieser Zeilen spiegelt mehr als alles andere die sizilianische Befindlichkeit des Dichters wider und lässt ahnen, was der Literaturwelt an *Nausikaa* verloren ging. Doch gerade in ihrer kryptischen Kürze reflektiert der Sprachrhythmus den spezifischen Duktus der sizilianischen Landschaften und legt einen feinen melancholischen Schimmer darüber, der alles weitere ahnen lässt.

Zurück auf dem italienischen Festland war die Einmaligkeit des insularen Ensembles nicht rekreierbar. Dass *Nausikaa* im Kopf vollendet war und auf dem Papier ein Hauch blieb, passt im Grunde zu Goethes Versteckspiel, das die italienische Reise vom ersten Augenblick an war. Zuviel hätte die sizilianische *Iphigenie* vom Sieg des Neugeborenen über die langen Schatten der Vergangenheit preisgegeben. So blieb *Nausikaa* Goethes sizilianische Unvollendete, ein Stück von sich, das er zurücklassen musste.

Zwei weitere Zeilen aus dem *Nausikaa*-Fragment, die den autobiographischen Charakter der Dichtung untrüglich spiegeln:

*Und immer ist der Mann ein junger Mann
Der einem jungen Weibe wohlgefällt.*[458]

Daran hat Goethe bis ins hohe Alter geglaubt. Sein Narzissmus hielt ihn frisch.[i]

Messina:
Do as the Messinians do

Nach fast 1½-monatigem Sizilienaufenthalt, davon die letzten drei Wochen per Maultier, begibt sich das Reiseteam am 8. Mai 1787 auf die letzte Etappe von Taormina nach Messina.

Rund 2500 Jahre alt ist die Stadt an der Bruchkante der Kontinente, die in vorgriechischer Zeit von Sikulern besiedelt war. Um 730 v. Chr. ließen sich hier Griechen von der Insel Euböa nieder, die über Mittelitalien nach Sizilien kamen und der Stadt den Namen Zankle[ii] gaben. Das Vordringen der Perser an das strategisch und ökonomisch wichtige Mittelmeer im 5. Jahrhundert v. Chr. löste Flüchtlingsströme ionischer Griechen aus, die auch in Zankle aufgenommen wurden. Schließlich sorgte Spartas militante Politik auf dem Peloponnes im Vorlauf zum innergriechischen Machtkampf dafür, dass Nachbarn aus der Region Messene das Weite suchten, sich in Kalabrien und dem nordöstlichen Sizilien niederließen, Zankle bald übernahmen und den Namen ihrer Heimatstadt, Messana bzw. Messene, gaben.

---

i   Im Alter von 73 Jahren machte Goethe der 19-jährigen Ulrike von Levetzow in Marienbad einen Heiratsantrag, der zwar nicht den gewünschten Erfolg hatte, dafür dichterisch in der entsagungsvollen *Marienbader Elegie* verewigt wurde.
ii Der Name ‚Zankle'(‚Sichel') beruht wahrscheinlich auf der Sichelform des Hafens an der Südseite der Stadt

Wie sich um jeden Flecken Erde entlang der sizilianischen Ostküste zahllose Mythen und Legenden ranken, so auch um Messina und jene Meeresschlucht zwischen der Stadt und dem gegenüberliegenden Kalabrien, die Meeresgott Poseidon mit seinem Dreizack in das ursprünglich verbindende Felsgestein geschlagen haben soll. Geologisch bildete sich die Straße von Messina vor 600.000 Jahren, deren trichterförmige Verengung sie zum Trauma der Seefahrer machte. Zu allem Überfluss, so geht die Sage, belagerten zwei heimtückische Damen die Passage durch die Meeresenge. Odysseus, der Günstling der olympischen Göttinnen, wurde von Circe[i] in das tödliche Treiben von Skylla und Charybdis[ii] eingeweiht:

>*»Denn Skylla besitzt zwölf mißgestaltete Füße*
> *Und sechs Hälse dazu, ganz überlange, auf jedem*
> *Sitzt ein grausiges Haupt, darin drei Reihen von Zähnen,*
> *Stark und dicht, umlauert von schwarzen Schatten des Todes.*
> *Bis zur Mitte liegt sie im Bauch der Höhle verborgen,*
> *Aber die Köpfe streckt sie heraus aus dem greulichen Schlunde.*
> *Rings umspäht sie den Felsen und fischt mit schnappendem Rachen,*
> *Ob sie Delphine erwische, Seehunde oder ein größres*
> *Untier, wie Tausende weiden im tosenden Meer Amphitrites[iii].*
> *Rühmen kann sich kein Schiffer, er habe jemals das Fahrzeug*
> *Heil vorübergerettet. Mit jedem Rachen erfaßt sie*
> *Einen Mann und reißt ihn heraus aus dem dunkelen Seeschiff.*
> *Niedriger wirst du, Odysseus, die andere Klippe erblicken,*
> *Nahe der ersten; es trüge der Pfeil von einer zur andern.*
> *Dort erhebt sich hoch ein Feigenbaum, üppig beblättert;*
> *Unter ihm schlürft die hehre Charybdis das finstere Wasser,*
> *Dreimal am Tage speit sie es aus, und dreimal –*

---

i   Kirke (lat. Circe), der griechischen Sage nach zauberkundige Tochter des Sonnengottes Helios
ii Die Charybdis ist auf sizilianischer Seite gelegen, ein Strudel namens Cariddi in der nordöstlichen Ecke bei Faro; gegenüber auf kalabrischer Seite auf hohen Felsen die Stadt Scilla
iii Amphitrite: Gemahlin Poseidons und Herrin der Meere

o Grauen –
Schlürft sie es ein. Und kommst du zur Zeit des Schlürfens, dann weh dir,
Denn es entrisse dich dann selbst nicht Poseidon dem Tode.«[459]

Es gelang dem findigen Fahrensmann, beide Scheusale auszutricksen, was vorher nur einem anderen Troja-Helden, Aeneas, Sohn der verlorenen Stadt, gelungen war. Doch auch die Ankunft an der Zyklopen-Küste Trinakriens[i] verhieß Odysseus nichts Gutes.

Messina wurde in ihrer langen Realgeschichte von schweren Katastrophen heimgesucht, die vom Meer herkamen oder von den unruhigen Bergen. Der nach dem großen Erdbeben von 1693 erfolgte barocke Wiederaufbau war nicht von langer Dauer. Fünfzig Jahre später, 1743, dezimierte die Pest die Stadt um 40.000 Einwohner und 1783, knapp vier Jahre vor Goethes Ankunft, vernichtete erneut ein Erdbeben weite Teile der Stadt und forderte 12.000 Todesopfer[ii]. Goethe berichtet über die Zustände in Messina: *So wohnen sie nun schon drei Jahre, und diese Buden-, Hütten-, ja Zeltwirtschaft hat auf den Charakter der Einwohner entschiedenen Einfluß. Das Entsetzen über jenes ungeheure Ereignis, die Furcht vor einem ähnlichen treibt sie, der Freuden des Augenblicks mit gutmütigem Frohsinn zu genießen. Die Sorge vor neuem Unheil ward am einundzwanzigsten April, also ungefähr vor zwanzig Tagen, erneuert, ein merklicher Erdstoß erschütterte den Boden abermals.*[460]

Die katastrophalen Verhältnisse veranlassen Goethe, sich ein deutliches Bild von den Lebensbedingungen in den Notquartieren zu machen. Ein hilfsbereiter Konsul vermittelt den Zutritt zu einer dieser Wohnbaracken, die Goethe als einen *Verschlag* bezeichnet, der Tierhaltung noch tauglich, als menschliche Behausung kaum geeignet, die aus einem einzigen Raum

---

i   Trinakria (treis + akra) – ‚die drei Vorgebirge', ältester Name Siziliens, den schon Homer in der ‚Odyssee' verwendet. Kirke (Circe) verkündet Odysseus: »Später wirst du zur Insel Thrinakria kommen..« (12. Gesang); die Römer nannten sie ‚Triqueta' wegen der Dreiecksform

ii damit nicht genug; 1823 Überschwemmungskatastrophe, 1854 Cholera, 1894 Erdbeben, 1908 Erd- und Seebeben

bestand, der von einem grünen Vorhang geteilt war. Während er die grob zusammengezimmerte Baracke in Augenschein nimmt, die durch Löcher im Dach ihre Beleuchtung erhielt und außer ein paar Tischen und Stühlen keinen weiteren Hausrat aufwies, geschah es, daß *hüben und drüben des Vorhangs ein paar allerliebste Mädchenköpfchen neugierig herausguckten, schwarzäugig, schwarzlockig, die aber, sobald sie sich bemerkt sahen, wie der Blitz verschwanden, auf Ansuchen des Konsuls jedoch nach so viel verflossener Zeit, als nötig war, sich anzuziehen, auf wohlgeputzten und niedlichen Körperchen wieder hervortraten und sich mit ihren bunten Kleidern gar zierlich vor dem grünen Teppich ausnahmen. Aus ihren Fragen konnten wir wohl merken, daß sie uns für fabelhafte Wesen aus einer andern Welt hielten, in welchem liebenswürdigen Irrtum sie unsere Antworten nur mehr bestärken mußten. Auf eine heitere Weise malte der Konsul unsere märchenhafte Erscheinung aus; die Unterhaltung war sehr angenehm, schwer, sich zu trennen. Vor der Tür erst fiel uns auf, daß wir die innern Räume nicht gesehen und die Hauskonstruktion über die Bewohnerinnen vergessen hatten.*[461]

Von einer anteilnehmenden Betroffenheit ist auch in diesem Bericht von den Notquartieren Messinas wenig zu spüren, geschweige denn von einer Anklage der öffentlichen Misswirtschaft. Im Gegenteil staunt man erneut wie schon bei ähnlichen Gelegenheiten in Rom, Neapel, Alcamo, Agrigent über die anekdotische Auflösung des Elends. Bartels, der für solche Ausschmückungen keine Ader hatte, zitiert Riedesel, der ein Beispiel dafür sei, »daß, um ein richtiges Gemälde einer fremden Nation zu liefern, es nicht darauf ankommt nach Anekdoten zuhaschen«, die so etwas wie ein »Karikatur-Gemälde«[462] des gezeichneten Landes liefern würden, was nicht Goethes Absicht war. Der verharrt weiterhin unter der Schonglocke und setzt den taorminischen Neugeborenen nicht sofort der rauhen Wirklichkeit aus wie man ein junges Pflänzchen nicht sogleich in die pralle Sonne stellt. Dass ihm das Elend nicht gleichgültig ist, zeigt dagegen der sofortige Zugriff auf den psychisch entlastenden Lichtblick hinter und schließlich vor dem grünen Vorhang. Vor seinen theatergeübten Augen verwandelt sich die Bretterbude in eine Schau-Bühne, auf der die reizenden Akteurinnen ganz ohne Texte transportieren, worum es an diesem hart geprüften Ort geht und schon immer ging: um eine Stadt, die ihren Lebenswillen nicht aufgibt und stets von Neuem mit frischer Jugend wie Phoenix aus der Asche steigt. Es muss Goethe wohl so vorgekommen sein, als würde hier ›sein‹ sizilianisches Abschiedsstück aufgeführt.

Der freundliche Konsul macht sie gleich darauf mit einem französischen Kauffahrer bekannt, der im Hafen bereit lag, von Messina nach Neapel zu segeln. In der Zwischenzeit sei es ratsam, dem in der Stadt amtierenden Gouverneur einen Höflichkeitsbesuch abzustatten. So geschieht es. Der Gouverneur, ein gebürtiger Ire, erweist sich als ein knurriger, misstrauischer älterer Herr, dem man am besten aus dem Weg geht. Das war auch Goethes Absicht, hätte der Gouverneur ihn nicht für die Zeit seines Aufenthaltes zu seiner Mittagstafel eingeladen. Diese Einladung nimmt der allem Protokollarischen entwöhnte Minister nicht sonderlich ernst. Am nächsten Morgen, es ist der 13. Mai 1787, begibt er sich auf einen Stadtrundgang, der ihn zum Hafen führt, wo vor dem Erdbeben noch Messinas Schaumeile, der Palazzata, stand, auch ‚superbo teatro di palazzi' genannt, die jetzt bis auf die Grundmauern eingestürzt war, *so daß diese ehemalige Prachtreihe nun aufs widerlichste zahnlückig erscheint und auch durchlöchert; denn der blaue Himmel schaut beinahe durch alle Fenster. Die inneren Wohnungen sind sämtlich zusammengestürzt.*[463]

Nach diesen wenig erbaulichen Stadtimpressionen drängt es Goethe, ein *frugales Mahl* in einem Gasthaus einzunehmen. Hier erreicht ihn völlig außer Atem ein Bote des Konsuls, der ihn bittet, sich sofort zum Palast des Gouverneurs zu begeben. Dieser ließe ihn bereits überall in der Stadt suchen. Goethe schreibt: *Nun fühlte ich erst den unglaublichen Leichtsinn, womit ich die Einladung des Zyklopen aus dem Sinne geschlagen, froh, daß ich das erste Mal entwischt.*[464] Als Goethe im Palazzo ankommt, warten vierzig geladene Gäste auf ihn. Der Ehrenplatz neben dem Gouverneur ist frei. Goethes fadenscheinige Entschuldigung, er habe die Weitläufigkeit der Stadt unterschätzt, lässt der Zyklop nicht gelten. Goethe beschreibt die peinliche Situation: *Er versetzte mit glühendem Blick, man habe sich in fremden Landen nach den jedesmaligen Gewohnheiten zu erkundigen und zu richten.*[465]

Wie unbeschwert, ja beinahe fahrlässig übermütig der an Sizilien genesene Goethe inzwischen ist, wird daran deutlich, dass er weder die Rüge seines ›politically inkorrekten‹ Verhaltens, noch den molièreschen Gouverneur recht ernst nimmt. Schließlich ist die Rückreise für den nächsten Tag gebucht! Was soll da schon groß passieren? Als der Gastgeber den Gerügten fragt, wie lange er noch zu bleiben gedenke, ist Goethes großer Augenblick gekommen. Er kann es sich nicht verkneifen, den stumm vor sich hin kauenden Lunchgästen als Dessert ein reich garniertes Possenspiel zu servieren wie zuvor im Hause Balsamo in Palermo. Genüßlich berichtet Goethe: *Ich versetzte, daß ich mir einen recht langen Aufenthalt wünsche, damit ich ihm die Dankbarkeit für die mir erwiesene Gunst durch die genaueste Befolgung seiner Befehle und Anordnungen bestätigen könnte.*[466] Er erwähnt lobend die vom Schutt befreiten Straßen und versichert dem Gouverneur, *daß alle Messineser dankbar erkennten, diese Wohltat seiner Vorsorge schuldig zu sein.* Darauf der Gouverneur: *‚Erkennen sie es', brummte er, ‚haben sie doch früher genug über die Härte geschrien, mit der man sie zu ihrem Vorteile nötigen mußte.'* Über den Fortgang seiner Spottrede schreibt Goethe: *Ich sprach von den weisen Absichten der Regierung, von höhern Zwecken, die erst später eingesehen und geschätzt werden könnten, und dergleichen. Er fragte, ob ich die Jesuitenkirche gesehen habe, welches ich verneinte; worauf er mir denn zusagte, daß er mir sie wolle zeigen lassen, und zwar mit allem Zubehör.*

Gleich nach der Beendigung der Tafelrunde begibt sich Goethe in Begleitung eines Geistlichen zur Jesuitenkirche, die dank ihrer massiven Quarderbauweise alle Katastrophen überstanden hatte. Der Gouverneur fährt in persona vor, um den Küster zu ermahnen, Goethe wirklich alles zu zeigen. Er läge großen Wert darauf, dass dieser Mann, den er ehren wolle, alle Ursache habe, *in seinem Vaterlande rühmlich von Messina zu sprechen.*[467] In Begleitung des Geistlichen und des Küsters betritt Goethe die Kirche, an deren Architektur er immerhin das Portal lobend erwähnt, *das nach der bekannten Architektur dieser Väter prunkhaft und wirklich imposant in die Luft steht.*[468] Am Hochaltar bewundert er die schmucken *Säulen von Lapislazuli, durch bronzene, vergoldete Stäbe gleichsam kanneliert, nach florentinischer Art eingelegte Pilaster und Füllungen; die prächtigen sizilianischen Achate in Überfluß*[469]. Alle Schätze dieses *Zauberpalastes* hätte Goethe am liebsten nach Weimar transportieren lassen, wo im übrigen niemand überrascht gewesen wäre, trafen doch regelmäßig Pakete und Kisten mit gesammelten Objekten ein.

Urplötzlich kommen Kniep und der Konsul in die Kirche gestürzt, umarmen Goethe leidenschaftlich, den sie wegen seines mittäglichen Fehlverhaltens bereits im Stadtgefängnis wähnten. Nun entfaltet sich unter dem Hochaltar ein Stimmengewirr der besonderen Art. Während der Küster und der Geistliche wie befohlen ein Loblied auf die Schätze der Kirche singen, stimmen Kniep und der Konsul ein Lamento über die Schrecken an, denen Goethe nur knapp entgangen war. Der genießt vergnügt den sich daraus entfaltenden italienisch-deutschen Wechselgesang, denn Pater und Küster psalmodierten in der ersten, Kniep und der Konsul in der zweiten Sprache. Goethe schreibt: *Nun war es aber eine wunderbare kontrapunktische Fuge, wenn Kniep und der Konsul die Verlegenheit des Abenteuers, der Vorzeiger dagegen die Kostbarkeiten der noch wohl erhaltenen Pracht verschränkt vortrugen, beide von ihrem Gegenstand durchdrungen...*[470]

Eine ›wunderbare‹, ›kontrapunktische‹, ›deutsch-italienische‹ Fuge: war es ein Zufall oder hatte Goethe hier am Schlusspunkt seiner sizilianischen Reise die passenden Stichwörter für das Resümee seiner Inselerfahrung liefern wollen? Man muss kein anderes suchen.

Wie nirgendwo anders als in Messina lagen die Schicksalskräfte der Insel so aktuell und offen zutage, die Kräfte der ungezügelten Natur und des ungezügelten Menschen, aber unübersehbar auch eine Vielfalt lebendiger Beweise für das ausgleichende Wirken dieser Kräfte, an das Goethe glaubte. Dieser gesegnete und oft hart geprüfte Landstrich hatte in jahrhundertelanger Praxis Menschen hervorgebracht, die die Kunst des Überlebens kultiviert hatten. Das Land an den fruchtbaren Hängen des Ätna, gesäumt vom geschichtenreichen Wellenschlag des Ionischen Meeres, war ihr verheißenes Land. Es war nicht immer ein Paradies, aber niemals ein ›Paradise lost‹. Die wortlose Wahrnehmung dieses Geflechts insularer Halbtöne war es wohl, die Goethe den unvergänglichen ›Italien-ohne-Sizilien‹-Satz entlockte, dessen chromatische Schwingungen in seiner eigenen weit ausladenden Lebensfuge unüberhörbar sind. Entgegen der von ihm selbst gepflegten lebensbildmalerischen Harmonie gab es im realgoetheschen Leben immer wieder Anlass für schmerzhafte Dissonanzen – mehr als er selbst wahr haben wollte und mehr als blauäugigen Goethe-Verehrern damals wie heute lieb war bzw. ist.

Zurück nach Neapel:
Der mit dem Wind spricht....

Am 13. Mai 1787 verlassen Goethe und Kniep Messina auf dem französischen Kauffahrer, der sie zurück nach Neapel bringen soll. Kaum an Bord bereuen sie den überstürzten Abschied, zu dem sie der erste Anblick der Stadt veranlasste. Goethe hatte günstige Nachrichten von seinem Banker und Kniep wurde von *ein paar hübschen Kindern wohl unterhalten.*⁴⁷¹ Auf Grund dieser so vorteilhaft veränderten Gesamtlage – schreibt Goethe – ließ sich *für einen längern Aufenthalt in Messina das Angenehmste hoffen.*⁴⁷²

Zu spät. Kein Gegenwind. Das Schiff läuft aus. Der zerstörte Palastzirkel, die Zitadelle und die hinter der Stadt aufsteigenden Berge zeichnen noch einmal die Symbolik der Stadt, ja, der ganzen Insel in den blauen Himmel über der Küste, bevor sie dem Blick der Abschiednehmenden entschwindet. Nicht lange nachdem die legendäre Meerenge hinter ihnen liegt, die, wie Goethe vermerkt, in der Einbildungskraft der Poeten etwas enger war als er sie vorfand, ereilt ihn dieselbe Malaise wie auf der Hinreise. Die Seekrankheit schlägt ihm diesmal nicht nur auf den Magen, sondern auch aufs Gemüt: *In dieser Lage wollte mir unsere ganze sizilianische Reise in keinem angenehmen Licht erscheinen. Wir hatten doch eigentlich nichts gesehen, als durchaus eitle Bemühungen des Menschengeschlechts, sich gegen die Gewaltsamkeit der Natur, gegen die hämische Tücke der Zeit und gegen den Groll ihrer eigenen feindseligen Spaltungen zu erhalten. Die Karthager, Griechen und Römer und so viele nachfolgende Völkerschaften haben gebaut und zerstört. Selinunt liegt methodisch umgeworfen; die Tempel von Girgenti niederzulegen, waren zwei Jahrtausende nicht hinreichend, Catania und Messina zu verderben, wenige Stunden, wo nicht gar Augenblicke.*⁴⁷³

Trotz dieses leicht nachvollziehbaren Anflugs von Kulturpessimismus erliegt Goethe keiner ›Gegen-Katharsis‹. Der ›sizilianische Goethe‹ war kein schillerndes Trugbild, war keine schon entflogene Urlaubsgrille. Das, was im Schutze der Insel reifen konnte, war nicht vorübergehender Natur. Er nahm es mit, hatte es bei sich, in sich: sein neugeborenes Ich.

Diese positive Auslegung des Abschieds von Messina und Sizilien teilt durchaus nicht jeder Goethe-Interpret. Wilhelm-Emil Mühlmann kommentiert in seinem Beitrag »Goethe, Sizilien und wir« von 1974 Goethes entmythisierten Rückblick auf Sizilien mit einem fast triumphierend klingenden »Aus der Traum!«[474] Aus seiner soziologischen Sicht verständlich. Mühlmann erläutert: »Die soziale und politische Wirklichkeit war bei Goethe verschwiegen, nicht übersehen; zum Schluß stellt sie sich als vollkommen durchschaut heraus. Und das ist keine vorübergehende Anwandlung, es ist ein Fazit!«[475] – Ein voreiliges. Richtig ist, dass Goethe sich zu keiner Zeit über die sizilianische Wirklichkeit getäuscht hat; nie hat er geglaubt, Sizilien sei Phäa. Die knappe, präzise Geschichtsretrospektive zeigt mit aller Deutlichkeit, dass Goethes Geschichtslosigkeit Methode und nicht Mangel oder Missachtung der Geschichte war. Die Zulassung des sizilianischen Vollbildes stürzt ihn daher nicht ins Nichts. Die positiven Vorzeichen des Sizilienaufenthaltes drehen sich nicht plötzlich ins Gegenteil um. Wie hätte er sonst ganze vier Tage später bei Ankunft in Neapel an Herder folgenden Brief schreiben könne: *Hier bin ich wieder, meine Lieben, frisch und gesund. Ich habe die Reise durch Sizilien leicht und schnell getrieben, [...] und ich finde mich recht glücklich, den großen, schönen, unvergleichbaren Gedanken von Sizilien so klar, ganz und lauter in der Seele zu haben.*[476]

Das Risiko der Täuschung bestand nicht in der Wahrheit über Sizilien, sondern in der Wahrheit über sich selbst. Die sizilianische Transformation war bis zum Abschied von der Insel ein virtuelles Ich, dem die Erprobung noch bevorstand. Nur die Praxis des Lebens konnte erweisen, ob die taorminische Odysseus-Ulysses-Transformation eine poetische Spielerei war oder eine lebensfähige, belastbare Existenz hervorgebracht hatte, die *E i n e* Existenz (wie er am 25.1.1787 an Charlotte von Stein schrieb), auf die er die ganze Italienkarte gesetzt hatte. Was wäre die Folge eines Scheiterns gewesen? Die Antwort hatte Goethe im vollen Bewusstsein des Risikos wenige Tage vor der Abreise nach Sizilien in Neapel gegeben: *Gewiß, es wäre besser ich käme gar nicht wieder, wenn ich nicht wiedergeboren zurückkommen kann.*[477] Was der Absturz in die vor-sizilianische, ja vor-italienische Resignation bedeutet hätte, lässt sich nicht ausdenken. Wichtig ist: es geschah nicht.

Natürlich ging mit dem Abschied von Sizilien auch ein Traum vorbei.

Wer hat ihn nicht geträumt, der schon einmal gedankenvoll über die in Ruinen liegende Pracht vergangener Zeiten stieg? Die arkadische Idylle des alkinoos'schen Gartens, in die er sich versenkte, war zu schön, um wahr zu sein. Die Ruinen, die seinem Blick entschwanden, sprachen eine Sprache, die nicht Herders christlich-humanistischen Endzeitglauben nährten, sondern seinem Geschichtspessimismus das Wort redete. Es ist merkwürdig, daß Mühlmann Goethes spontane Reaktion auf seinen Weltschmerzanflug nicht zitiert, die folgendermaßen lautet: *Diese wahrhaft seekranken Betrachtungen eines auf der Woge des Lebens hin und wider Geschaukelten ließ ich nicht Herrschaft gewinnen.*[478] Goethe erweist sich als gewappnet und gestärkt, das neugetaufte Ich hat seine erste Bewährungsprobe bestanden und Grund, an sich zu glauben. Die im Mythos konservierte Kraft verdunstete nicht im jammervollen Rückblick, sondern machte Mut, auf einen ganz anderen ›Mythos‹ zu setzen: auf die Möglichkeit eines gelingenden Lebens im Hier und Jetzt. Zwei Mitteilungen nur zehn Tage nach seiner Rückkunft in Neapel wirken wie ein absichtsvoller Fingerzeig, den zur Schau gestellten Geschichtspessimismus nicht als letztendliche Kapitulation vor der ruinösen Menschheitsgeschichte misszuverstehen, sondern als alternativloses Bekenntnis zum möglichen Menschsein im lebendigen Lebensvollzug. In der *Italienischen Reise* schreibt er am 27.5.1787 in Erwartung des dritten Teils von Herders »Ideen zur Philosophie der Geschichte der Menschheit«[i] mit unverhohlener Ironie: *Er wird gewiß den schönen Traumwunsch der Menschheit, daß es dereinst besser mit ihr werden solle, trefflich ausgeführt haben. Auch, muß ich selbst sagen, halt' ich es für wahr, daß die Humanität endlich siegen wird, nur fürcht' ich, daß zu gleicher Zeit die Welt ein großes Hospital und einer des andern humaner Krankenwärter sein werde*[479]. Zehn Tage später folgt im Brief an Charlotte von Stein die unmissverständliche, lebensbekennende Quintessenz: *Hoffnung ist bei den Lebendigen, ohne Hoffnung sind die Toten*[480]. Nicht dem sizilianischen Traum, der sich dem Wiedergeborenen als tag- und nachttauglich erwies, sondern dem Weimarer Trauma hatte die letzte Stunde geschlagen.

---

i   Herders Hauptwerk in drei Teilen (1784-1787)

Abschließend sei auf einen ähnlich langen Seufzer hingewiesen, den der größte deutsche Sizilienverehrer, Freiherr von Riedesel, in einem erhabenen Augenblick von sich gab, als er von der Höhe des Ätnakraters die Ostküste von Messina bis Syrakus und die Nordküste bis nach Palermo unter sich liegen sah: »Hier hatte ich Ursache, über den elenden Zustand des jetzigen Siciliens, in Vergleichung des alten, zu seufzen; so viele Städte, so viele Völker, so viele Reichthümer sind vernichtet; kaum die ganze Insel hat so viele Einwohner als Siracusa allein vor Zeiten hatte, 1,200,000. Menschen; so viele herrliche Gegenden, welche Frucht brachten, sind wüste aus Mangel der Arbeiter; so viele geraume Seehafen ohne Schiffe, aus Mangel des Handels; so viele Menschen mangeln Brod, weil die Edelleute und Mönche alle Güter besitzen!«[481] Die Anerkenntnis der bitteren Wirklichkeit Siziliens konnte Riedesel bekanntlich nicht davon abhalten, sich diese Insel als seine Heimat zu wünschen.

Zu weiteren trübsinnigen Reflektionen über den mangelnden Fortschritt der Menschheit hatte Goethe keinen Grund, denn die ›humanitas‹ war wiederum in der Person Knieps in vollem Einsatz. Als Medizin bewährt sich erneut roter Wein und weißes Brot und schnell wirft der Patient die sauren Gedanken über Bord. Die Windverhältnisse bleiben widrig. Einige Mitreisende äußern Kritik an der unfähigen Schiffsführung. Die plötzlich eintretende Windstille wird von den seemännisch unerfahrenen Passagieren begrüßt. Das Panorama der Einfahrt in den Golf von Neapel, vorbei an Capri zur Linken und der Steilküste von Sorrent zur Rechten lockt den genesenden Patienten an Deck. *Wir entzückten uns an dem Anblick, Kniep trauerte, daß alle Farbenkunst nicht hinreiche, diese Harmonie wiederzugeben, so wie der feinste englische Bleistift die geübteste Hand nicht in den Stand setze, diese Linien nachzuziehen. Ich dagegen, überzeugt, daß ein weit geringes Andenken als dieser geschickte Künstler zu erhalten vermochte, in der Zukunft höchst wünschenswert sein würde, ich ermunterte ihn, Hand und Auge zum letztenmal anzustrengen; er ließ sich bereden und lieferte eine der genauesten Zeichnungen, die er nachher kolorierte und ein Beispiel zurückließ, daß bildlicher Darstellung das Unmögliche möglich wird.*[482]

Die Unruhe an Bord nimmt zu. Erkundigungen ergeben, dass eine Windstille während der Vorbeifahrt an Capris hoch aufragenden Felsen nicht weniger gefährlich sei als der heftigste Sturm. Als das Schiff völlig manövrierunfähig in die gefürchtete Strömung um Capri herum gerät und das drohende Desaster angesichts der nutzlosen Bemühungen der Mannschaft zur Gewissheit wird und auf Kapitän und Mannschaft lautstarke Vorwürfe niedergehen, schlägt Goethes sizilianische Stunde. Er löst sich aus der Menge, tritt vor das aufgebrachte Schiffsvolk und hält eine Ansprache, die im vollen Wortlaut wiedergegeben werden soll: *Ich stellte ihnen vor, daß gerade in diesem Augenblick ihr Lärmen und Schreien denen, von welchen noch allein Rettung zu hoffen sei, Ohr und Kopf verwirrten, so daß sie weder denken noch sich untereinander verständigen könnten. ‚Was euch betrifft', rief ich aus, »kehrt in euch selbst zurück und dann wendet euer brünstiges Gebet zur Mutter Gottes, auf die es ganz allein ankommt, ob sie sich bei ihrem Sohne verwenden mag, daß er für euch tue, was er damals für seine Apostel getan, als auf dem stürmenden See Tiberias die Wellen schon in das Schiff schlugen, der Herr aber schlief, der jedoch, als ihn die Trost- und Hülflosen aufweckten, sogleich dem Winde zu ruhen gebot, wie er jetzt der Luft gebieten kann, sich zu regen, wenn es anders sein heiliger Wille ist! – Diese Worte taten die beste Wirkung. Eine unter den Frauen, mit der ich mich schon früher über sittliche und geistliche Gegenstände unterhalten hatte, rief aus: ‚Ah! Il Barlamé! benedetto il Barlamé'*[i] *und wirklich fingen sie, da sie ohnehin schon auf den Knieen lagen, ihre Litaneien mit mehr als herkömmlicher Inbrunst leidenschaftlich zu beten an.*[483] Bald darauf regte sich der leiseste Wind und kündigte die wunderbare Rettung von Schiff und Schiffsvolk an.

Die Sizilien-Kritiker erwähnen diese Szene entweder gar nicht oder tun sie als Posse ab. Sie passt nicht zum ›ohne-Wert‹-Stempel, den sie dem Thema ›Goethe in Sizilien‹ aufdrücken möchten. Die Anlage dieser von Goethe sorgfältig durchgestalteten Episode, in der er dem drohenden Untergang als Hoffnungsträger entgegentritt, kann nicht eindeutiger in ihrer Aussage sein: hier tritt kein ›loser‹ auf, sondern ein ›winner‹. Unschwer ist in diesem Auftritt Goethes die Parallelität zu seinem homerischen alter ego zu erkennen. Wie

---

[i] »Ah, der Barlamé, gesegnet sei der Barlamé!«; vermutlich der hl. Barlaam, der in einer romanhaften Verchristlichung der Buddhalegende den Königssohn Josaphat bekehrt haben soll

oft war Odysseus vor seine verzagten Mannen getreten, wenn eine drohende Gefahr es erforderte und rief sie zu großen Taten auf!

Die von Goethe ausführlich geschilderte Gefahr der Meeresenge zwischen Capri und Sorrent liest sich streckenweise wie eine Blaupause von Homers Schilderung der Durchfahrt Odysseus' durch die Straße von Messina. Ein langer Blick zurück: Gerade waren die Schiffer dem lockenden Gesang der Sibyllen entronnen, da liegt schon die nächste Prüfung vor ihnen: Skylla und Charybdis!

> *»Wie wir die Insel nun verlassen, da wurde ich plötzlich Gischt gewahr und dumpfes Getöse und mächtige Brandung.*
> *Da erschraken die Freunde; die Ruder entfielen den Händen;*
> *Rauschend schleiften sie nun durchs Wasser, und ohne Bewegung*
> *Ruhte das Schiff, da keiner die scharfen Ruder gebrauchte.*
> *Aber ich selber durchschritt das Schiff, die Freunde ermunternd,*
> *Und zu jedem trat ich heran mit freundlichen Worten*
> *[...]*
> *Doch ihr müßt jetzt alle, was ich euch sage, befolgen:*
> *Bleibt auf den Bänken sitzen und schlagt mit den Rudern des Meeres*
> *Tobende Brandung, vielleicht daß durch die Gnade Kronions*[i]
> *Wir alsdann dem neuen Verderben fliehend entrinnen.«* [484]

Das Getöse der Strömung an den todbringenden Felsen, in das sich die Stimmen der Mannschaft und des Meeres mischen, das lähmende Entsetzen, das die Arme der Ruderer sinken lässt und zur Manövrierunfähigkeit des fahrtlosen Schiffes wie bei einer Windstille führt, dem Unheil der messinischen Felsen entgegendriftend; ein Odysseus, der die Initiative ergreift, die Männer zur Aktion aufruft und anhält, auf die allerhöchste Gnade des Kronossohnes zu hoffen.

Die offenkundige Parallelität mit Homers Odyssee ist kein Zufall und beschränkt sich nicht auf diese Episode. In einem Beitrag zum Goethe-Jahrbuch von 1916 wies Karl Loewer[485] (»Goethes sizilianische Odyssee«)

---

[i] Kronion: gemeint ist Zeus, der Kronide, der berühmteste Sohn seines Vaters Kronos

nach, wie sorgfältig Goethe im Nachhinein seine eigene sizilianische Odyssee in den Text der *Italienischen Reise* hineinkomponierte. Da ist die junge Frau in Catanias »Goldenem Löwen«, die ihn, sirenengleich zu den Felsen von Aci locken will; da ist in Messina der brummige Gouverneur, den er einen Zyklopen nennt, Nachkomme des Polyphem, dem Odysseus nur knapp entkam; beim Verlassen von Messina die Erwähnung von Skylla und Charybdis, die dem Bericht vom Beinahe-Schiffbruch in den tödlichen Strömungen Capris vorausgeht. Die christliche Rede, die aus Goethes Mund fremd klingen mag, spiegelt die Verschränkung des homerischen Mythos mit der rosalischen Komponente in der sizilianischen Goethewerdung wider, in der man vielleicht nur die große Lehrmeisterin, die Natur, vermisst. Weit gefehlt! Dieser selbst, der Untrüglichen, überlässt er die letzte Prüfung, ob seine Wiedergeburt mehr ist als eine nette Urlaubsgrille. Wo anders konnte dieser Test auf Herz und Nieren besser erfolgen als in Odysseus' Element?

Als ich früh am vierten Tage unserer Fahrt erwachte, befand ich mich frisch und gesund, so wie ich auch bei der Überfahrt zu eben dieser Epoche gewesen war.[486] Die Jungfernfahrt des sizilianischen Goethe war erfolgreich beendet; er war gerüstet für den Landgang. Die Veränderung zwischen dem Goethe, der Neapel zerknirscht am 29. März 1787 verließ und dem, der befreit von Weimarer Altlasten mit einem neuen Selbstbewusstsein lebensfroh und schaffensfreudig am 14. Mai zurückkehrte, ist in Anbetracht des nur sechswöchigen Inselinterims so unbegreiflich groß, dass man geneigt ist, von einem ›sizilianischen Wunder‹ zu sprechen.

Eine unerwartete Tasse Kaffee

Der Abschied war rührend. Zunächst bezog Kniep gleich nach der Ankunft in Neapel ein neues Quartier. Die Reise hatte seine Ökonomie verbessert. Daran sollte nun auch sein *Engelchen* – so Goethe – *von gar schöner*

Gestalt, hübschem Gesichtchen und einem guten, natürlichen Betragen[487] teilhaben. Ihretwegen – erklärt Kniep – habe er *eine freiwillige Armut bisher getragen, weil er dabei sich zugleich ihrer Liebe erfreut und ihre Genügsamkeit schätzen lernen*[488] habe. Das war nicht der einzige Grund für seine schlechten wirtschaftlichen Verhältnisse. Die lagen auch in seiner unangepassten, zurückgezogenen Natur, was Jahre später von Vorteil war, als die Franzosen kamen.

Goethe hat sich über Eigenwilligkeiten Knieps nie beklagt und konnte auch vor der Reise keine entdecken, als Kniep auf Wohnungssuche war und sehr ›angepasst‹ äußerte, *es sei doch unangenehm und gewissermaßen unanständig, wenn man in ein Haus ziehe und gar nichts mitbringe; selbst ein Bettgestell flöße den Wirtsleuten schon einigen Respekt ein.*[489] Auf einem Trödelmarkt entdeckt Goethe das passende Einzugsgeschenk: *ein paar eiserne Gestelle, bronzeartig angestrichen, welche ich sogleich feilschte und meinem Freund als künftigen Grund zu einer ruhigen und soliden Schlafstätte verehrte. Einer der allzeit fertigen Träger brachte sie nebst den erforderlichen Brettern in das neue Quartier*[490]. Kniep war außer sich vor Freude.

Am Abend vor der Abfahrt nach Rom stattet Goethe Kniep einen Abschiedsbesuch ab. *Bei einer Flasche Wein besprachen wir unsere künftigen Verhältnisse; ich konnte ihm zusagen, daß er, sobald ich etwas von seinen Arbeiten in Deutschland vorzeigen könne, gewiß dem trefflichen Herzog Ernst von Gotha empfohlen sein und von dort Bestellungen erhalten würde. Und so schieden wir mit herzlicher Freude, mit sicherer Aussicht künftiger wechselseitig wirkender Tätigkeit.*[491]

Am Sonntagmorgen, d. 3. Juni 1787, nimmt Goethe nicht ganz leichten Herzens Abschied von Neapel, *dieser unvergleichlichen Stadt, die ich wahrscheinlich nicht wiedersehen sollte [...] Ich dachte an den guten Kniep und gelobte ihm auch in der Ferne meine beste Vorsorge.*[492] Als die Kutsche an der Grenzstation vor den Polizeischranken Halt macht, geschieht etwas Unerwartetes. *Die Zollmänner waren noch nicht mit dem Vetturin fertig geworden, als aus der Kaffeebudentüre, die größte chinesische Tasse voll schwarzen Kaffee auf einem Präsentierteller tragend, Kniep heraustrat. Er nahte sich dem Wagenschlag langsam mit einem Ernst, der, von Herzen gehend, ihn sehr gut kleidete. Ich war erstaunt und gerührt, eine solche erkenntliche Aufmerksam-*

keit hat nicht ihresgleichen. ‚Sie haben', sagte er, ‚mir so viel Liebes und Gutes, auf mein ganzes Leben Wirksames erzeigt, daß ich Ihnen hier ein Gleichnis anbieten möchte, was ich Ihnen verdanke.'[493] Goethe, der von sich sagt, daß er bei *solchen Gelegenheit ohnehin keine Sprache habe*[494], ist tief gerührt. *Wir schieden, wie Personen selten voneinander scheiden, die sich zufällig auf kurze Zeit verbunden.*[495]

Kniep hätte sich keinen besseren Verkaufsmanager wünschen können als Goethe. In der November-Korrespondenz '87 der *Italienischen Reise* findet sich der folgende Werbebrief: *Du fragst in deinem letzten Brief wegen der Farbe der Landschaft dieser Gegenden. Darauf kann ich dir sagen, daß sie bei heitern Tagen, besonders des Herbstes, so f a r b i g ist, daß sie in jeder Nachbildung b u n t scheinen muß. Ich hoffe, dir in einiger Zeit einige Zeichnungen zu schicken, die ein Deutscher macht, der jetzt in Neapel ist; die Wasserfarben bleiben so weit unter dem Glanze der Natur, und doch werdet ihr glauben, es sei unmöglich. Das Schönste dabei ist, daß die lebhaften Farben in geringer Entfernung schon durch den Luftton gemildert werden, und daß die Gegensätze von kalten und warmen Tönen (wie man sie nennt) so sichtbar darstehn. Die blauen klaren Schatten stechen so reizend von allem erleuchteten Grünen, Gelblichen, Rötlichen, Bräunlichen ab und verbindet sich mit der bläulich duftigen Ferne. Es ist ein Glanz und zugleich eine Harmonie, eine Abstufung im ganzen, wovon man nordwärts gar keinen Begriff hat.*[496] Eine Lobeshymne, die klingt, als würde der unterschätzte Kniep die namhaftere Konkurrenz in Wirklichkeit um Längen schlagen.

Ein halbes Jahr später, kurz vor der Abreise von Rom, erweist Goethe auf den letzten Seiten der *Italienischen Reise* der von ihm hoch geschätzten Zeichen- und Malkunst des Freundes noch einmal seine Referenz. Verschiedene Aquarelle, die Kniep nach Umrissen, die er auf der Reise nach Sizilien zeichnete, fertiggestellt hatte, zeigt er dem römischen Freundeskreis: *Klarheit und luftige Haltung ist vielleicht in dieser Art keinem besser gelungen als ihm, der sich mit Neigung gerade hierauf geworfen hatte. Die Ansicht dieser Blätter bezauberte wirklich, denn man glaubte, die Feuchte des Meers, die blauen Schatten der Felsen, die gelbrötlichen Töne der Gebirge, das Verschweben der Ferne in dem glanzreichsten Himmel wieder zu sehen, wieder zu empfinden.*[497] Wie auch in dem zuvor zitierten Text glaubt man, eine Laudatio auf einen

173

anderen Großen zu lesen, der hundert Jahre vorher von Rom aus die Landschaftsmalerei revolutionierte.[i]

Von Weimar aus vermittelte Goethe an Kniep die versprochenen Aufträge des Herzogs von Gotha, der im Februar 1789 zwanzig Zeichnungen bestellte. Vom Briefwechsel zwischen Goethe und Kniep ist kaum etwas erhalten geblieben und von Knieps weiterem Lebenslauf nur wenig bekannt. Als 1799 die französischen Revolutionstruppen Neapel einnahmen, zog Tischbein, der seit 1789 Akademie-Direktor war und zu den Hofgünstlingen gerechnet wurde, es vor, die Stadt und das Land, in dem er zwanzig Jahre lang gelebt hatte, endgültig Richtung Deutschland zu verlassen. Kniep, der Zurückgezogene, konnte bleiben. Im Jahre 1825 wurde er, 70-jährig, an der königlichen Malakademie von Neapel zum Professor und Rat ernannt. Es war zugleich sein Todesjahr. In einem Nachruf, der am 18.8.1825 in Cottas »Morgenblatt für gebildete Stände« erschien, hieß es, Kniep sei »einer der korrektesten, originellsten und vortrefflichsten Landschaftszeichner nicht nur in Italien, sondern in ganz Europa«[498] gewesen.

Kniep war sich zeitlebens im Klaren darüber, welchem günstigen Umstand er die Wende in seinem Malerleben zu verdanken hatte. Goethe war noch in Rom, als Kniep an ihn schrieb: »tausend, tausend Dank, vor[ii] alles Gute, das ich aus Ihren Händen erhielt; es ist nun bald ein Jahr, da wir zusammen an Bord gingen und da Sie den Punkt setzten, der den Zirkel meines Glücks ausgehend machte.«[499]

---

[i] Claude Lorrain (1600-1682)
[ii] ‚für'

SECHSTES KAPITEL

Goethe in Sizilien:
Außer Spesen nichts gewesen?

Die sizilianische Reise endet mit Goethes Abschied von seinem Reisebegleiter und Malerfreund Heinrich Kniep. Damit ist es an der Zeit, ein Resümee des 6-wöchigen Aufenthaltes auf der Insel zu ziehen, der nach Auffassung des Autors der Dreh- und Angelpunkt der personalen Erneuerung Goethes in Italien, seiner Wiedergeburt, ist. Zunächst soll jedoch einer prominenten Stimme das vorletzte Wort gegeben werden, die in ihrer Einschätzung des Sizilienaufenthaltes zu einem völlig anderen Ergebnis kommt. Emil Mühlmanns »Aus der Traum!« war nur ein erstes Beispiel für das behauptete Platzen der sizilianischen Illusion, der sich Goethe im Homer-Rausch hingegeben habe. Andere Autoren schweigen sich gänzlich über Sizilien aus und geben auf diese Weise ihren Kommentar. Deshalb ist es zu begrüßen, dass Cambridge-Professor Nicholas Boyle in seiner umfangreichen Goethe-Biographie von 1991 (»Goethe – The Poet and the Age«[i]) dem Lebensabschnitt Italien das gebührende Gewicht einräumt, wenngleich er ohne Umschweife zu dem überraschenden Ergebnis kommt: Goethe in Sizilien? Forget it!

In aller Kürze: In dem Kapitel »Endlich nach Italien (1786-1788)« widmet Boyle dieser Zeit des Umbruchs in Goethes Lebensmitte mit knapp einhundertfünfzig Seiten ein Buch im Buch, darunter zwanzig Seiten speziell dem Sizilienaufenthalt, die ihn zu folgendem Resümée veranlassen: 1. Der Ertrag der Sizilienreise sei »in der Tat, bis auf die Zeichnungen Knieps, bemerkenswert gering«[500], 2. die Arbeit am *Tasso* sei »überhaupt nicht vorangegangen«, 3. *Nausikaa* habe aus nichts als »ein paar Blättern

---

[i] deutsch 1995/1999: Goethe. Der Dichter in seiner Zeit; 2 Bände; mit ca. 2000 Seiten die umfangreichste der letzten Jahre und schon deshalb mit einem gewissen Referenzstatus ausgestattet

mit Notizen« bestanden, 4. »seine vielen geologischen Beobachtungen waren dilettantisch und nicht überzeugend« und 5. die Erkenntnisse, die ihm in Agrigent, Catania und Messina der Anblick der Ruinen des Altertums vermittelten, seien mager; dafür »hätte er auch in Rom bleiben können«. – Diese Stachel im sizilianischen Goethe fordern eine Replik.

Die Reduzierung des Ertrags der sizilianischen Exkursion auf die Zeichnungen Knieps, um auf Goethes künstlerische und dichterische Unproduktivität hinzuweisen, übersieht den im Mangel an Vorzeigbarem liegenden Gewinn. Die von Goethe selbst genannte Hauptabsicht der Italienreise, *mich von den physisch-moralischen Übeln zu heilen die mich in Deutschland quälten und mich zuletzt unbrauchbar machten*[501], war nur durch eine rekreative Pause jenseits des römischen Kulturbetriebes und des neapolitanischen Rummels möglich. Die sizilianische Regeneration war notwendig, um die inneren Voraussetzungen seiner dichterischen Produktivität wiederherzustellen, an die er in Weimar nicht mehr glaubte. Eine Fortsetzung der Reise auf der Insel unter römischem Vorzeichen hätte das Ziel der Italienreise insgesamt konterkariert. Auf dieses bezogen trifft gerade die Umkehrung der Kritik Boyles' zu: das ›Weniger‹ an Messbarem war die Voraussetzung für das ›Mehr‹ an Unschätzbarem. Die Insel meinte es gut mit Goethe. Indem sie den Radius seines Kunstinteresses einschränkte, was hauptsächlich an ihm selbst lag, konnte sie ihn mit ganz anderen Reichtümern beschenken, die ihn zu sich selbst befreien halfen. In den Tagen und Stunden, in denen er Trinakrien durchquerte, fand er die notwendige Ruhe für Selbstbesinnung und Selbstfindung, die ihm weder Rom noch Neapel geben konnten.

In der Tat, der *Tasso* war die einzige seiner poetischen Baustellen, die Goethe im Februar 1787 von Rom mit nach Sizilien nahm und er hegte *die beste Hoffnung*, dieses sich bereits seit 1780 hinschleppende Drama endlich zu beenden, bevor er sich entschiede, es *ins Feuer*[502] zu werfen. Noch während der Überfahrt von Neapel nach Palermo schrieb er die Prosafassung des ersten und zweiten Aktes in die neue Langversfassung um. Dann stockte die Arbeit erneut und machte in Sizilien keinen weiteren Fortschritt. Vom *Tasso* ist über ein halbes Jahr lang nichts zu hören. Die neuerliche Verzögerung lag allerdings nicht an einer happy-go-lucky Manier, in der Goethe die Sizilienreise betrieb, sondern an viel Grundsätzlicherem: das Weimarer *Tasso*-Konzept passte von A bis Z nicht mehr. Der Protagonist kollidierte mit seiner positiven sizilianischen Gestimmheit. In dem Maße wie sich Goethe im Überlebenskünstler Odysseus neu entdeckte, entfremdete er sich vom untergangsgeweihten *Tasso*. Und Charlotte von Stein eignete sich nicht länger als Inspiration für *Tassos* unerreichbare Geliebte, die Herzogin Leonora von Este. Mit einem neuen *Tasso*-Konzept tat sich Goethe schwer. Noch acht Monate später, im Februar 1788, nur zwei Monate vor seiner Abreise von Rom – stellte er resigniert fest: *'Tasso' muß umgearbeitet werden, was da steht, ist zu nichts zu brauchen, ich kann weder so endigen noch alles wegwerfen. Solche Mühe hat Gott den Menschen gegeben.*[503] Im Januar '88 nannte er seinen Neujahrswunsch, der die Blockade beendigen konnte: *so muß ich mich im Laufe dieses Jahres in eine Prinzessin verlieben, um den 'Tasso' [...] schreiben zu können*[504]. Zwei Monate später meldete er, dass der Plan von *'Tasso' in Ordnung*[505] sei. Der Erfolg kam mit Faustine. Die Prinzessin war gefunden, eine Lösung, die Sizilien nicht bieten konnte, aber anbahnte. Die bahnbrechende Wirkung der Insel, das wohltuende Gefühl, sich mit jeder Faser wiedergegeben zu sein, erfährt Goethe bereits fünf Tage nach der Rückkunft in Neapel. Er schreibt, es sei ihm *ein angenehmes Abenteuer* begegnet, welches ihn *zu einigem Nachdenken bewegen konnte* und deswegen erwähnenswert sei: *Eine Dame, die mich schon bei meinem ersten Aufenthalt vielfach begünstigt, ersuchte mich, abends Punkt fünf Uhr bei ihr einzutreffen: es wolle mich ein Engländer sprechen, der mir über meinen 'Werther' etwas zu sagen habe. – Vor einem halben Jahr würde hierauf, und wäre sie mir doppelt wert gewesen, gewiß eine abschlägige Antwort erfolgt sein; aber daran, daß ich zusagte, konnte ich wohl merken, meine sizilianische Reise habe glücklich auf mich gewirkt, und ich versprach zu kommen.*[506]

Wie *Tasso* dem schicksalsfesten Odysseus weichen musste, so wurde die verblassende Weimarer Ex-Muse von *Nausikaas* frischer Jugend überstrahlt. Die Wahrheit des sizilianischen Wendepunktes konnte an Charlotte von Stein nicht vorübergehen, gerade an ihr nicht. Wochenlang trug Goethe *Nausikaa* mit sich durch die Insel und duldete keinen düsteren Gedanken, der ihr rosalisch pochendes Herz beunruhigt hätte. In Taormina war sie abschriftsreif fertiggedacht. *Nach meiner löblichen oder unlöblichen Gewohnheit schrieb ich wenig oder nichts davon auf, arbeitete aber den größten Teil bis aufs letzte Detail im Geiste durch, wo es denn, durch nachfolgende Zerstreuungen zurückgedrängt, liegengeblieben, bis ich gegenwärtig nur eine flüchtige Erinnerung davon zurückrufe.*[507] Das Versäumte ließ sich nicht nachholen. Ohne Sizilien machte *Nausikaa* kein Bild in seiner Seele. – Nicht alle Goethe-Autoren verfahren mit der Fragment gebliebenen *Nausikaa* so ungnädig wie Boyle. Um nur einige Stimmen zu Worte kommen zu lassen: Georg von Graevenitz, renommierter Goethe-Forscher des letzten Jahrhunderts, äußerte in einem Festvortrag zu Goethes Geburtstag (»Goethe in Sizilien«, 1911): »Er ist nur zu einem Scenenentwurf eines fünfaktigen Trauerspiels mit ausgeführten Partien des ersten Aufzugs gediehen. Aber es ist ein Entwurf von vollendeter Schönheit, der im engen Kreis der Goethegemeinde geliebt und bewundert wird. Die dichterische Idee kommt mit Sizilien, seinem Stande, seiner Meeresnatur, sie verschwindet auch wieder mit dem Verlassen sizilianischen Bodens.«[508] Goethe-Biograph Emil Staiger: »Vielleicht hat Goethe sich in Sizilien nur deshalb dem Zauber der sonst vermiedenen Stimmung anzuvertrauen gewagt und in der «Nausikaa» so gelöste, musikalische Verse geschrieben, weil er sein eigenes Dasein im homerischen aufgehoben und so gegen Willkür und Zufall gesichert glaubte.«[509] Die Identifikationskraft des Wanderer-Mythos verband das zerbrochene Lebenskontinuum zu einer neuen Einheit. *Nausikaa* erbringt die teure Vorleistung, damit der Gestrandete weiterleben kann. Boyle hat recht: ihr Auftritt in der Welt der Literatur blieb marginal. Aber hätte ihr lebensstiftender Beitrag zur Wiedergeburt Goethes größer sein können?

Schon vor seiner Abreise nach Italien hatte Goethe intensive Naturstudien betrieben und auf den Gebieten der Anatomie (*Vergleichende Anatomie*, 1785; *Zwischenkieferknochen*, 1786), der Mineralogie (*Über den Granit*, 1784) und der Botanik (Studium von Linnés »Philosophia botanica«, 1785) erhebliche Kenntnisse und Erfahrungen gesammelt, häufig in Zusammenhang mit seinen Funktionen im Dienste des Herzogtums Sachsen-Weimar-Eisenach. Diese bestanden in berg- und wegebaulichen, jagd- und forstwirtschaftlichen Aufgaben sowie der geologischen Erschließung Thüringens. Die Münchener Ausgabe der Werke Goethes weist einen

Katalog von ca. dreißig mehr oder minder umfangreichen Schriften zu den genannten Bereichen auf, die Goethe vor der Italienreise verfasste. In der Einleitung skizziert John Neubauer[510] die fachlichen Ansprüche, die die amtlichen Tätigkeiten an Goethes naturwissenschaftliche Kenntnisse stellten, die er durch begleitende Studien ständig erweiterte. Mit einem amateurhaften, von Boyle als »dilletantisch« bezeichneten Pflanzen- und Steinesammeln hatten Goethes Aktivitäten in Sizilien folglich nichts gemein. Wie sollte er auch während des Maultierzugs durch Sizilien anders verfahren als seine unsortierten Funde in Kisten verpackt nach Weimar zwecks späterer Sichtung und Systematisierung zu schicken? Dieter Borchmeyer, Goethe-Biograph und –Herausgeber, blickt denn auch ganz anders als Boyle auf Goethes naturwissenschaftliche Aktivitäten in Italien: »Wie bewußt und entschieden die Italienreise im Zeichen der Naturwissenschaft steht, das zeigen besonders deutlich die wissenschaftlichen Anlagen, welche Goethe seinem Reisetagebuch beigegeben hat: sie betreffen meteorologische, klimatische, botanische, geologische und anthropologische Beobachtungen. Manches klingt hier an, was Goethe in den nächsten Jahren auf ein systematisch-wissenschaftliches Fundament stellen wird.«[511] – Zu einer umstrittenen Einschätzung seines naturwissenschaftlichen Forschens hat die unorthodoxe Methode Anlaß gegeben, deren sich Goethe nicht nur in Sizilien bediente, indem er aufpickte, was er links und rechts des Weges vorfand. In Goethes Naturforschung findet sich stets ein Quantum seiner poetischen Natur: Intuition und Vision – das die Puristen des Handwerks irritierte und zu spöttischen Kommentaren reizte, als handle es sich bei Goethes Aktivitäten um eine Schrulle, die ihm nicht auszutreiben sei – wodurch sich Goethe keinesfalls bremsen ließ. Zurück in Weimar intensivierte er seine Naturforschung, was nicht zuletzt zu seiner nach-italienischen Isolation beitrug.[512]

Der ›coup de grace‹ für die Sizilienreise kommt mit Boyles' Worten: »Und was das Altertum betraf, so waren Agrigent, Catania und namentlich Messina lediglich ein weiterer Beweis für die Gebrechlichkeit und Vergänglichkeit menschlichen Bauens gewesen: Um zu dieser Einsicht zu gelangen, hätte er auch in Rom bleiben können.«[513] Eine gewagte Aussage, wenn man sich erinnert, was Goethe in Rom über den für das Frühjahr

179

1787 geplanten Ortswechsel nach Neapel sagte: *mit dem neuen Jahre will ich nach Neapel gehen und mich dort von der Idee so vieler trauriger Ruinen rein spülen…*[514] Welcher Schluß wäre analog aus diesem ihm bekannten Zustand Roms zu ziehen? Wärst du doch in Th……. geblieben? Wie gut, dass Goethe die Klärung dieses Ruinen-Irrtums selbst übernimmt. An Freund Knebel schrieb er kurz nach der Ankunft in Rom: *Gewiß man muß sich seinen eignen Sinn machen Rom zu sehn, alles ist nur Trümmer, und doch, wer diese Trümmer nicht gesehn hat, kann sich von Größe keinen Begriff machen.*[515] Was für Roms Trümmer galt, galt umso mehr für Siziliens viel bedeutsamere Altertums-Ruinen, inklusive eines gelegentlichen Anfalls von Trübsinn, der jeden fühlsamen Menschen überkommt, der über die langen Schatten vergangener Hochkulturen nur noch hinwegstolpern kann.

Damit soll dem Resümieren Genüge getan sein. Um den Wald nicht vor lauter Bäumen zu übersehen, ist es notwendig, auf einen raren und umso wichtigeren Gedanken hinzuweisen, den Herbert von Einem im Nachwort zur Hamburger Goethe-Ausgabe über die Italienreise äußert: »*Wir sind gezwungen, nach dem Menschen, nicht nur nach dem Liebhaber des Schönen oder den Gelehrten zu fragen, um den Schlüssel des Verständnisses zu finden.*«[516] In Sizilien ist er nicht bei den ›großen Brocken‹ zu finden. Er verbirgt sich im Unscheinbaren, zwischen den kleinen Brocken und Blüten am Wegesrand. Dort muss man ihn suchen. Hier trifft man Goethe am ehesten, denn Sammeln war seine Leidenschaft und sein italienisches Thema. Auf die Zeit des Sich-Verlierens folgte jetzt die Zeit des Sich-Sammelns. Nirgendwo in Italien hat sich Goethe so intensiv gesammelt wie in Sizilien. Wer allerdings in der *Italienischen Reise* nach diesem Sammler Ausschau hält, wird es schwer haben. Goethe gab sich bei der Redaktion große Mühe, die autobiographische Spur zu verwischen. Indem er ihr eine literarische Oberfläche gab, die mehr verdeckte als sie ent=deckte, hat er selbst die Voraussetzung für die einschlägige Unterschätzung des Sizilienaufenthalts geschaffen.

Der einzige Kronzeuge der sizilianischen Metamorphose Goethes war Kniep. Doch von ihm erfahren wir nichts über das 1½-monatige Inselzusammenleben. So bleibt Goethe selbst die einzige Referenz für die neue

Autonomie, die er über sein Leben wiedergewann. Deren erste und unmittelbarste Wirkung wurde in dem auf Sizilien folgenden zweiten römischen Aufenthalt sichtbar, der noch einmal fast ein Jahr lang bis Ende April 1788 dauerte. Aus dem mit sich selbst und der Welt in die Schule gehenden Goethe des 1. Romaufenthaltes war der sich wiedergegebene Goethe geworden, der an die Stätte seiner ersten Selbstbehauptungsversuche als ein Befreiter und Genießender zurückkehren konnte. *J e t z t   s e h ' i c h ,   j e t z t   g e n i e ß ' i c h   e r s t,*[517] notierte er im Januar 1788 in der *Italienischen Reise*. Ein kaum fassbarer Unterschied nach nur eineinhalb Monaten, die den Stempel Siziliens trugen! Zu sich selbst befreit traute er sich, ein Stück seines Sicherheitspakets aufzuschnüren und menschliche Regungen zuzulassen, wieder Vollmensch zu werden. Seine literarischen Leidenskinder, *Tasso, Egmont und Faust,* konnten jetzt vollendet oder vorangebracht werden. Kaum drei Monate nach Sizilien meldete er von Rom an den Herzog: *Egmont ist fertig, und ich hoffe bis Neujahr den Tasso, bis Ostern Faust ausgearbeitet zu haben.*[518] In Rom ging er weiterhin seinen Ambitionen als bildender Künstler nach. Dem Zeichnen von Landschaften folgte jetzt das Interesse am menschlichen Körper. *Nun hat mich zuletzt das A und O aller uns bekannten Dinge, die menschliche Figur, angefasst, und ich sie...*[519] Das bezog sich auf Statuen aus Gips und Marmor und auf das Modellieren, bis sich das ›Material‹ in den letzten römischen Monaten unter seinen Händen erwärmte. An dieser glücklichen Wende einer Reise, die Goethe mit Frustration und Flucht begann und die mit seiner ›unterirdischen‹ Wiedergeburt endete, hatte das sizilianische Mythen- und Zauberland einen unschätzbaren Anteil.

*
* * *

Goethe verlässt Rom schweren Herzens am 24. April 1788, wie er Heinrich Meyer nach seiner Rückkunft in Weimar gesteht: *Ich kann und darf nicht sagen wieviel ich bei meiner Abreise von Rom gelitten habe, wie schmerzlich es mir war das schöne Land zu verlassen, mein eifrigster Wunsch ist Sie dort wieder zu finden.*[520]

Der Abschied von Italien war nicht vergleichbar mit dem Ende eines Urlaubs oder längeren Studienaufenthaltes; es war das Ende eines unvergleichlichen Lebensabschnittes und der Beginn eines neuen, ungewissen in der Fremde, die einst seine Heimat war. Einem *eingebürgerten Italiener*[521] fühlte sich Goethe inzwischen gleich, als er am letzten Abend allein den Corso entlang ging und sich vom abendlichen Rom still und leise verabschiedete. *Und wie sollte mir gerade in solchen Augenblicken Ovids Elegie nicht ins Gedächtnis zurückkehren, der, auch verbannt, in einer Mondnacht Rom verlassen sollte.*[522]

> Wandelt von jener Nacht mir das traurige Bild vor die Seele,
> Welche die letzte für mich ward in der römischen Stadt,
> Wiederhol' ich die Nacht, wo des Teuren so viel mir zurückblieb,
> Gleitet vom Auge mir noch jetzt eine Träne herab.[523]

Mit diesen und einigen weiteren ovid'schen Schmerzen schließt die Buchfassung der *Italienischen Reise*, die Goethe per Kutsche und in Begleitung von Karl Philipp Moritz nach großzügig bemessenen zwei Monaten über Siena, Florenz, Bologna, Parma, Mailand und weiter zum Comer See nach Konstanz über Nürnberg in Weimar beendete.

Auch für die ›Stillen‹ ist damit der Zeitpunkt gekommen, das Reisegepäck zu greifen und dorthin zurückzustellen, woher es kam: ins Bücherregal. So verfuhr auch der Autor dieser Studie, zufrieden, denn die Arbeit an der *Italienischen Reise* hatte ein halbes Jahr länger gedauert als diese. Kaum war dem Regal der Rücken zugewandt, schlich sich ein Gefühl wie bei einem Krimi ohne Auflösung ein: tausend Fragen und Spekulationen standen schlagartig im Raum und warteten auf eine Antwort. Es waren Goethes Fragen, die Fragen eines Auswanderers, der nach langer Zeit an seinen früheren ›Tatort‹ zurückkehrte. Wie würde er in Weimar empfangen? Wie würden die neuen Weimarer Platzhirsche Herder, Wieland und Schiller auf die Rückkehr des Exoten reagieren? Seidel hatte Goethe bereits nach Italien berichtet, dass der Streit um seinen Rock in Weimar losgebrochen sei und Goethe antwortete, dass es ihn amüsiere, seinem *Leichenbegängnis bei lebendigem Leibe zuzusehn.*[524] Drängend die Frage: Wie würde Goethe mit den Problemen umgehen, die er ungelöst hinterließ? War der Herzog bereit, den dringend benötigten Berater zu entlasten und ihn als Dichter dem ganzen Volk zu schenken, wie es sich Goethe gewünscht hatte? Noch spannender: Wie würde die zweifellos prekäre Wiederbegegnung mit Charlotte von Stein verlaufen? Am wichtigsten jedoch die Kernfrage: Gelang es Goethe, ein Stück der Freiheit und des neuen Selbstbewusstseins nach Weimar zu verpflanzen? Oder löste sich hier die sizilianische Metamorphose tatsächlich in heißen Dampf auf?

Die Beantwortung aller dieser Fragen erfordert eine umfassende Analyse für sich. Aber einige Antworten sollen den geduldigen ›Stillen‹ zum Dank skizziert werden!

Heimkehr ins Exil

Herder war der erste, der die frohe Botschaft der Welt verkünden konnte: »Er ist seit dem 18. abends um 10 Uhr mit dem Vollmonde hier, ist gesund und wohl und hat uns schon tausend Dinge erzählt.«[525] So hatte man ihn in Weimar erwartet: hochgestimmt, voller Wissen und neuen Ideen, ein wenig verzaubert und auf einer Kunstwolke schwebend, aus der sich nun ein warmer Bildungsregen über das ausgetrocknete Weimar ergießen würde, doch als den Goethe, den man kannte.

Tatsächlich gestaltete sich die Reinthronisation des Italien-Heimkehrers beidseitig schwieriger als gedacht. Der in Italien ganz auf persönliche Bedürfnisse und Interessen eingeschränkte Existenzmodus war unter Weimarer Bedingungen nicht fortsetzbar. Der Wiedereintritt in den früheren Lebens- und Arbeitskreis zwang den Heimkehrenden unumgänglich zu Abstrichen und Anpassungen, vor denen ihn nur ein Verbleib in Italien bewahrt hätte, was nie sein Plan war. Sein *Fasanenkahn*[i] hatte immer nur den einen Heimathafen. Er war noch nicht einmal in Rom eingetroffen, als er den Weimarern avisierte: *Morgen abend also in Rom. Ich glaube es noch jetzt kaum, und wenn dieser Wunsch erfüllt ist, was soll ich mir nachher wünschen? ich wüßte nichts, als daß ich mit meinem Fasanenkahn glücklich zu Hause landen und meine Freunde gesund, froh und wohlwollend antreffen möge*[526]. Je weniger er die erwartete Wärme der Weimarer Wiedervereinigung empfand, umso nachdrücklicher behauptete er den Kernbereich seines neu definierten Selbstverständnisses einer streitbaren Autonomie und Autorität, für die er bereit war, zweischneidige Konsequenzen, die er damit im Weimarer Freundeskreis auslöste, auf sich zu nehmen.

Weimar empfing Goethe nicht mit großem Bahnhof, auch säumten die Weimarer nicht die Straßen. Aber etwas freundlicher hätte er sich die Situation, in die er nach fast zweijähriger Abwesenheit zurückkehrte, schon vorstellen können. Der Herzog war vor Ort, aber nur begrenzt zugänglich, da er nach einem Reitunfall Zwangsurlaub von der Truppe nehmen musste, um daheim seinen verstauchten Fuß auszukurieren. Die Herzoginmutter war vollauf damit beschäftigt, ihren missgestimmten Sohn von früh bis spät zu umsorgen und auch Goethe hatte ab sofort seine täglichen Aufwartungen zu machen. Natürlich waren der Hof- und Freundeskreis neugierig, den ›Italiener‹ zu begrüßen, zu begucken und von ihm berauschende Nachrichten aus Arkadien zu hören. Doch gerade dieser Teil der Rückkehrfreuden, der Goethe vom Anbeginn der Reise ein Herzensanliegen war, gestaltete sich zäher als erwartet. Weimar hing ihm nicht so hingebungsvoll an den Lippen wie er es sich vorgestellt hatte. Die Rolle des Kunstpapstes wurde ihm nicht von allen Weimarer Statthaltern ohne weiteres zugebilligt. Goethe verlor schon bald die Lust am vielen Reden und Erklären, dem er sich zunächst unterziehen musste, fühlte sich unverstanden, enttäuscht und mit seinem Abschiedsschmerz von Rom alleingelassen, wo er doch so sehr auf die liebevolle Aufnahme durch seine Freunde vertraut hatte.

Das Gefühl, in seiner Wahlheimat im Exil zu sein, breitete sich läh-

---

i   Goethe berichtet in der *Italienischen Reise* (Bologna, 19.10.1786) von einem Traum, in dem sich Fasanen in wunderbare Pfauen verwandeln, die er in der Fremde auf sein Schiff lädt, um sie zu den Freunden in der Heimat zurückzubringen.

mend in ihm aus. Noch dreißig Jahre später hatte er diese schmerzlich empfundene Entfremdung in seiner Erinnerung konserviert: *Aus Italien dem formenreichen war ich in das gestaltlose Deutschland zurückgewiesen, heiteren Himmel mit einem düsteren zu vertauschen; die Freunde, statt mich zu trösten und wieder an sich zu ziehen, brachten mich zur Verzweiflung. Mein Entzücken über entfernteste, kaum bekannte Gegenstände, mein Leiden, meine Klagen über das Verlorne schien sie zu beleidigen, ich vermißte jede Teilnahme, niemand verstand meine Sprache.*[527]

Ganz so düster, wie Goethe seine Rückkehr in der Rückblende einfärbte, war sie jedoch nicht. Nach einem sehr regsamen Monat des Einlebens in Weimar meldet er sich bei seinem während der Italienzeit etwas in Vergessenheit geratenen Freund Jacobi mit den Worten zurück: *Ich war in Italien sehr glücklich, es hat sich so mancherlei in mir entwickelt, das nur zu lange stockte, Freude und Hoffnung ist wieder ganz in mir lebendig geworden. Mein hiesiger Aufenthalt wird mir sehr nützlich sein.*[528]

Zu den positiven Veränderungen trug vor allem Herzog Carl August bei, der Goethes Wunsch nach Entlastung so bereitwillig entsprach wie er ihn einst widerspruchslos von dannen ziehen ließ. Noch bevor Goethe Rom verlassen hatte, erhielt er vom Herzog die Zusage, ihn vom Amt des Kammerpräsidenten der Finanz-, Domänen- und Forstverwaltung unter Erhaltung des Rechtes auf Teilnahme an den Sitzungen und auf Bezahlung zu befreien. Das war sowohl ein Akt der persönlichen Wertschätzung als auch der staatspolitischen Klugheit, durch den sich der Herzog die unentbehrlichen Dienste Goethes und dessen Werbewirksamkeit für Weimar sicherte.

Über andere lichtvolle Momente der ersten Wochen Goethes in Weimar berichtete Karoline Herder ihrem bereits in Rom weilenden Mann: »Eben war Goethe da. Er hat viel Lustiges, ich möchte sagen, Betäubendes über seine häusliche menschliche Situation gesagt.«[529] Weder Karoline Herder, noch irgendjemand in Weimar ahnte zu diesem Zeitpunkt, wie zutreffend ihre Beobachtung war. Sophie von Schardt, Charlotte von Steins reizvolle Schwägerin, entdeckte noch eine weitere positive Veränderung an ihm: »Übrigens ist Goethe wirklich verjüngt. Es fehlt ihm nicht viel, so wird er ebenso careless, ebenso glücklich sein wie Egmont.«[530] Auch diese Bemerkung traf ins Schwarze. Das Klärchen[i] hatte bereits Einzug bei Goethe gehalten.

Drei wichtige Player der Weimarer Szene hatten mit besonderer Ungeduld auf Goethes Rückkehr gewartet: Herder, die Herzoginmutter Anna Amalia und Schiller, der seit einem Jahr in Weimar wohnte. Herder und Anna Amalia waren auf dem Sprung zu ihren Italienreisen und erwarteten first-hand Informationen vom heimkehrenden Goethe. Herder hatte seine Abreise deshalb auf den folgenden August verschoben und bat Goethe, in seine Reiseaufzeichnungen Einblick nehmen zu dürfen. Goethe war dazu nicht bereit. Die unbearbeiteten Texte und Notizen, vor allem aber das Manuskript des *Reise-Tagebuchs für Frau von Stein,* wollte er dem Freund unredigiert nicht zur Verfügung stellen. *Die Abschrift meines Reise-Journals gäbe ich höchst ungern aus Händen; meine Absicht war, sie ins Feuer zu werfen … Es ist im Grunde sehr dummes Zeug, das mich jetzt anstinkt.*[531] Herder, der Goethe vor und während dessen Abwesenheit in Italien intensiv bei der Redaktion der ersten Werkausgabe im Göschen-Verlag, Leipzig, unterstützt hatte, fühlte sich brüskiert. Das war der Anfang einer Serie von atmosphärischen Störungen, die fortan die Goethe-Herder-Freundschaft belasteten und nie mehr ganz aus der Welt geschaffen wurden. Herders Italienerlebnis, von dem er im Juni 1789 nach Weimar zurückkehrte, war verglichen mit Goethes enttäuschend. Meinungsverschiedenheiten über Fragen der Kunsttheorie wie im Falle der Abhandlung von Carl Philipp Moritz, »Über die bildende Nachahmung des Schönen«, die Goethe in Wielands Kulturzeitschrift »Der Teutsche Merkur« positiv besprochen hatte, waren vorprogrammiert. Zu allem Unglück färbten Goethes Kunst- und Literaturanschauungen unzensiert auf Frau Herder ab, die Goethe während der fast 1-jährigen Abwesenheit ihres Mannes häufig besuchte. In ihren Briefen schwärmte sie für den *Tasso,* den Goethe ihr erklärt habe: »Er freut sich, dass ich es selbst so gut empfinde«[532] und ließ ihren eifersüchtigen Mann wissen: »Er fühlt sich als ein höheres Wesen, das ist wahr, aber er ist doch der Beste und Unwandelbarste unter allen.«[533] Als sie ahnungslos im

---

i   Graf Egmonts bürgerliche Geliebte in G.s Trauerspiel *Egmont;* zum ‚Klärchen' weiteres S. 192ff.

Streit um die Moritz-Abhandlung Partei für die falsche Seite ergriff – die Abhandlung sei ihr »gar ein schöner Maßstab« und habe ihr »einen Totalbegriff für die Kunst gegeben«[534] platzte Herder endgültig die Halskrause und polterte zurück: »Was Goethes Streit mit Knebel betrifft ... so bin ich ganz und gar auf Knebels Seite. Moritzens Abhandlung ist ein verwirrtes Ding ... Sie ließ eine unangenehme Empfindung in mir zurück, und der Wert, den er aus Goethes Mund darauf setzte, war mir zwar erklärlich, weil es ein Kleid ist, auf Goethe gepaßt und gemacht, aber desto mehr beinahe beleidigend.«[535]

Im selben Jahr, 1789, brach in Paris die Französische Revolution aus, von Herder vehement begrüßt und für ganz Deutschland gefordert, von Goethe ebenso heftig verdammt. Und dann Schiller, von dem sich Herder verdrängt fühlte wie vorher schon von Heinrich Meyer, dem »Kunscht-Meyer«, den Goethe 1791 von Rom nach Weimar lockte«, der in seinem Haus am Frauenplan wohnte und ab 1795 Lehrer, ab 1806 Direktor an der Freien Zeichenschule Weimars wurde.

Carl Ludwig von Knebel (1744-1834), einer der wenigen Duzfreunde Goethes[i], der dessen Bekanntschaft mit Carl August 1774 in Frankfurt hergestellt hatte[ii], war ebenfalls wegen der Moritz-Abhandlung mit Goethe in Konflikt geraten. Auch für die besten Freunde führte der Zugang zu Goethe nur noch durch das italienische Kunstportal und das konnte mitunter sehr eng werden. Moritz' Abhandlung war nur einer von mehreren Steinen des Anstoßes, die der Italo-Goethe in der Anfangsphase lieferte, an denen die aus der Balance geratenen Freundschafts- und Konkurrenzverhältnisse neu austariert werden mussten. An Herder, der mit Frau von Stein und Knebel[iii] eine Schmollkoalition gegen Goethe formiert hat, schreibt Knebel, über »die Sache« sei es sogar »zum Kriege gekommen. Goethe hat

---

i   Mit Knebel, dem *Urfreund*, verband Goethe eine lebenslange Freundschaft

ii   Carl Ludwig von Knebel (1744-1834) war nach einer Laufbahn im preußischen Militärdienst 1774 von Herzogin Anna Amalia als Erzieher ihres jüngsten Sohnes, Constantin, dem Bruder Carl Augusts, engagiert worden. Knebel begleitete die Prinzen auf einer Bildungsreise nach Paris, die 1774 über Frankfurt und zur Vermittlung des Kontaktes Carl Augusts mit Goethe führte.

iii Knebel war am 30. Oktober 1786 in Goethes Wohnung am Frauenplan eingezogen und hatte seitdem engeren Kontakt mit den Weimarern

nämlich aus Italien eine Menge eingeschränkte Begriffe mitgebracht, so, daß wir von dem allen nichts wissen; daß unser Wesen zu eingeschränkt sei, um von der Dinge Dasein und Wesen nur einigen Begriff zu fassen«.[536] Rousseauisch-vorrevolutionär beschrieb Knebel in einem Brief an Karoline Herder die Gleichberechtigungsbedingung, unterhalb der es für ihn keine Freundschaft mit Goethe geben könne: »wir verehren ihn, aber keine ausschließenden Eigenschaften für die Erkenntnis der Wahrheit gibt es deswegen nicht. Wir sind alle auf *einen* Boden gepflanzt; jeder zieht die Säfte seiner Art und seiner Organisation aus ihm, der Palmbaum andere als die Weide. Beide haben ihre verschiedene Art zu sein, ihr verschiedenes Recht, den Himmel über ihnen und die Erde unter ihnen zu betrachten.«[537] Die neue Freundschaft konnte für Knebel nur eine solche ‚auf gleicher Augenhöhe' sein, eine Lektion, die der dorischen Säule in Weimars Mitte, deren Schaft nach Rom hinunterreichte und mit ihrem Sockel auf Sizilien ruhte, nicht leicht zu vermitteln war. Die Erhitzungen klangen bald ab und der *Urfreund*, der in Jena wohnte, war oft Goethes nächste Zuflucht, wenn es ihm in Weimar zu eng wurde.

Die Herzoginmutter, Anna Amalia, begab sich einen Monat nach Herder mit ihrer höfischen Reisebegleitung nach Italien. Für ihren Aufenthalt hatte Goethe noch von Rom aus einige Vorschläge gemacht, war aber von Anna Amalias Absicht, schon im Spätherbst 1787 nach Italien zu kommen, gar nicht erbaut. Gegenüber dem Herzog äußerte er sich zu dem geplanten Unternehmen seiner Mutter am 17. November des Jahres folgendermaßen: *Und nun ein Wort von Ihrer Frau Mutter Reise, die mir schwer auf dem Herzen liegt. Sie wollte noch dieses Jahr hierher und es war ein sehr kühnes, ja verwegenes Unternehmen, mit denen mir bezeichneten Personen, mit einer ganz bonhomischen[i], ununterrichteten, so gut als mit dem Lande unbekannten Karawane einen Zug durch diese Gegenden anzutreten.*[538] Alle möglichen Gründe führte Goethe an, *warum die Reise noch ein Jahr aufzuschieben sei*. Er könne keinen Leibarzt oder Chirurgen beschaffen, keine Dame als Begleitung; unbedingt brauche die Herzoginmutter in diesem Land *eine Art von Maître Jacques, der das Mechanische der Reise zu besorgen, alle*

---

i   einfältigen

Händel mit den Postmeistern Wirten pp. abzutun hat, das ist schon sehr viel, weil die Sekkatur[i] *und Prellerei in Italien unendlich ist; man muß notwendig einen Italiener an die Italiener hetzen, um mit ihnen fertig zu werden.*[539] Der geeignetste aller *Jacques* wäre zweifelsohne Goethe gewesen. Weiter heißt es in dem Brief: *Glücklicherweise kamen einige Umstände dazu, die sie determinierten noch zu bleiben und zu warten.* Im März 1788, einen Monat vor seiner Abreise von Rom nach Weimar, die er dem Herzog ankündigt, kommt er noch einmal auf die Reisepläne Anna Amalias zu sprechen: *Ihrer Frau Mutter hätte ich, wenn Sie es nötig und schicklich gehalten hätten, gerne meine Dienste in Italien gewidmet* – ein Angebot, das er ein halbes Jahr vorher nicht machte – *ob ich gleich wohl einsehe, daß ich dabei mehr würde eingebüßt haben als sie durch meine Gegenwart gewinnen konnte.*[540] Der Herzog konnte nicht ahnen, welcher Art der Verlust war: der Frühling hatte Einzug in Goethes Wohnung am Corso gehalten. Goethe hatte Glück, dass er nicht umgehend nach seiner Rückkehr dazu verdonnert wurde, gleich wieder nach Italien umzukehren, um Anna Amalia auf ihrer eindreiviertljährigen Reise in den Süden zu begleiten. Wozu er nicht die geringste Neigung zeigte, denn auf den römischen Frühling war noch vor Anna Amalias Abreise ein braun-gelockter Weimarer Sommer gefolgt[ii].

Schiller! Er ›brannte‹ geradezu darauf, Goethe endlich zu Gesicht zu bekommen. Kein anderer Weimarer Outsider hatte Goethes kometenhaften Aufstieg so neidvoll verfolgt wie Schiller, keiner hatte sich über Goethes fürstlich finanzierten Italienurlaub mehr echauffiert als er. Im Dezember 1787 polterte er im Räuber-Stil: »Goethens Zurückkunft ist ungewiß und seine ewige Trennung von Staatsgeschäften bei vielen schon wie entschieden. Während er in Italien malt, müssen die Voigts und Schmidts für ihn wie die Lasttiere schwitzen. Er verzehrt in Italien für Nichtstun eine Besoldung von 1800 Talern, und sie müssen für die Hälfte des Geldes doppelte Lasten tragen.«[541] Mit den »Voigts und Schmidts« waren durchaus nicht »Hans und Franz« gemeint, sondern leibhaftige Mitarbeiter Goethes in der Weimarer Verwaltung, die seine Geschäfte in absentia zu übernehmen

---

i   Belästigung
ii mehr dazu S. 193ff.

hatten. Schiller selbst plagte sich mit dem »Carlos« ab, um seine schwindende Popularität nach den schnellen Anfangserfolgen mit den ‚Räubern' (1781/82) und ‚Kabale und Liebe' (1784) wieder herzustellen. Beträchtliche Schulden drückten ihn an den Rand des finanziellen Ruins, vor dem ihn sein Dresdner Freund und Unterstützer, der Jurist und Schriftsteller Christian Gottfried Körner[i] (1756-1831) bewahrte. Seine Gefühle gegenüber dem Weimarer Günstling drückte Schiller nicht selten äußerst drastisch aus. Nach Goethes Rückkehr mäßigte er sich im Ton und ließ ihn angemessenere Worte finden: »Ich bin sehr neugierig auf ihn, auf Goethe; im Grunde bin ich ihm gut, und es sind wenige, deren Geist ich so verehre. Vielleicht kommt er auch hierher, wenigstens nach Kochberg, eine kleine Meile von hier, wo Frau von Stein ein Gut hat.«[542] Schiller wohnte seit Mai 1788 im Dorf Volkstädt, eine halbe Stunde vom Lengefeldschen Gut in Rudolstadt entfernt, wo er sich oft aufhielt und von zwei jungen Damen umschwärmt wurde: den Schwestern Charlotte und Karoline von Lengefeld, letztere unglücklich verheiratete von Beulwitz, erstere noch ledig, bis sie ab 1790 Schiller hieß.

Goethe kam zunächst nicht, dann aber doch zwei Monate später, am 7.9.1788. Schiller berichtet ›erlöst‹ über das erste Zusammentreffen mit Goethe an Körner: »Endlich kann ich Dir von Goethe erzählen […]. Ich habe vergangenen Sonntag beinahe ganz in seiner Gesellschaft zugebracht, wo er uns mit der Herder, Frau von Stein und der Frau von Schardt […] besuchte. […] Unsere Bekanntschaft war bald gemacht und ohne den mindesten Zwang. […] Er spricht gern und mit leidenschaftlichen Erinnerungen von Italien […] Im ganzen genommen, ist meine in der Tat große Idee von ihm nach dieser persönlichen Bekanntschaft nicht vermindert worden; aber ich zweifle, ob wir einander je sehr näherücken werden.«[543] Zwar hatte das Treffen für Schiller die positive Folge, daß Goethe ihm eine Geschichtsprofessur in Jena besorgte, seine Empfindungen für Goethe blieben trotz der Förderung zwiespältig. Körner teilt er im Februar 1789 mit: »Eine ganz sonderbare Mischung von Haß und Liebe ist es, die er in

---

i Vater von Karl Theodor Körner (1791-1813), Schriftsteller; Freiheitslieder; 9 Aufführungen von Lustspielen im Weimarer Theater, die G. wegen der Freundschaft Schillers zum Vater förderte

mir erweckt hat, eine Empfindung, die derjenigen nicht ganz unähnlich ist, die Brutus und Cassius gegen Caesar gehabt haben müssen; ich könnte seinen Geist umbringen und ihn wieder von Herzen lieben.«[544] Der Brief begann mit den Worten: »Öfters um Goethe zu sein, würde mich unglücklich machen. Er hat auch gegen seine nächsten Freunde kein Moment der Ergießung, er ist an nichts zu fassen. Ich glaube in der Tat, er ist ein Egoist in ungewöhnlichem Grade. Er besitzt das Talent, die Menschen zu fesseln und durch kleine sowohl als große Attentionen sich verbindlich zu machen; aber sich selbst weiß er immer frei zu behalten.«[545]

Auch andere Personen in Goethes engstem Umfeld registrierten dessen zunehmend in sich zurückgezogenes Verhalten und wussten nicht recht, was sie davon halten sollten. Karoline Herder schreibt ihrem abwesenden Mann nach zwei Monaten häufiger Kontakte mit Goethe: »Er ist beinah wie ein Chamäleon; bald bin ich ihm gut, bald nur halb. Er will sich auch nie zeigen und nimmt sich vor jeder Äußerung in acht, daraus man Schlüsse machen könnte; darum ändert er auch, glaube ich, so oft die Reden.«[546] Dabei blieb es ihrer Meinung nach. Im Oktober 1788 berichtet sie: »Goethe ist recht brav und gut gegen mich und Dich. Ich sehe ihn gemeiniglich die Woche ein- oder zweimal und werde alles von ihm schreiben. Es ist nur schlimm, daß er immer seinen Panzer anhat. Manchmal blicke ich doch durch!«[547] – Glaubte sie.

Goethes sukzessiver Rückzug in sich selbst war indessen die Folge der enttäuschend spröden Aufnahme durch die Weimarer, die ihn innerlich von dem Ort und Wirkungskreis entfremdete, der seine alte Lebensmitte war und seine neue sein sollte. Nach vier Monaten in Weimar lässt Goethe Knebel in Gotha von seinem Frust wissen: *Ich bin hier fast ganz allein. Jedermann findet seine Konvenienz sich zu isolieren, und mir geht es nun gar wie dem Epimenides nach seinem Erwachen.*[548] In der Münchener Goethe-Ausgabe deutet Rainer Wild Goethes zunehmende Reserviertheit wie folgt: »Die ‚Kälte', die er, wie viele Bekannte in Weimar und auch manche Besucher feststellten, in seinem Verhalten nach der Rückkehr aus Italien zeigte, war eine Schutzmaßnahme, die durch die Erfahrung der Isolierung wohl noch verstärkt wurde«.[549] Die auf beiden Seiten unerwartet große Berührungsempfindlichkeit veranlasste Goethe zum Rückzug in die sich selbst genügende, importierte Autonomie, die nach außen befremdlich wirken konnte und ihn nach innen vereinsamte.

Die Isolation war keine gesellschaftliche. Goethe war nach seiner Rückkehr der gefragteste Mann in Weimar. Es war die geistige Vereinsamung als Folge der eingetretenen Inkongruenz zwischen der alten Welt, die er verließ und dem anderen Stern, von dem er zurückkehrte. Goethe fühlte sich dem kretischen Jüngling Epimenides nah, der nach 57 Jahren tiefen Schlafs aufwachte und seine Heimatstadt nicht wiedererkannte. In seiner eigenen Bearbeitung des Stoffes *Das Erwachen des Epimenides*[i] (1815) lässt Goethe den aus seiner Traumwelt Heimkehrenden die Augen mit folgenden Worten aufschlagen:

Ich träume, ja! wo nicht, so hat ein Gott
In tiefe Wüsteneien mich verschlagen –
Hier – keine Spur von jenem alten Glanz,
Nicht Spur von Kunst, von Ordnung keine Spur![550]

Schlief Epimenides 57 Jahre lang, so gelang es Goethe nach nur 2-jähriger Abwesenheit nicht, sich in dem vor sich hindämmernden Weimar zurechtzufinden. Ohne Goethe war Weimar leer geworden. Seidel hatte ihn in Italien darüber unterrichtet und Goethe äußerte sein Erstaunen darüber: *Gar sonderbar kommt es mir vor, in so großer Entfernung zu lesen, daß die Freunde nicht zusammenkommen*[551]. Die epimenidische Entfremdung ließ ihn auf die in Italien eingeübte Methode des Schauens und Schweigens als Selbstschutz vor inneren Anfechtungen und äußeren Anfeindungen zurückgreifen. Nur so konnte die einsame Gratwanderung zum Weimarer »Walk of Fame« der Weltliteratur gelingen, den er dann zusammen mit Schiller beschritt. Darauf musste der nach Jena abgeordnete Geschichtsprofessor allerdings noch sechs Jahre nach dem Treffen in Rudolstadt warten.

Anfang März 1789 platzte in Weimar eine Bombe ohnegleichen. Karoline Herder eilte, die Sensation ihrem Mann in Rom mitzuteilen: *Ich habe*

---

i War als Textvorlage für die offizielle Siegesfeier gedacht, die 1814 in Berlin zum Abschluss der Kriege gegen Napoleon gehalten werden solle, kam aber erst am 30.März 1815 zum Jahrestag des Einzugs in Paris zur Aufführung (vgl. HA 5, Nachwort, S. 734ff.)

nun das Geheimnis von der Stein selbst, warum sie mit Goethe nicht mehr recht gut sein will. Er hat die junge Vulpius zu seinem Klärchen und läßt sie oft zu sich kommen usw. Sie verdenkt ihm dies sehr.[552] Nicht weniger verwunderlich als die ungleiche Liaison selbst ist die Tatsache, dass es Goethe und Christiane gelang, ihr Liebesbündnis der Weimarer Überwachung ein dreiviertel Jahr vorzuenthalten, wurde doch jeder Schritt des heimgekehrten Principe aufmerksam und kritisch beobachtet, sein gesellschaftlicher Umgang genauestens registriert und kommentiert. Und dank Karoline Herder, die ihren Mann in Italien ständig mit den neuesten Nachrichten von Weimar auf dem Laufenden hielt, wissen wir, was Goethe sich sonst noch so erlaubte. Von der kleinen Schardt, Charlotte von Steins Schwiegertochter, erfuhr sie, dass Goethe »auf dem tanzenden Picknick mit keiner gescheiten Frau ein Wort beinah geredet, sondern den Fräuleins nach der Reihe die Hände geküßt, ihnen schöne Sachen gesagt und viel getanzt hätte. Die Kalbin[i] findet das nun abscheulich, daß er die jungen Mädchen auf diese Weise reizt usw. Kurz, er will durchaus nichts mehr für seine Freunde sein.«[553]

Diese Meinung teilte mit ihr und anderen Damen der Gesellschaft die tief enttäuschte Charlotte von Stein. Von ihrem ersten Besuch bei Goethe am 28. Juni zusammen mit den Herders und der Herzogin Louise, Carl Augusts Frau, berichtet sie: »Ich war acht Tage so kraftlos, daß ich nichts gethan als schlafen...«[554] Sie zog sich auf ihr Gut in Kochberg zurück und bedauerte, die Abreise um Goethes willen aufgeschoben zu haben, denn es »ist nichts als Langeweile zwischen uns ausgewechselt worden«[555]. Ende Juli 1788 reiste sie ab, ohne zu wissen, dass Goethe mit Christiane Vulpius am 13. Juli, vier Wochen nach seiner Rückkehr, ihre ›natürliche‹ Ehe begonnen hatten, einen Tag, nachdem er die brünette Dreiundzwanzigjährige, Arbeiterin in der Bertuch'schen Kunstblumenfabrik in Weimar im Ilm-Park kennengelernt hatte. Nahtlos übernahm sie die Rolle der Römerin Faustina und beflügelte Goethe, die erotische Spannung der letzten Monate von Rom nach Weimar umzubetten, über die er in der *Italienischen Reise* schrieb: *Ja, ich kann sagen, daß ich die*

---

i   Charlotte von Kalb (1761-1843), Schillers »Muse«, die selbst recht umtriebig war

höchste Zufriedenheit meines Lebens in diesen letzten acht Wochen genossen habe und nun wenigstens einen äußersten Punkt kenne, nach welchem ich das Thermometer meiner Existenz künftig abmessen will.[556] Christiane hatte offenbar die richtige Temperatur.

Charlotte von Steins verletzte Gefühle sind leicht nachzuempfinden. Ihre Rolle als die sitzengelassene Geliebte war für sie nicht einfach zu ertragen gewesen und nun erhielt sie den Gnadenstoß durch ein Blumenmädchen. Aber was hatte sie erwartet? Dass Goethe nach knapp zweijähriger italienischer Existenz reuig in eine platonische Beziehung zurückkehren würde, die ihn krank gemacht hatte? Goethe war nicht bereit, sein italienisch geeichtes Thermometer in Weimar ihretwillen auch nur um ein Grad abzusenken. Das bekam sie mit aller Deutlichkeit zu spüren, als die ›Bombe‹ geplatzt war und Goethe ihr seine Sicht der Dinge, die zwischen ihnen standen, klipp und klar mitteilte: *Was ich in Italien verlassen habe, mag ich nicht wiederholen, du hast mein Vertrauen darüber unfreundlich genug aufgenommen. Leider warst du, als ich ankam, in einer sonderbaren Stimmung und ich gestehe aufrichtig: daß die Art wie du mich empfingst, wie mich andre nahmen, für mich äußerst empfindlich war.*[557]

Zwischendurch sei an die herzzerreißenden Briefe erinnert, die Goethe zur gleichen Zeit aus Italien erhielt. So von Angelica Kauffmann[i]: »Ihr abschid von uns durchdrang mier Herz und Seele, der tag Ihrer abreis war einer der traurigen tagen meines lebens […] mier träumte vor ein par nächte ich hette briefe von Ihnen empfangen, und war getröst und sagte, es ist gut das er schriben sonst wer ich bald vor Wehmuth gestorben«[558]; »das ich mit meinen gedancken (ich darf nicht sagen wie offt) in Weimar bin, das weis ich – das meine tage ohne freüde und ohne genuss vorübergehen, das weis ich auch«[559]; von Karl Philipp Moritz: »Ich habe diese Tage über eine große Sehnsucht nach Ihnen gehabt […] Ist es denn wirklich an dem, daß Herder kömmt? Und wird uns in ihm der Tröster kommen, welcher uns Ihren Frieden bringt?«[560] Herder aus Rom: »Deine hiesigen Freunde lieben Dich alle unbeschreiblich, und Du lebst noch bei Ihnen.

---

i   während des zweiten Romaufenthaltes war Goethe ihr ständiger Sonntagsgast; sie fuhren regelmäßig aus, um ihre Herzens- und Kunstgemeinschaft zu pflegen:

Bei Büri[i] sind nie die Tränen weit, wenn ich mit einiger Innigkeit vor[ii] Dir rede.«[561]

Die deutsch-italienische Fuge der Herzen! Sie hätte nicht dissonanter sein können. Umso unfühlsamer, geradezu geschäftsmäßig der Ton gegenüber Charlotte von Stein, in dem Goethe auf sein Verhältnis mit Christiane Vulpius zu sprechen kommt: *Und welch ein Verhältnis ist es? Wer wird dadurch verkürzt? Wer macht Anspruch an die Empfindungen die ich dem armen Geschöpft gönne? Wer an die Stunden die ich mit ihr zubringe? –* Sie möge fragen, wen sie wolle, *Fritzen, die Herdern, jeden der mir näher ist, ob ich unteilnehmender, weniger mitteilend, untätiger für meine Freunde bin als vorher?[...]Und es müsste durch ein Wunder geschehen, wenn ich allein zu dir, das beste, innigste Verhältnis verloren haben sollte.* Das klingt nicht besonders überzeugend aus seinem Munde. Ungebremst fährt er selbstrechtfertigend, dann anklagend fort: *Aber das gestehe ich gern, die Art wie du mich bisher behandelt hast, kann ich nicht erdulden. Wenn ich gesprächig war hast du mir die Lippen verschlossen, wenn ich mitteilend war hast du mich der Gleichgültigkeit, wenn ich für Freunde tätig war, der Kälte und Nachlässigkeit beschuldigt. Jede meiner Mienen hast du kontrolliert, meine Bewegungen, meine Art zu sein getadelt und mich immer mal a mon aise gesetzt. Wo sollte da Vertrauen und Offenheit gedeihen, wenn du mich mit vorsätzlicher Laune von dir stießest.*

Nach diesem längst überfälligen Showdown verhielten sie sich wie Fremde. Eine schriftliche Antwort Charlotte von Steins auf Goethes Abrechnung ist offenbar nicht erfolgt. Für Goethe war die Sache äußerlich erledigt. Viel beschäftigt, von Besuchern und Freunden umgeben, die er aus Italien nach Weimar holte, war er in einer ungleich günstigeren Lage als sie, das leidige Thema wegzustecken. Charlotte von Steins Zorn ergoss sich vor allem auf ihre Erzfeindin, Christiane Vulpius, die zur größten

---

i   Bury ist gemeint, der mit Goethe am Corso wohnte; Herder dachte über den römischen Künstlerkreis, in dem sich Goethe so wohl gefühlt hatte, ganz anders: ».wie er hier auf gewisse Weise unter rohen, obwohl guten Menschen gelebt hat« (28.3.178) war ihm ganz unerklärlich; Angelica Kauffmann beschrieb er als eine »liebe Madonna; nur in sich gescheucht und verblüht auf ihrem einzelnen schwachen Zweige.« (3.12.1788) – Daran mag etwas wahr gewesen sein …ohne Goethe.
ii von

Freude Goethes am 1. Weihnachtstag 1789[i] einen Sohn, den August, gebar. Anders als Goethe, der sich in seinem umfangreichem Briefverkehr mit wem auch immer nie über Charlotte von Stein beklagte, fand die verschmähte Muse in Briefen an ihre Freundin Charlotte Schiller und an ihren Sohn Fritz die verletzendsten Bezeichnungen für Christiane, nannte sie »Jungfer Vulpius«[562] oder Goethes »Kammerjungfer«,[563] seine »Hausmamsell«[564], die ihm »bequemere Donna«[565], sprach von der »unpoetischen Mlle. Vulpius«[566], Beleidigungen, die zielgenau den ›wunden Punkt‹ trafen, an dem alles in die Brüche gegangen war. Auch der kleine August musste als Gebrandmarkter herhalten: »Sein kleiner August kommt jetzt oft als Spielkamerad vom kleinen Schiller zu mir. Es scheint ein gutes Kind. [...] Ich kann manchmal in ihm die vornehmere Art des Vaters und die gemeinere der Mutter unterscheiden.«[567]

Dieser Unterschied konnte nicht von Dauer sein, je mehr der Vater den niedrigen Talenten der Mutter erlag. Oder zeigte er nur sein wahres Gesicht wie der Dichter Ogon in Charlottes Trauerspiel »Dido«[ii], in dem sie heftig nachtrat. Kurzgefasst: als Elissa und engste Freundin der kathargischen Königin hält sie Ogon, ihrem ehemaligen, leicht zu identifizierenden Geliebten, eine böse Standpauke: »Einmal betrog ich mich mit dir, jetzt aber sehe ich allzu gut, ohngeachtet des schönen Kammstrichs deiner Haare und wohlgeformten Schuhe, dennoch die Bockshörnerchen, Hüfchen und dergleichen Attribute des Waldbewohners, und diesen ist kein Gelübde heilig.«[568] Das gibt der treulose Dichter schamlos zu: »Gelübde thun wir uns selber, und können sie uns auch wieder entbinden«[569]. Doch auch dem tief gesunkenen Ogon avisiert die Autorin Trost: »Gewiß! Denn auch der mittelmäßigste Dichter findet ein Weib, das ihm huldigt«[570]. Der *Eine-Existenz*-Satz[iii], den Goethe in tiefster Seelennot aussprach, taucht hier wörtlich in persiflierter Form als Ogons billiger Vorwand auf, Land und Liebste treulos zu verlassen. Und so geht es weiter am laufenden Band. Charlotte hätte gut daran getan, sich in »Dido« ihren Groll endgültig von der Seele zu

---

i   War es Ironie des Schicksals, dass es derselbe Tag war, an dem Charlotte von Stein Geburtstag hatte?
ii Charlotte v. St. schrieb dieses Stück im Winter 1794/95
iii vgl. S. 43

schreiben und das Papier still und leise zu versenken, anstatt es in Weimar zirkulieren zu lassen. Warum Schiller das Pamphlet über alle Maßen lobte[i] und ihr die Veröffentlichung und Bühnenaufführung anriet, ist kaum zu erklären. An dieser Stelle meldete sich allerdings Charlottes Standesinstinkt zurück und witterte, dass sie dem Hause von-Stein die größte Schmach der Familiengeschichte zufügen würde, denn »Dido« war, was es war: ein Trauerspiel, ein Requiem des Anstands und guten Geschmacks, als deren einsame Gralshüterin sie sich gerne darstellte. Sohn Fritz hatte ihr für »Didos« öffentliche Aufführung ohnehin die Unterstützung verweigert[ii].

Einsamer Höhepunkt ihrer missgünstigen Eifersüchteleien war Goethes und Christianes Heirat 1806 in den Tagen der Völkerschlacht von Jena und der französischen Besetzung Weimars. Sie war zwanzig Jahre nach dem Bruch nicht in der Lage, dem Paar zu gratulieren, sondern kommentierte gehässig und ihrem Hofdamen-Image ganz unwürdig am Tag der Trauung, dem 19. Oktober, gegenüber ihrem Sohn Fritz: »Und während der Plünderung hat er sich mit seiner Mätresse öffentlich in der Kirche trauen lassen«[571].

Weshalb Goethe mit der Legalisierung ihrer Lebensgemeinschaft[iii], die nicht nur dem Oberhofprediger Herder ein Dorn im Auge war, achtzehn Jahre lang gewartet hatte, bleibt sein Geheimnis. Die Kritik an ihrer ›wilden‹ Ehe ging an ihm zwar nicht spurlos vorbei, kam aber massiv auf Christiane nieder. Die Diffamierungskampagne gegen sie nahm die übelsten Formen an. Im Mai 1789, nachdem das Liebesgeheimnis gelüftet war, berichtete Karoline Herder ihrem Mann über Charlotte von Stein: »Sie ist sehr, sehr unglücklich, und Goethe beträgt sich nicht hübsch …, und ich fürchte, der Kummer verkürzt ihr Leben. […] Er hat sein Herz, wie sie glaubt, ganz von ihr gewendet und sich ganz dem Mädchen, die eine

---

i Adolf Schöll mutmaßt, Schiller hätten die »Sticheleien … auf den Freund Goethe Spaß gemacht« (Schöll, S. 430, vgl. Literatur- verzeichnis: Sch.,Goethes Briefe), was man kaum glauben mag. Die beiden Dichterfürsten verband inzwischen eine mehrjährige enge Freundschaft und intensive Arbeitsgemeinschaft

ii Einer Aufführung in Breslau, ohne ihren Namen bekannt zu geben, war Charlotte von Stein nicht abgeneigt (Schöll, S. 420)

iii aus der vier weitere Kinder (1791/93/95/1802) hervorgingen, denen nur eine kurze Lebenszeit beschieden war; allein August (inzwischen 16) erlebte die Hochzeit der Eltern

allgemeine H- vorher gewesen, geschenkt.«[572] Wer der Urheber bzw. die Urheberin des H-Satzes war, blieb ungeklärt.

Nur selten lässt Christiane Goethe wissen, wie es ihr in Weimar wirklich ergeht. So im Brief vom 24. November 1798: »Itzo gehen bei uns die Winterfreuden an, und ich will mir sie durch nichts lassen verbittern. Die Weimarer thäten es gerne, aber ich achte auf nichts. Ich habe Dich lieb und ganz allein lieb, sorge für mein Bübchen und halte mein Hauswesen in Ordnung, und mache mich lustig. Aber sie können einen gar nicht in Ruhe lassen.«[573] Goethe schreibt nicht minder sehnsüchtige Briefe an seine kleine Familie zurück. Von der Kampagne in Frankreich, auf die er im September 1792 den Herzog begleitet, schreibt er an Christiane: *Wir stehen noch bei Verdun, werden aber wohl bald vorwärts gehen, ich befinde mich recht wohl und habe keine Zeit hypochondrisch zu sein. Wäre es möglich daß ich dich um mich hätte; so wollte ich mirs nicht besser wünschen. Ich denke immer an dich und den Kleinen und besuche dich im Hause und im Garten und denke mir schon wie hübsch alles sein wird wenn ich wieder komme. […]Richte nur alles wohl ein und bereite dich eine liebe kleine Köchin zu werden. Es ist doch nichts besser als wenn man sich liebt und zusammen ist. Lebe recht wohl und bleibe mein.* Als er einige Monate nach Augusts Geburt vom Herzog nach Venedig abgeordnet wurde, die Herzoginmutter von ihrem Italienaufenthalt abzuholen, bekennt er den Herders, er gehe *diesmal ungern von Hause*[574] und dem Herzog gegenüber gesteht er neben seiner schwindenden Italiensehnsucht einen weiteren Grund für seine Reiseunlust: *Dazu kommt meine Neigung zu dem zurückgelaßnen Erotio und zu dem kleinen Geschöpf in den Windeln, die ich Ihnen beide, wie alles Meinige, bestens empfehle.*[575]

Die Enge Weimars zwang Goethe und Charlotte von Stein im Laufe der Jahre, ihre Berührungsvorbehalte auf ein Maß zu reduzieren, das ihnen die beiderseitige Teilnahme am gesellschaftlichen Leben in der thüringischen Miniresidenz ermöglichte. Die Begegnungen waren freundlich, aber nie mehr wirklich freundschaftlich, auch wenn Charlotte von Stein Goethe in ihren späteren Briefen versöhnlich mit »Lieber Herr Geheimderath« ansprach und ehrlich besorgt war, wenn Goethe ernsthaft erkrankte wie Anfang Januar 1801, als eine lebensgefährliche Gürtelrose seinen ganzen Körper befiel und mit Erstickungsanfällen und Fieberphantasien einher ging. An Sohn Friedrich schrieb sie: »Ich wußte nicht, daß unser ehemaliger Freund Goethe mir noch so teuer wäre, daß eine schwere Krankheit, an der er seit neun Tagen liegt, mich so innig ergreifen würde.«[576] Selbst darin schwingt ein falscher Zungenschlag mit. Sie konnte nicht über den Schatten springen, der ihr Dasein so nachhaltig verfinsterte. Wiederum war es der Fritz, dem sie im März 1809 ihre innere Blockade gesteht: »Eben tritt Goethe herein und trägt einen schönen Gruß an Dich auf. Einen eigentlich offenen, herzlichen Umgang will mir mit diesem Freund nicht wieder werden, so gut ich ihn auch bin.«[577].

Auch der Tod Christianes im Jahre 1816 entkrampfte ihr Verhältnis zu Goethe nicht. Christiane war nur die Zielscheibe gewesen für das, was dem ehemaligen Freund zugedacht war. Als dieser 1816 mit der Veröffentlichung der *Italienischen Reise* begann, schrieb sie an Knebel: »Goethes ‚Italienische Reisen' höre ich von meinen auswärtigen Freunden loben; er hat mir sie aber nicht mitgeteilt. Er schickt mir manchmal von einem guten Gericht von seinem Tisch, aber von höherer Speise würdigt er mich nicht.«[578] An Knebel schrieb sie im April 1817: »Es kann sich niemand drein finden, daß unsere brillante Epoche vorbei ist, selbst Goethe nicht. Es herrscht bei uns nichts wie Stolz und Schein, und dabei gar kein Gemüt.«[579] Die seelische Demütigung, die sie vierzig Jahre vorher erlitten hatte, erwies sich für die stolze Frau als zu groß als dass sie Goethe vergeben und zu innerem Frieden finden konnte.

Im letzten, von zunehmender Altersschwäche gekennzeichneten Jahrzehnt bis zu ihrem Tod 1827 im Alter von 85 Jahren nahm ihr gesellschaftlicher Verkehr mit den noch verbliebenen Weimarer Freunden ab. Viele waren inzwischen gestorben: Herder (1803), Schiller (1805), Anna Amalia (1807), Karoline Herder (1809), Wieland (1813). Zwei Jahre vor ihrem Tod dankte sie Goethe, der ihr ein 1824 in Genf angefertigtes Medaillon geschenkt hatte, in einem kurzen Brief: »Lieber verehrter Geheimderath! Für das schöne Medaillon mit Ihrem Bildniß, das mich [...] sehr erfreut hat, wollte ich Ihnen gleich herzlich danken, aber ich wurde durch viele Besuche gehindert und so fort durch mancherlei, bis mir in dem Augenblick eine ruhige Stunde erscheint. Könnte ich Ihnen nur etwas Gutes dafür erweisen! Vielleicht wenn wir uns in dem großen Weltall wo wiederfinden.«[580] Ein versöhnliches Wort am Ende einer Epoche, die längst verklungen war. Die ganze bittere Wahrheit über ihre doppelt große Lebensenttäuschung hatte sie bereits in einem Brief vom 12. Januar 1809 gegenüber ihrem Sohn Fritz – inzwischen 37 und im preußischen Staatsdienst – ausgesprochen, in dem sie nicht den Komplizen gegen Goethe fand, den sie in ihm zu finden gehofft hatte: »Alle meine Träume, wie ich mit Dir und Goethe einen Reichtum des Geistes in meinem Alter finden würde, sind auch nur Träume geblieben.«[581] Sie sah sich um ihren rechtmäßigen Anteil an Goethes Erfolg betrogen. Zu tief, zu enttäuschend war für sie der Absturz aus der Höhe eines unvergänglichen Musenhofes der Weltliteratur gewesen, in dem sie an der Seite Goethes ihren Ehrenplatz einzunehmen gedacht hatte.

EPILOG

Verbrannte Briefe

»Die *Italienische Reise* hat die Erwartungen des Publikums schon oft enttäuscht.«[582] Mit dieser überraschenden Mitteilung beginnt Christoph Michels Nachwort »Zur Entstehung der »Italienischen Reise««. Die Begründung: »Sie ist kein unmittelbarer Bericht eines glücklichen, noch jungen Reisenden, der sich dem Gefühl, daß sein Jugendtraum in Erfüllung gegangen ist, ganz überläßt.«[583]

Wer sich als Leser auf die *Italienische Reise* in der Erwartung begibt, der Spur eines seiner Sorgen ledigen lebens- und kunsthungrigen jungen Studiosus über die Alpen zu folgen, wird nur zum Teil auf seine Kosten kommen. Schon auf der Anreise nach Rom wird deutlich, dass Italien Goethes großen Nachholbedarf an Kunst und Lebenskunst, nicht an Nachtleben stillen soll. Für Letzteres hätte er nicht so weit fahren müssen. Der junge, kraftgenialische Herzog wäre nur allzu gern bereit gewesen, seinem nicht weniger kraftgenialischen Freund in der Heimat zu seinem Glück zu verhelfen. Leser heutiger Autobiographien, die tiefe Einblicke in die intimsten Nischen der sich medienwirksam vermarktenden gesellschaftlichen ›Crème‹ gewohnt sind, werden die von Christoph Michel erwähnte Enttäuschung besonders deutlich spüren. Die *Italienische Reise* bietet nichts davon und lässt dennoch nichts zu wünschen übrig, wenn man gelernt hat, ihren autobiographischen Code zu knacken – was zu erläutern ist.

Auch der ›seriöse‹ Leser, der, vom kritischen Beginn der Reise ausgehend, einer Flucht, tiefe Einblicke in eine sich selbst offenbarende Psychologie der Krise und ihrer Überwindung durch den Flüchtling im Land seiner Träume erwartet, wird es schwer haben, auf dieser Spur in der *Italienischen Reise* substanzielle Entdeckungen zu machen. Goethe scheint dem nach ihm Forschenden diesen Einblick in den Abgrund, der sich zwischen dem Schein und Sein seiner italienischen Existenz auftut, absichtlich zu verweigern. Diese Absicht war vor allem ein Produkt der großen zeitlichen Distanz zwischen der Italienreise und ihrer Buchveröffentlichung als *Italienische Reise*. Sie brachte nicht nur Erinnerungsprobleme mit sich. Dreißig bzw. vierzig Jahre später hatte sich Goethes Blick auf sein eigenes Leben und das Licht, in dem er es der Nachwelt zu vererben gedachte, verändert. Das damit einhergehende autobiographische ›window dressing‹ fand auch in der *Italienischen Reise* ungehemmt statt. Man ist geneigt, Goethes italienisches Selbstporträt mit dem eines malenden Künstlers zu vergleichen, der er gern gewesen wäre: es enthüllt und verhüllt die Person des Porträtierten gleichermaßen, ganz nach seinem Wunsch. Goethe ist vor allem ein großer Verhüllungskünstler gewesen.

Die autobiographische Enthüllung der *Italienischen Reise* aus sich selbst heraus, die in dieser Arbeit versucht wurde, kommt, sofern sie aufmerksam, ausdauernd und sensibel betrieben wird, ein gutes Stück weit, jedoch ohne ergänzenden Zugriff auf andere Quellen wie Tagebücher, Notizen und Briefe nicht aus. In deren sorgfältigem Vergleichen, Ergänzen und Zusammenfügen liegt die Chance des Aufspürens der autobiographischen Qualität der *Italienischen Reise,* die, sofern man fündig wird, dem Lesevergnügen eine geradezu ›kriminalistische‹ Komponente hinzufügt.

Als Goethe in den Jahren 1816 und 1817 die ersten beiden Berichte seiner Italienreise (Teil I: Karlsbad-Rom/3.9.1786-21.2.1787; Teil II: Neapel-Sizilien-Neapel/22.2.1787-6.6.1787) veröffentlichte, erhielten diese ihre Werkzuordnung in der zweiten Abteilung seiner unter dem Titel *Aus meinem Leben. Dichtung und Wahrheit* (1. Teil 1811 im Druck) in Arbeit befindlichen Autobiographie und waren dadurch vom Verfasser eindeutig als lebensgeschichtliche Dokumente definiert. Der dritte und letzte Teil, der den zweiten römischen Aufenthalt (6.6.1787-23.4.1788) beinhaltete, erschien 1829 zusammen mit den Teilen I und II in der Werkausgabe *letzter Hand* als Bände 27, 28, 29 erstmalig unter dem gemeinsamen Titel *Italienische Reise.* Warum dauerte es so lange und mit welcher Konsequenz, bis Goethe ratenweise die Buchveröffentlichung der *Italienischen Reise* abschloss, zumal er die zügige Publikation des *Reise-Tagebuchs*[i] von Anfang an geplant hatte? In einem ohne Angabe des Absendeortes von Venedig aus geschriebenen Brief vom 14. Oktober 1786 an Frau von Stein gab er bereits klare Anweisungen für ein vorzubereitendes Manuskript: *Wenn du es nach und nach abschriebst, [...] verwandeltest das D u i n S i e und ließest was dich allein angeht, oder du sonst denkst weg; so fänd ich wenn ich wiederkomme gleich ein Exemplar in das ich hinein korrigieren und das Ganze in Ordnung bringen könnte.*[584] Ob ›sie‹ dieser Aufforderung nachkam, ist ungeklärt. Herders Bitte um Überlassung seiner Aufzeichnungen schlug Goethe jedenfalls ziemlich barsch ab. Die Verärgerung über den enttäuschenden Empfang in Weimar vier Wochen zuvor blockierte ihn beträchtlich. Das *Reise-Tagebuch* bekamen Goethes Zeitgenossen nicht mehr zu sehen[ii]. Es blieb wohl mit Rücksicht auf Charlotte von Stein unveröffentlicht und befand sich wohlverschnürt in einem Nachlasskarton mit der Aufschrift »Italiänische Reise«. 1886 wurde es erstmalig vom Literaturwissenschaftler Erich Schmidt für die Goethe-Gesellschaft[585] herausgegeben. Zu diesem Zeitpunkt löste es nicht mehr die Sensation aus, für die 1848 die Erstveröffentlichung der »Briefe Goethes an Charlotte von Stein« durch den Literaturhistoriker Adolf Schöll[586] sorgte. Mit dem Mythos von der kongenialen Seelenfreundschaft der beiden war es ein für allemal vorbei. Karl Robert Mandelkow kommentiert in der Hamburger Ausgabe der Briefe Goethes (1988) die Bedeutung dieses Jahrhundertereignisses in der Goethe-Forschung wie folgt: »Erst die Veröffentlichung von Goethes Briefen an die Freundin durch Adolf Schöll im Jahre 1848 schuf überhaupt die Grundlage zu einem Verständnis der inneren und äußeren Situation Goethes am Weimarer Hof bis zur Flucht nach Italien – das Bekanntwerden dieser Briefe

---

i   das *Tagebuch der italienischen Reise für Frau von Stein 1786* wie es später offiziell hieß; Goethe führte es für Frau von Stein, solange sein Aufenthalt unbekannt bleiben sollte; im Folgenden als *Reise-Tagebuch* zitiert

ii   mit Ausnahme der Adressatin des *Reise-Tagebuchs*, Frau von Stein, und den Herders. Erich Schmidt schreibt dazu: »Doch wurden nach Herders Rückkehr [von Italien am 9.7.1789; d.Vf.] ‚die heiligen Reliquienblätter', wie Caroline sich ausdrückt, im Herderschen Haus gelesen und ihr frühes Abbrechen beklagt«. (Schriften der Goethe-Gesellschaft, Bd. 2, Weimar 1886, S. XXI)

wurde [...] der Wendepunkt in der Geschichte der Deutung und Wirkung Goethes im 19. Jahrhundert.«[587]

Goethes geringe Neigung, in der angespannten Empfangsatmosphäre Weimars das *Reise-Tagebuch*-Manuskript zu bearbeiten, war verständlich, beeinträchtigte aber sein Interesse nicht grundsätzlich, andere italienische Impressionen aufzuarbeiten. Kaum drei Monate nach seiner Rückkehr vereinbarte er mit Wieland, eine Serie kleinerer Beiträge über Italien in monatlicher Folge in dessen Zeitschrift »Der Teutsche Merkur« anonym zu veröffentlichen. Ab Oktober 1788 erschienen diese Aufsätze als »*Fragmente eines Reisejournals: Über Italien*«, darunter die Titel *Stundenmaß der Italiener; Volksgesang.Venedig; Rosaliens Heiligtum; Lebensgenuß des Volkes in und um Neapel* – Beiträge, die später in die *Italienische Reise* integriert wurden, ebenso wie der Bericht über *Des Joseph Balsamo, genannt Cagliostro, Stammbaum. Mit einigen Nachrichten von seiner noch in Palermo lebenden Familie* von 1792. Durch die Aufnahme selbständiger Abhandlungen wie *Das Römische Karneval* (1789), *Philipp Neri, der humoristische Heilige* (1810/1829) und des von den Weimarer Freunden so hitzig diskutierten Essays Karl Philipp Moritz' »Über die bildende Nachahmung des Schönen« wurde die *Italienische Reise* mit Materialien befrachtet, die ihrer einheitlichen Gestalt als fortlaufendes Reisetagebuch nicht gut tat. Andererseits bemühte sich Goethe außerordentlich, den originären Eindruck eines Reiseberichts aufrecht zu erhalten. Mit einiger Bewunderung muss man konstatieren, wie gut es dem 70- bzw. 80-Jährigen gelungen ist, durch die Wahl der Gegenwarts- und Ich-Form der Berichterstattung die Illusion der Unmittelbarkeit der Briefberichte glaubhaft zu machen.

Die Wiederaufnahme der Arbeit an der Italienreise im Jahre 1813 war eine Verlegenheitslösung, weil die Fortsetzung von *Dichtung und Wahrheit* über das Jahr 1775 hinaus in Stocken geraten war. Das ›Kapitel‹ Lili Schönemann, mit der er noch kurz vor Beginn der Weimarer Zeit verlobt war, ging ihm nicht von der Hand; das folgende Weimarer Jahrzehnt klammerte der Autor komplett aus[i] und fasste es auch später nicht mehr an[ii]. Der autobiographische Sprung in das Jahr 1786 und die Italienreise erschien Goethe weniger heikel. Das ihm zur Verfügung stehende unveröffentlichte *Reise-Tagebuch*-Manuskripts und die Briefe aus Italien waren mit Rücksicht auf noch lebende Personen redaktionell gestaltbar. Erstmalig mit ihrer Herausgabe (Briefe1848/Tagebuch 1886) lagen der Öffentlichkeit die Quellen vor, auf die Goethe bei der Abfassung der *Italienischen Reise* zurückgegriffen hatte. Die von Schöll veröffentlichten Briefe weisen allerdings erhebliche Kahlschläge auf, denn Goethe vernichtete nach der Fertigstellung der Teile I und II 1816/17 und des Teils III 1829 eine erhebliche Anzahl *aus Unmut über den Missbrauch*[588], darunter die meisten seiner eigenen, aus Italien an Frau von Stein geschriebenen Briefe, die er unmittelbar nach der Rückkehr von ihr zurückforderte. Von den im Zeitraum März bis Mitte Mai 1787 geschriebenen Briefen, exakt die Zeit, in die die Sizilienreise fiel – blieb nichts übrig bis auf einen, der das große Autodafé zufällig überstand, an dem sich auch Frau von Stein beteiligte. Am 13. Februar 1787 heißt es in einem Brief Goethes aus Rom an sie: *Deine Briefe werden alle gleich verbrannt, wiewohl ungern. Doch Dein Wille geschehe.*[589] Noch bevor Charlotte von Stein im Januar 1827 im 85. Lebensjahr starb, vernichtete sie ihre Briefe an Goethe, die sie ebenfalls zurückgefordert hatte; die Briefe, die sie von Goethe vor und nach der Italienreise erhielt, übergab sie ihrem Sohn Fritz und von dort gelangten sie schließlich zu Adolf Schöll, dem Herausgeber.[590]

Die Veröffentlichung der *Briefe Goethes an Frau von Stein* sowie des *Tagebuchs der italienischen Reise für Frau von Stein* ermöglichte der Goethe-Forschung erstmalig einen Textvergleich beider mit der Buchveröffentlichung der *Italienischen Reise*, der sich speziell für den ersten Reiseabschnitt Karlsbad-Rom anbot, auf den sich das *Reise-Tagebuch* beschränkt. Die Art und Weise, wie er von dem urschriftlichen *Tagebuch*-Manuskript und den *Briefen* für die Abfassung der *Italienischen Reise* Gebrauch machte, erläu-

---

i siehe Anmerkung nächste Seite
ii an die Stelle einer Fortsetzung von *Dichtung und Wahrheit* traten die *Tag- und Jahreshefte*, die z.T. recht summarisch bis ins Jahr 1822 reichen; sie sind eine werk-, wirkungs- und zeitgeschichtliche Retrospektive ohne literarischen Anspruch, aus der Goethe Privates und Persönliches konsequent heraushielt

terte Goethe in einem Brief an Carl Friedrich Zelter[i] am 27.12.1814: *Dieses Büchlein erhält dadurch einen eigenen Charakter, daß Papiere zu Grunde liegen die im Augenblick geschrieben worden. Ich hüte mich, so wenig als möglich daran zu ändern, ich lösche das Unbedeutende des Tages nur weg, so wie manche Wiederholung; auch läßt sich vieles, ohne dem Ganzen die Naivetät zu nehmen, besser ordnen und ausführlicher darstellen.*[591] Erich Schmidt, der *Reise-Tagebuch*-Herausgeber, kam bei seiner Überprüfung der von Goethe behaupteten sanften Redaktion der Quellen zu einem ganz anderen Ergebnis. Die von Goethe angewandten Methoden der «Objectivirung des Vergangenen»[592] hätten »beim ersten Anblick etwas Erschreckendes«[593] an sich gehabt. »Das alte Reisejournal trägt kaum eine Spur von der Redaction her; um so stärkere, ja ich möchte sagen: um so grausamere Spuren tragen die Briefe.«[594] Diese habe er »als Rohmaterial für ein zu schreibendes Buch behandelt, sie auseinandergerissen und manchmal in Streifen zerschnitten [...] fast alle Seiten diagonal durchgestrichen und [...] sehr oft Zeile für Zeile ausgemerzt«.[595] Mit der wohl zutreffenden Annahme, das Manuskript des *Reise-Tagebuchs* für Frau von Stein sei diesem Gemetzel entgangen, verbindet sich leicht die Vorstellung, es sei im Wesentlichen mit dem ersten Teil der *Italienischen Reise* identisch. Davon kann keine Rede sein. Erich Schmidt wies bereits 1886 in einem Vergleich beider Texte[596] darauf hin, wie zahlreich die inhaltlichen Abweichungen sind. Auch die stilistische Gestalt kam nicht unberührt davon. »Oft ist der frische erste Ausdruck einem steiferen oder einem künstlerisch stilisirten... gewichen.«[597] So Erich Schmidts Eindruck. Beide Werke haben eine ganz eigene Textgestalt, die den Leser gerade wegen der inhaltlichen Parallelität der Anreise nach Rom zu einem eigenen Vergleich und Lesevergnügen einlädt.

Die drei zur Verfügung stehenden Auskunfteien über Goethes Italienreise sind demgemäß: das *Reise-Tagebuch*, Goethes *Briefe aus Italien* (soweit erhalten) und die *Italienische Reise* sowie einige ergänzende *Notizen*. Auf diesen autobiographischen Pool kann die Spurensuche nach dem Goethe Italiens zurückgreifen. Inhaltlich soll hier ein besonderes Augenmerk

---

[i] C.F. Zelter (1758-1832), Berliner Musiker, Dirigent, Komponist war einer der vertrautesten Freunde in Goethes späteren Jahren

auf die Verarbeitung der Weimarer Lebenskrise gelegt werden, die am Anfang stand, die er mitnahm, annahm und auf seine ganz persönliche Weise in einem Prozess überwand, aus dem Sizilien so wenig wie Rom oder Neapel wegzudenken ist. Da sich die Abfassung der Berichtsquellen aus Goethes Hand über einen Zeitraum von vierzig Jahren erstreckt, von seiner Lebensmitte bis zum Lebensende, werden Veränderungen in seinem autobiographischem Schreiben sichtbar, das in der *Italienischen Reise* einen neuen Typus des Genres hervorbringt, dessen Verständnis die Augen für die immer wieder vermisste Individualität dieser Autobiographie, die allein die gesamte italienische Epoche Goethes umfasst, weit öffnet.

Hätte Goethe nicht schon auf der Anreise nach Rom die Absicht der Veröffentlichung des *Reise-Tagebuchs* gehabt, so wäre möglicherweise Privateres in dieses eingeflossen. Zu schnell führte diese Absicht seine Feder und schloss alle Indizien einer Lebenskrise vom *Reise-Tagebuch* aus. Selten auftauchende Momente wie: *ich muß die Unbequemlichkeiten, Widerwärtigkeiten, das was mit mir nicht stimmt, [...] alles muß ich bey Seite bringen*[598] – sind nur noch schwache Echos des akuten Seelennotstandes zwischen dem Adressanten und der Adressatin. Objektives drückte Vertrauliches an den Rand, zum Teil so sehr, dass das *Reise-Tagebuch* streckenweise zu einem Fernlehrbrief für Frau von Stein durch seitenlange Verweise, Kommentare, Ergänzungen und Besserwissereien zum »Volkmann« absinkt. Dennoch bleibt ein Hauch von Intimität in und zwischen den Zeilen erhalten, ein ›touch‹ vertrauter Nähe der Briefpartner, die den Charme und die autobiographische Restqualität des *Reise-Tagebuchs* ausmachen.

In den wenigen an Charlotte von Stein und den Freundeskreis gerichteten Briefen, die er während seiner *hegire* bis zur Ankunft in Rom absenderlos schrieb, schweigt sich Goethe über das Krisenthema komplett aus, wie er verschwieg, wo er sich befand, um sich eine kurze Funkstille zu gönnen, bevor ihn die Beschwerdebriefe aus der Heimat einholen würden. In seinem ersten Lebenszeichen an Herder von Verona aus am 18. September 1786 heißt es unter anderem: *Ich halte mir den Mund zu um nichts weiter zu sagen.*[599] Das brauchte er auch nicht. Die Herders wussten Bescheid.

Mit dem Eintreffen in Rom und der Bekanntgabe seines Aufenthaltsorts ist die Schonzeit vorbei und der Augenblick der Wahrheit gekommen, in erster Linie in der Korrespondenz mit Frau von Stein. Jeder der wenigen noch erhaltenen Briefe, die Goethe an Charlotte schrieb, trägt von nun an den Stempel seines abgrundtiefen Seelenschmerzes, beginnend mit dem Brief vom Vorweihnachtsabend 1786: *Verzeih mir großmütig was ich gegen dich gefehlt und richte mich auf*[600] – bis zum letzten vor der Abreise nach Neapel: *Ich hoffe es soll alles gut gehn, mein lange mühseliges Leben, soll sich gegen das Ende erheitern. [...] Es ist entsetzlich was mich oft Erinnerungen zerreißen.*[601]

Was kommt von diesem Drama in der *Italienischen Reise,* an? Hier gehen die Meinungen der Goethe-Forscher weit auseinander. Werner Keller (Goethe-Herausgeber) hat mit der autobiographischen Lesbarkeit der *Italienischen Reise* kein Problem: »Es ist der Rechenschaftsbericht von einer großen Lebenskrise und deren Überwindung. Goethe hat alles getan, das seinem Leser sehr eindringlich zu Bewusstsein zu bringen.«[602] Die *Italienische Reise* sei ein Buch, »das eine Beichte über Krise und Genesung darstellt.«[603] Das Studium der *Italienischen Reise* macht es schwer, dieser Auffassung zu folgen. Demgegenüber kommentiert Herbert von Einem: »Auch das Verhältnis zu Charlotte v. Stein, soviel Seligkeit es gab, war von diesem Konflikt tief überschattet. In der Buchveröffentlichung der *Italienischen Reise* steht davon nichts.«[604] Einigen Autoren, in deren Harmoniebild des Weimarer Genius' Vorstellungen wie ›Flucht‹ oder ›Krise‹ keinen Platz haben, kommt Goethes autobiographische Verdunklungsstrategie nur recht. So nimmt Ernst Beutler die Krisenfreiheit der *Italienischen Reise* als bare Münze und erklärt, sie sei in jeder Hinsicht »ein Buch des reinsten Glücks«.[605]

Krisensignale aus der autobiographischen Tiefe der Briefe klingen in der *Italienischen Reise* hörbar in der Tat höchst selten an. Eintragungen, die einen gewissen Bekenntnis-Charakter haben wie die vom 12. Oktober 1786: *Hätte ich nicht den Entschluß gefaßt, den ich jetzt ausführe, so wär' ich rein zugrunde gegangen...*[606] oder vom 11. November beim Eintreffen in Rom: *Ja, die letzten Jahre wurde es eine Art von Krankheit, von der mich nur der Anblick und die Gegenwart heilen konnte*[607] oder von Neapel vor der Abfahrt nach Palermo: *Gewiß, es wer besser, ich käme gar nicht wieder, wenn ich nicht wiedergeboren zurückkommen kann*[608] – haben Seltenheitswert. Nach weiteren sucht man vergeblich. Alle diese Geständnisse haben in ihrem Kontext denselben Tenor: sie reduzieren die fundamentale Lebenskrise auf eine Kunstentziehungskrise, der mit der römischen Medizin schnell abgeholfen werden kann. Nur mit der Kenntnis der *Briefe* lassen sich solche verharmlosenden Botschaften dekodieren und begreiflich machen, dass die Flucht in das Leben der Kunst Italiens für Goethe die Schule des Wiedererlernens der Kunst des Lebens war. Weder der Anfang der *Italienischen Reise*: *Früh drei Uhr stahl ich mich aus Karlsbad, weil man mich sonst nicht fortgelassen hätte*[609] noch ihr Ende vermittelt die Vorstellung einer abgrundnahen Gratwanderung des Berichterstatters und seiner glücklichen Errettung vor einer Reise ins Ungewisse. In autobiographischer Hinsicht ist die *Italienische Reise* auf den ersten Blick ein äußerst verschwiegenes Dokument. Der selbstenthüllende Exhibitionismus seines französischen Zeitgenossen Jean-Jacques Rousseau (1712-1778) in dessen »Confessions« (hrsg. 1782) war wahrlich nicht à Goethes goût. Für Erotisches bevorzugte der Dichter poetischere Ausdrucksformen.

Die viel beklagte Goethearmut der *Italienischen Reise* muss die Frage auf den Plan rufen, ob Goethe diese aus Verlegenheit in seine autobiographischen Schriften einreihte oder ob es eine Erklärung gibt, die Goethes autobiographisches Schreiben grundsätzlich vom Typus ›bekennender‹ Selbstdarstellungen unterscheidet.

Hinsichtlich der *Italienischen Reise* kann nicht genug beachtet werden, dass Goethe beinahe 70 bzw. 80 Jahre alt war, als er sie verfasste. In der Altersrückschau neigte er mehr und mehr dazu, sich selbst und sein Leben historisierend als etwas Gewordenes darzustellen, das in seiner organischen Entfaltung dem naturgesetzlich-biologischen Wachstum glich. Seine eigene Lebensgeschichte fasste er als eine sich kontinuierlich, tätig ausgestaltende Bildungsgeschichte auf. Die darin wirkende Bildungsdynamik war seiner Auffassung nach kein individuelles Vermögen, kein persönliches Verdienst, sondern ein allgemeines Gesetz, das Naturgesetz der humanen Bildung, das jedem Mensch innewohnt und die Teilhabe am geistig-sittlichen Selbst- und Weltformungsprozess ermöglicht. Goethe gelang dieser mit einer unvergleichlichen Universalität, die sein Leben über das eigene erhob und beispielhaft für andere machen konnte. Diese Erkenntnis erschien dem altersweisen Weimarer die wesentliche der Nachwelt zu vererbende Quintessenz seiner Lebenslaufbahn zu sein. Das bildungspädagogische Vorzeichen relativierte in der Folge die authentische Auskunft über sein Leben zugunsten einer autobiographischen Botschaft, die an einer kontinuierlich aufsteigenden Lebenslinie ablesbar sein musste. Aus dieser waren individuelle Tagesausschläge, zu denen er die Weimarer Krise und alle übrigen menschlichen und allzu menschlichen Regungen zählte, herauszuhalten, um der übergeordneten Zielsetzung dienlich sein zu können. Darin ging die *Italienische Reise* neue Wege und war in ihrer Zeit als Autobiographie vorläuferlos, indem sie sich nicht in rousseauschem Intimgeplauder erging oder in uferlosen, philosophischen Lebenssinn-Reflexionen verlor oder den augustinischen Weg der theologischen Überwindung des Lebens wies, sondern zeigte, dass der ›aufgeklärte‹ Mensch mitten im Leben stehend sich im anschauenden, denkenden und tätigen Austausch mit der Welt selbst gestaltet. Sinnsuche, so Goethes Botschaft, vollzieht sich durch Weltsuche, Selbsterfahrung durch Welterfahrung. Von exhibitionistischer Nabelschau hielt er nichts. In *Wilhelm Meisters Wanderjahren* heißt es: *Wie kann man sich selbst kennen lernen? Durch Betrachten niemals, wohl aber durch Handeln.*[610] Und: *Sage mir, mit wem du umgehst, so sage ich dir, wer du bist; weiß ich, womit du dich beschäftigst, so weiß ich, was aus dir werden kann.*[611] Nicht sich und anderen irrlichternd aufzudrängen versuchen, was man selbst nicht wissen kann: dem »Erkenne dich selbst« hat er nie getraut. Allein in der nüchternen Darstellung des Werdens und Wirkens in der Welt liegt die Ehrlichkeit des Selbstbiographen, der wahre Schlüssel zu allem. Das ist Goethes Konzept einer ›bekennenden‹ Biographie, die offen hält, welche Gestalt der Mensch annimmt, der sich nach und nach aus dem Fluss des berichteten Lebens herauslöst. So verstanden kann die *Italienische Reise* ihre autobiographische Botschaft enthüllen, die im Spiegel eines augenscheinlich neutralen Rechenschaftsberichts den Verlauf einer italienischen Lebenslinie offenbart, die an der Krisenbasis der Karlsbader Kapitulation ihren Ausgang nimmt, ›über den Berg‹ zum Neubeginn in Roms Schule führt, von Neapel aus alles Festländisch-Bedrückende hinter sich lassend zur sizilianischen Inseloase übersetzt, von Palermo homerisch verklärt dem Wendepunkt von Agrigent entgegen- und zu Taorminas Zenit hinaufstrebt, um von dort mit neu geschenkter Lebenskraft verwandelt und erhöht an den Ausgangspunkt einer nunmehr bestandenen Lebensprüfung zurückzukehren. Der ins Straucheln geratene Wanderer hat wieder festen Boden unter den Füßen, ist wieder mit der Welt in Einklang. Sie kann wieder seine sein, ihr kann er wieder ganz gehören. So gelesen wird die *Italienische Reise* zu einem noch größeren Erlebnis und reizt, sie sogleich noch einmal zu lesen, um Goethe in vielem mehr als dem hier Beschriebenen zu entdecken. Der sizilianische Teil macht das nicht gerade leicht, aber spannend und belohnt sowieso, wenn man Erich Schmidts Geschmack daran teilt: »Die Glanzpartie der Darstellung nach [...] eine der größten Leistungen Goethescher Prosa und eine Spitze der gesammten Reiselitteratur ist die sicilische Zeit, April und Mai 1787: von dem Entzücken in Palermos Garten und im Anblick der unvergleichlichen Linien des Monte Pellegrino zu ernst und launig behandelten Ausflügen landeinwärts und weiter zu den novellistisch behandelten Messineser Tagen und der stürmischen Meerfahrt.«[612]

Manchmal hilft beim Forschen der zu Erforschende rechtzeitig mit, wichtige Nachrichten dem Vergessen zu entreißen. Nach erfolgter Veröffentlichung der ersten beiden Teile der *Italienischen Reise* fiel Goethe bei der anschließenden Vernichtungsaktion der Briefe einer in die Hände, den er nicht den Flammen überlassen mochte. An seinen Freund Zelter schrieb er am 16. Februar 1818: *Da ich so manches Liebe von Deiner eignen Hand empfange und dagegen wenig erwidre, so sende [ich][i] Dir ein uralt Blättchen, das ich nicht verbrennen konnte, als ich alle Papiere, auf Neapel und Sizilien bezüglich, dem Feuer widmete. Es ist ein so hübsches Wort auf dem Wendepunkt des ganzen Abenteuers, und gibt einen Dämmerschein rückwärts und vorwärts.*[613] Der von Palermo aus an Charlotte von Stein gerichtete Brief trägt das Datum vom 17. April 1787 und beginnt wie folgt: *Meine Liebe noch ein Wort des Abschieds aus Palermo. Ich kann dir nur wiederholen daß ich wohl und vergnügt bin und daß nun meine Reise*

---

i   vom Verf. eingefügt

eine Gestalt annimmt. In Neapel hätte sie zu stumpf aufgehört. Aus meinen Blättern siehst du nur einiges im Detail, vom Ganzen, von meinem Innersten und den glücklichen Folgen die ich fühle kann und mag ich nichts sagen.[614] Den Brief hat Goethe nicht in die *Italienische Reise* aufgenommen. Er war ihm viel zu intim, viel zu bekennend *auf dem Wendepunkt des ganzen Abenteuers* geschrieben.

Bringt – last but not least – ausgerechnet ein Wort des auf sein Lebensganzes zurückblickenden Goethe die positive Sizilienbilanz doch noch zum Kippen? Eine Äußerung des 81-Jährigen in einem Brief vom 28. Juni 1831 an Zelter mag Anlaß dazu geben. Dieter Borchmeyer nennt sie »ein verblüffendes Zeugnis aus Goethes letztem Lebensjahr, das in diametralem Gegensatz zu der mythischen Verklärung Siziliens in der *Italienischen Reise* das wirkliche Erlebnis der Insel fast wie einen Alptraum beschreibt, den er aus seiner Erinnerung nicht wieder heraufholen möchte«[615]. Goethe schrieb an Zelter: *Es muß in meinen letzten sizilianischen oder darauffolgenden neapolitanischen Briefen eine Spur sich finden, welchen unangenehmen Eindruck mir diese vergötterte Insel zurückgelassen hat; ich mag durch Wiederholung auf diesen Punkt nicht lasten.*[616]

Karl Robert Mandelkow kommentiert diese Zeilen in der Hamburger Ausgabe der Briefe Goethes so: »Diese zunächst befremdliche Äußerung Goethes bezieht sich vermutlich auf den Bericht von der Rückfahrt von Messina nach Neapel«[617] – mit der schon Emil Mühlmann, wie dargestellt, den sizilianischen Traum platzen lassen wollte. Mag sein, dass Goethe in der Erinnerung noch einmal die Ruinenstimmung hochkam, die ihn im Rückblick auf die zerstörte Stadt befiel. Viel wahrscheinlicher ist, dass er sich über diese seekranke Mitteilung ärgerte, weil der Vater von Felix Mendelssohn Bartholdy diese zum Anlaß nahm, seinem Italien bereisenden und vertonenden Sohn die Weiterfahrt nach Sizilien zu verbieten. In dem Brief an Zelter heißt es im Vorwege zu der kritischen Äußerung: *Nun ein Wort von dem guten Felix; der Herr Papa hatte sehr unrecht, ihn nicht nach Sizilien zu schicken; der junge Mann behält eine Sehnsucht ohne Not.* Seitdem Felix' Mutter Goethe mit dem achtjährigen Wunderkind 1817 den ersten Besuch abstattete und Felix als Schüler Zelters ab 1822 mehrmals Besucher am Frauenplan war und den von ihm verehrten Gastgeber durch sein Klavierspiel[i] und wohlerzogenes Benehmen entzückte, nahm Goethe an seiner Entwicklung lebhaften Anteil. Bei Mendelssohns letztem Besuch im Mai und Juni 1830 kam es zu Goethes ärgerlicher Reaktion auf das Reiseverbot: »Der Dichter geriet ordentlich in Zorn, als der gestrenge Vater (Mendelssohn-Bartholdy) dem .... Sohne die Reise nach Sizilien verbot.«[618]. – Goethes Ärger ist nur allzu verständlich.

Es bliebe also Goethes Vermutung zu prüfen, in den *letzten sizilianischen oder darauffolgenden neapolitanischen Briefen* müsse ein Hinweis auf den negativen Eindruck zu finden sein, den die Insel in Wahrheit bei ihm hinterlassen habe. Borchmeyer bemerkt dazu, diese Spur könne man nicht mehr verfolgen, »da Goethe seine Originalaufzeichnungen über den Aufenthalt in Neapel und Sizilien nach ihrer Verwertung für die *Italienische Reise* vernichtet hat«[619]. Zum Glück nicht alle! Der Palermo-Brief an Frau von Stein ist zwar der einzig erhaltene an sie aus Sizilien. Aber weitere an andere Empfänger haben das große Autodafé überlebt und lassen keinen Zweifel an Goethes damaliger Einschätzung des Sizilien-Aufenthaltes aufkommen. Am Tag nach der Rückkehr von Messina nach Neapel schreibt er an Philipp Seidel: *Die Reise nach Sizilien ist glücklich vollbracht und wird mir ein unzerstörlicher Schatz auf mein ganzes Leben bleiben*[620]; an Herder zwei Tage später: *und ich finde mich recht glücklich, den großen, schönen, unvergleichbaren Gedanken von Sizilien so klar, ganz und lauter in der Seele zu haben*[621] – an den Herzog Carl August Ende Mai: *Ich bin über alle Maßen von meiner Reise zufrieden*[622] – an Charlotte von Stein Anfang Juni: *Ich habe die größte Ursache von meiner Reise zufrieden zu sein, ich habe mir die schönsten und solidesten Schätze gesammelt*[623].

An dieser Einschätzung änderten auch dreißig weitere Lebensjahre nichts. Als Goethe (zur Erinnerung: fast 70-jährig) die erste Lieferung der *Italienischen Reise* fertig stellte, schrieb er an Freund Knebel: *Hauptsächlich beschäftige ich mich gegenwärtig mit meiner italienischen Reise und habe mich*

---

i   Felix Mendelssohn (1809-47; ab 1822 Mendelssohn Bartholdy), widmete Goethe das 3. Klavierquartett in h-Moll op.3 (F. hatte es mit 16 J. für G. komponiert); außerdem ca. 20 Vertonungen zu Texten Goethes; am bekanntesten wurden die Kantate für Chor und Orchester ‚Die erste Walpurgisnacht' (op. 60; 1831) sowie die Konzertouvertüre ‚Meeresstille und Glückliche Fahrt' (op.27; 1828)

in der letzten Zeit gar vergnüglich in Sizilien aufgehalten. Man kann erst später, wenn viele Jahre vorüber sind, bemerken, was für einen Einfluß ein solches Anschauen aufs ganze Leben gehabt hat.[624]

Kann eine Reise mehr bedeuten?

Grenzerfahrung

An Goethes Persönlichkeit kann es immer nur Annäherungen geben. Sein geistiges Leben ist viel zu reich und die von ihm lebenslang gehütete ›innere Person‹ zu vielschichtig als dass man hoffen dürfte, durch irgendeine Methode zu ihren tiefsten Geheimnissen vorzustoßen. Kurt R. Eissler, der mit einer breit angelegten tiefenanalytischen Studie in den 1960-er Jahren versuchte, in Goethes Psycholabyrinth einzudringen, schrieb einleitend zu seinen Untersuchungen: »Die Seelengeheimnisse eines Lebenden sind schon schwer zu entziffern, doch noch schwerer lassen sich die Umstände eines vergangenen Lebens interpretieren«.[625] Das einzige, was man tun könne, sei, »das Beste aus den Quellen zu machen, die uns zur Verfügung stehen, darauf hoffend, daß der Forscher durch ein gütiges Geschick davon abgehalten wird, sich zu weit zu verirren.«[626] Diesem Wunsch schließt sich der Autor der vorliegenden Arbeit hoffnungsvoll an.

Die begrenzte Enthüllungskraft der Analysetechniken hat ihren Grund jedoch nicht allein in deren methodenspezifischen Grenzen, sondern findet sie an jener generellen Grenze, die das Leben selbst setzt als ewiges Geheimnis des Werdens und Vergehens, welches in jedem Menschen stets aufs Neue wunderbar verwandelt seinen Lauf nimmt. Grenzen haben aber für den Menschen seit eh und je den unwiderstehlichen Reiz, sie zu überwinden oder wenigstens ein Stück hinauszuschieben. Nichts hat die Weltgeschichte so bewegt wie Grenzen und ihre Veränderung. Was für die Geschichte und das Leben als Ganzes gilt, trifft ebenso auf die Erforschung des einzelnen Lebens zu. Und wie schwer ist das! Sind einem die Regungen des eigenen Ichs oft genug nur begrenzt erklärbar, um wie viel mehr diejenigen eines längst vergangenen Lebens, welches nicht mehr befragt werden kann, sondern nur noch gedruckt existiert. Wenn dieses Leben Goethes ist, so hat man es obendrein mit einem Universum für sich zu tun, welches auch nach fast 200 Jahren reichlich unerforschte Räume und Dimensionen bietet. Taucht man in diese ein, hat man recht bald den Eindruck, dass sie sich wie die astrophysikalischen ausdehnen, je weiter man in sie eindringt. Bewegung, auch die biographisch forschende, ist ein relatives Phänomen, das, wenn man Glück hat, wie Eissler sagt, zum Ziel und nicht in die Irre führt. Jeder Zugang zum ›Untersuchungsobjekt‹, sei es zu ›Goethe in Weimar‹, ›Goethe in Italien‹ oder ›Goethe in Sizilien‹ ist wiederum nur der Versuch des Vordringens zu einem Punkt auf der Weltkarte seines Leben, deren geistig-seelisch-physische Struktur schier unausmessbar ist und auf unabsehbare Zeit dafür sorgen wird, dass die Beschäftigung mit seiner Ausnahmepersönlichkeit und der Weltliteratur, die er schuf, eine notwendige, lohnenswerte und immer neue Herausforderung bleibt.

Mit Goethe gibt es kein Ende.

*
* * *

PALERMO 2008 · SPUREN IM REGEN

Unter der warmen Dusche auf der Fähre »La Superba« denke ich an Goethe. Das ist an sich nichts Neues, denn seit Wochen und Monaten denke ich fast nur noch an Goethe. Aber hier in der komfortablen Kabine ganz besonders. Erst jetzt wird mir klar, was sechsundneunzig Stunden auf der Korvette anno 1787 bedeutet haben müssen, fast ohne alles, was mich hier reichlich umgibt. Und seekrank obendrein, gegen Südwind und Abdrift.

Unser 50.000 BRT-Liner läuft nach einem etwas unruhigem nächtlichen Start von Genua mit sanftem, rhythmischem Nicken gen Palermo. Mittschiffs ein gepflegter Speisesaal, in dem von den vier Antriebsaggregaten und einer Seereise nichts zu merken ist, besonders dann nicht, wenn man gemütlich in den roten Polstern sitzt und isst. Bewegt man sich entlang den endlos langen Korridoren zwischen den Kabinen, nimmt man zwangsweise einen leicht angeheiterten Gang an. Auf den Außendecks weht ein eisiger Wind. Das Schiff zieht mit 23 Knoten Fahrt durch das Tyrrhenische Meer. Hin und wieder sprüht eine Breitseite Gischt über die Reling. Mein Gesicht ist klamm, die Lippen schmecken salzig. Ich halte Ausschau nach den sanftesten Linien einer Küste voraus. Viel zu früh. Eine Bordlautsprecheransage beunruhigt mich seit ein paar Stunden. Die Ankunft in Palermo solle ziemlich genau um 18.00 Uhr sein. Das kümmert offenbar niemanden an Bord. Eine Hiobsbotschaft für mich. In Genua war es zu dieser Zeit so dunkel, dass sich Fotos des Hafens und der Stadt auf die Abbildung von Lichtpunkten beschränkten. Bedeutete das das Aus für den Blick auf Palermos Vorgebirge und den Monte Pellegrino, Goethes schönstes Vorgebirge der Welt, das mir die Anfahrt per Schiff so wichtig machte?

Auf Nachfrage bestätigt die Rezeption die Ankunftszeit. Leider. Der vorrückende Pfeil auf dem Fernseher macht mir dennoch Mut. Ca. eine halbe Stunde vor der angesagten Zeit kommt die Küste in Sicht. No more questions. Der beste Platz, von dem man eine freie Sicht über den Bug hat, ist der vorderste Salon. Geschlossen! Eine Sicherheitsmaßnahme wegen des leichten Rollens des Schiffes. Nun gut. Ich werde also vom linken

Deck zum rechten kreuzen müssen, um die jeweils beste Perspektive zu erwischen. Der amerikanische Segler, auf dem Goethe und Kniep zweimal Palermo ansteuerten, ließ ihnen genügend Zeit, in aller Ruhe die Konturen des über Stunden näherrückenden Vorgebirges mit den Augen, den Sinnen und dem Zeichenstift festzuhalten. Die Segnungen der Touristik im Zeitraffertempo werden mir mit gemischten Gefühlen bewusst.

Gegen 17.00 Uhr ist es so weit. Der TV-Bildschirm bestätigt die unmittelbare Nähe der Insel. Goethe, Kniep, Urpflanze, Odysseus, Rosalia, Homer: alles fliegt mir wie auf Knopfdruck durch den Kopf. Ich halte mein digitales Werkzeug bereit. Mehr als hauchdünne Schemen sind von Alkinoos Garten noch nicht zu sehen. Die Fahrt wird reduziert. Der blaugraue Nebelstreifen in der Ferne nimmt immer solidere Formen an. Alles geht plötzlich unerwartet schnell. Ich bin nicht der einzige Digitale. Einige hängen über der Reling, als kämen sie so dem verheißenen Land noch ein Stückchen näher. Das Palermo-Shooting ist in vollem Gang.

Die Umrisse des nach Ost und West weit ausgespannten Vorgebirges bilden sich immer massiver gegen Himmel und Meer ab. Die Fähre schwingt in eine große Rechtsschleife ein und ich wechsle treppab, kreuze, treppauf zum linken Deck, wo sich der Panorama-Blick auf Palermo und die umgebenden Hausberge anbahnt. Das Licht! Das Licht ist gebrochen. Schwere Kumuluswolken lagern wie ausgelaufene Tintenkleckse hinter dem Vorgebirge und versenken die Spitzen in einen dunkelblauen Dunst, der das letzte, matte Leuchten des Spätnachmittagshimmels verschlingt. Meine Fuji arbeitet im Sekundentakt. Auswählen später. In einem plötzlich niederschießenden Sonnenstrahl kommt Palermos Häusermeer so nah und grell in Sicht, als hätte jemand neben mir einen Megablitz ausgelöst. Die Vorgebirgskonturen zur Rechten und Linken, vom Monte Pellegrino bis hinüber zum Monte Catalfano, zeichnen sich scharf gegen das blau-schwarze Gewölk und die vorgelagerte Großstadt ab. Der erste Blick reißt mich nicht sonderlich hin. Die Hafenanlagen rücken heran. Dahinter dehnen sich der Länge, Breite und Tiefe nach endlose Reihen von Wohnblocks bis zu den aufragenden Berghöhen aus, wo in Goethes Zeit Zitronen blühten. Man sieht schon vom Schiff aus, dass der Rosalienberg ein Stadtteil Palermos geworden ist. Der Lichtstrahl ist plötzlich abgeschnitten und die Konturen der Berge glätten sich in der heraufziehenden Dämmerung. Wenn nur die Telefonmasten auf dem Pilgerberg nicht wären. Hätte Goethe diesen Anblick gepriesen, hätte Kniep die Zeichenstifte gespitzt, um diese Spargelstangen abzubilden? Poussin hätte ihn gerettet. Einfach weg damit.

Kräne, Fähren, Kreuzfahrtschiffe. Ein Minilotsenboot kommt in einem schneidigen Bogen angesaust. Gischt. Klick. Ich konzentriere mich auf die Dächerlandschaft Palermos und suche nach erhabenen Punkten. Ich stehe günstig. Die Kuppel der Kathedrale überragt alles. Verhaltene Freude kommt auf. Glockentürme. Schwer zu sagen, welche. Die Domkuppel liegt in gerader Linie vor mir. Die Porta Felice muss auf dieser Vertikalen direkt vor mir auftauchen. Ich suche die erste Reihe der Häuser hinter den Hafenanlagen ab, entdecke ihre klobigen Türme und weil sie oben offen ist, erlaubt sie für einen Moment einen Blick in die leicht ansteigende Häuserschlucht der Via Vittorio Emanuele. Und schon gleitet das Schiff vorbei und hinein in das empfangsbereite Hafenbecken. Die Schiffsansage hat die Passagiere bereits mehrmals zu den Koffern und zum geordneten Landgang aufgerufen. Ich gehorche. Das Licht reicht sowieso nicht mehr. Hundert oder mehr Bilder sind abgespeichert. Am liebsten würde ich jetzt eine Stunde auf dem zur Ruhe kommenden Schiff verweilen, die Augen weit öffnen wie Goethe es tat und über die Stadt gucken, wie sie mit immer mehr Lichtern aus der einbrechenden Dunkelheit heraustritt. Die nur noch zu ahnenden Berge flackern hier und da wie eine Theaterkulisse hinter der Stadt auf. Der Küstenverlauf zeichnet sich wie an einer langen, dünnen Leuchtgirlande gezogen gegen das herandrängende Wasser ab. Trotz des profanen Kaiasphalts, der das erste von Sizilien ist, worauf meine Füße treten und dem regen Frachtgeschäft um mich herum, habe ich bei dieser ersten Fühlungnahme mit der Stadt irgendwie das Gefühl eines Wiedersehens. Merkwürdig! Oder auch nicht! Haben Palermo und Sizilien mich doch seit Wochen und Monaten in meinen vier Wänden umgeben.

Die Koffer müssen in den Bus! Die ›heavy facts of life‹ holen mich zurück. Angekommen! Wirklich angekommen, wo ich bisher nur auf Landkarten zu Hause war.

*

Palermo, Ostermontag, d. 24. März 2008. Tiefhängende Wolkenmassen stauen sich schon den ganzen Vormittag gegen das Vorgebirge und schütteln sich über der Stadt aus, leider nicht leer. Die lebhaft gluckernden Rinnsale, die von der Porta Nuova zur Porta Felice hinunterströmen, hätten die Via Vittorio Emanuele wie damals vom Kehricht freigespült. Kein Bedarf. Alles clean. Hier unten am Tor des Glücks, wo die Strömung am stärksten war, muss er irgendwo mit dem kundigen Handelsmann gestanden und geplaudert haben.

Von den dreitägigen Osterfeierlichkeiten, Karfreitag bis Ostersonntag, ist nirgendwo etwas zu sehen. Auch in den Kirchen nicht. Das überrascht mich. Feuerwerke an den Kirchentüren werden in Palermo schon lange nicht mehr abgebrannt. Großes Getöse gibt es dafür reichlich und überall in der Stadt durch Massen von dröhnenden Fiats, hupenden Vespa-Fahrern, hin- und herrangierenden Bussen und Karawanen vielsprachiger Touristen, die auf beiden Sightseeing-Achsen, der Via Vittorio Emanuele und der Maqueda hin und her pilgern und sich bei jedem neuen Schauer in ein ungeplantes Aufenthaltsziel stürzen. An den Quattro Canti ist vorübergehend kein Weiterkommen. Ein einziges Chaos. So erscheint es uns. Nicht dagegen den Einheimischen, die die Verkehrsregelung durch schnellen Blickkontakt, quäkendes Hupen und flottes Manövrieren selbst in die Hand nehmen. Hier auf sein Vorfahrtsrecht zu bestehen wäre verhängnisvoll. Hält man einen Moment inne und schaut zu, wie perfekt, zeichenreich und elegant die italienische Verkehrskörpersprache funktioniert, entbehrt das tönende Verkehrsmanagement nicht des Charmes und der Heiterkeit.

Der oktogonale Platz an der Kreuzung der beiden Hauptstraßen Palermos verdankt seinen Ruhm den vier konkav geschwungenen Barockfassaden der Eckgebäude, deren spiegelbildliche Architektur zu wiederholten Pirouetten mit steifem Nacken veranlasst. Von den Balkonen im ersten Stockwerk, wo sich in den Nischen zwischen ionischen Säulen die spanischen Herrscher der Insel verewigt haben, trieft es nur so herunter. In der obersten Reihe stehen die vier Patroninnen der Stadt. Rosalia fehlt! Unbegreiflich. Hinter der westlichen der Canti erhebt sich die phantastische Kuppel von San Giuseppe dei Teatini, deren auffällig gelb und blau-grün gezackten Majolika-Ziegel trotz des finsteren Wetters nichts von ihrer Leuchtkraft einbüßen.

Ich nutzte die Pause zwischen den Schauern, um ein paar Schritte weiter zur berühmten Piazza Pretoria vorzudringen, von der Maqueda her und schon ist er da. Die plötzliche Präsenz des Marmorbrunnens, den ich schon so oft abgebildet sah, ist unwirklich und wirklich zugleich. Man müsste über ein anderes Zeichensystem verfügen, um die Eindrücke eines Augenblicks simultan beschreiben zu können. Vielleicht kann es der bildende Künstler. Ist es dies, was Goethe vom Wort zu Zeichenstift und Pinsel drängte? Die zahlreichen Figuren über dem schwarzen schulterhohen Eisengitter wirken etwas verloren wie von einem Museum vorübergehend abgestellt. Man muss näher an das Gitter herantreten und über dieses gucken, um die ganze nackte Gesellschaft von Gottheiten, mythologischen Figuren und tierischen Wesen in oft grotesken Haltungen in Augenschein zu nehmen. Mir fällt ein, was der Hamburger Bartels über diesen Zaun sagte, der zu seiner Zeit sicher ein anderer, aber eben schon da war. Dieser sei dort auf Anordnung eines Justizbeamten aufgestellt worden, um die Blicke der Sizilianer vor der Nacktheit der Figuren zu schützen. Ich prüfe die Nasen. Sind dran, aber die Fontänen nicht an. Dafür die von oben. Je länger ich von Figur zu Figur auf den verschiedenen Plateaus des marmornen Monuments schaue und versuche, einen Zusammenhang herzustellen, umso palagonischer wird mir. Ins Gleichgewicht kommt die Piazza durch die alles überragende Kuppel von Santa Caterina und ihrer terrafarbenen Flanke, die dem hellen Marmor des Brunnens und seinen Figuren einen wunderbaren Hintergrund und Farbkontrast bietet. Die regelmäßige Renaissance-Fassade des Rathauses fügt ein Element der Ruhe hinzu, die dem Platz gut tut. Hoch über dem Portal umschließt eine Nische eine Gestalt, die von unten kaum auszumachen ist. Ich frage den Stadtführer. Es sei die Patrona di Palermo, Santa Rosalia, die hier über dem Amtssitz Palermos den ihr angemessenen Platz habe. Die Damen in den Nischen am Quattro Canti seien nur Stadtteilbeschützerinnen, lokale Mitarbeiterinnen der »Santuzza« sozusagen. – Aha! – Das heutige Rathaus sei im 15. Jahrhundert als Palazzo Pretorio entstanden, Sitz des Senats Palermos, umbenannt in Palazzo Senatorio, bekannt auch unter dem Namen Palazzo delle Aquile. – Und das bedeutet….? – Adlerpalast, weil über dem Eingangsportal das Relief eines Adlers zu sehen ist. – Tatsächlich! Es sind sogar zwei, spiegelbildlich dargestellt. So macht eine Stadtführung Spaß, selbst bei strömendem Regen.

Rettung verheißt die Kirche des Admirals gleich hinterm Rathaus, die Santa Maria dell'Ammiraglio, kurz: die Martorana. Dutzende von Schirmen schieben sich die steile Steintreppe hinauf zu einem bunten, rhythmisch aufsteigenden Tunnel ineinander. Es ist annähernd stockdunkel in den hohen, heiligen Hallen und die über und über mit Mosaiken byzantinischer Künstler bedeckten Wände, Rundbögen und Kuppeln glühen noch mystischer aus der Tiefe ihres inneren Goldglanzes. Von den reichen szenischen Darstellungen aus dem Alten und Neuen Testament, den Propheten, Evangelisten und Aposteln in der Höhe ist nur mit großer Mühe etwas zu erkennen. Die Kirche ist ausverkauft. Die meisten neu ankommenden Besucher drängen und schieben sogleich zur zentralen Kuppel, unter der kein Quadratzentimeter frei ist und Kulturhungrige aller Nationen mit stark in den Nacken gelegten Köpfen zum Pantokrator hinaufstarren, der mit erhobener rechter Hand und der Bibel auf dem linken Knie der Gemeinde ein Zeichen zu geben scheint. Es blitzt und flackert aus allen Kameras der Welt. Das muss er aushalten. Von der Spiritualität des griechisch-orthodoxen Gotteshauses ist nichts zu spüren. Und Goethe? Der hätte die ganze Kirche und die Mosaiken für sich gehabt und den Pantokrator. Hätte.

Am Wetter draußen hat sich nichts geändert. Weiter schieben Menschen in regengebeugter Haltung in die Martorana. Der Weltenherrscher hat noch Dienst, die Audienz der Weltbevölkerung ist noch nicht beendet. Ich drücke mich mit dem Strom der Gesegneten wieder die Steintreppe hinunter und suche nach einem geeigneten Standort für ein Foto. Der massige barocke Vorbau und der seitliche, filigran aufragende Campanile fügen sich kaum in ein Bild, optisch nicht und architektonisch nicht. Die wechselnden Mächte Siziliens haben auch hier ihre Visitenkarte hinterlassen. Ob San Cataldo geöffnet ist? Die drei nassroten Kuppeln locken mich zur Nachbarin der Martorana. Der gradlinige Normannenbau wäre jetzt das geeignete Kontrastprogramm, um in seinem schlichten Inneren still zu werden und über die Botschaft des Pantokrators nachzusinnen. Vergeblich. Nach 14.00 Uhr, verlautet es, sei heute nur noch die Kathedrale geöffnet. Vielleicht noch einige andere sehenswerte Kirchen, die sich in den Gassen der Altstadt befänden. Aber welche? Und bei dem Regen auf gut Glück?

Also zurück zu den vier Ecken und in die Via Vittorio Emanuele, die noch immer als ›Cassarò‹ bezeichnet wird nach dem Normannenpalast an ihrem oberen Ende, den die arabischen Erbauer ›Al-Kasar‹ nannten. Straßennamen und Ortsbezeichnungen erzählen die wechselhafte sizilianische Geschichte wie die Abbildungen auf den Münzen, die die Benediktiner-Mönche Goethe zeigten. Hinter der Nationalbibliothek öffnet sich plötzlich ein großzügiger, Vorplatz, die Piazza della Cattedrale, die den kolossalen Kirchenbau in eine angenehme Distanz zum Straßenverkehr rückt. Das ist auch dem Auge zuträglich, dessen weitester Weitwinkel Mühe hat, das ganze Bauwerk auf einmal zu erfassen. Der Mix der Baustile gehört wiederum zum ersten flüchtigen Eindruck, der schnell dem zweiten eines faszinierenden Spiels der Epochen weicht, das diesem Bauwerk aus dem 12. Jahrhundert gut steht. Die schiere Kolossalität der Kathedrale verkraftet alle äußeren Widersprüche ›ökumenisch‹, was für die inneren Programm sein könnte. Die Palmen mit ihren gefächerten grünen Wipfeln sind akkurat von Beeträndern eingefasst und würden Schatten spenden, wenn die Sonne schiene. Dazu zeigt sie keine Neigung. Dagegen scheint es ratsam, die Innenräume des Gotteshauses aufzusuchen, das überraschend menschenleer ist.

Der monumentalen Wirkung des gigantischen Mittelschiffs kann man sich nicht entziehen. Massive, deckenhohe Rundbogen, deren Innenbogen von schlanken Doppelsäulen gehalten werden, verbinden den zentralen Hallenbau mit den Seitenschiffen. An den Säulen präsentieren sich in einiger Höhe auf vorspringenden Sockeln die christlichen Heiligen und Helden in langer Reihe. Diese wie das ganze Mauerwerk sind von unten bis oben ernüchternd weiß getüncht. Im einfachen, braunen Gestühl sitzen einige Menschen, die die kühle Eleganz des Kirchenraums auf sich einwirken lassen und mit ihren Augen umso staunender an der üppigen Farbigkeit der barocken Fresken in der Halbkuppel über dem Altar hängen bleiben.

Es ist hier still im Vergleich zur Martorana. Eine deutsche Besuchergruppe hat sich vor den Sarkophagen aufgestellt und lauscht aufmerksam der Unterweisung in normannisch-staufischer Familiengeschichte, eine andere wandert zu einer Kapelle rechts neben dem Chor, die auch mein Ziel ist. Über einem wuchtigen Silberschrein erhebt sich zierlich-silbrig die Statue der Heiligen Rosalia im ruhigen Schein der sie umgebenden hohen Kerzenleuchter. Viel zu klein und unerreichbar erscheint sie mir da oben. Man möchte ihr näher kommen, der entrückten, schönen Patrona, die Goethe nach dem Besuch ihrer Grotte in sein Protestantenherz schloss und es in Nausikaa weiterschlagen ließ. Noch ein Stückchen höher hängt das anmutige Oval des Bildnisses der Heiligen als junges Mädchen, von Giuseppe Velasco[i] gemalt, mit rosenumkränztem Haupt, einer Lilie in der rechten Hand, den keuschen Blick vertrauensvoll-hoffend nach oben gerichtet.

Unter der hohen Kuppel über der Vierung wird es plötzlich hell und heller als ob ein Dimmer, der fast auf »Null« stand, eilig hochgeschoben wurde. Ich verlasse den jetzt freundlicher ausgeleuchteten Innenraum, um die Gunst des Augenblicks zu nutzen, zur viel gerühmten Apsidenseite zu kommen, bevor es zu spät ist. Ich eile an der langen Südflanke der Kathedrale entlang. Das Denkmal in der Mitte der Piazza muss warten, bis ich zurückkomme. Der Einsatz lohnt sich. Die noch tätige Sonne taucht das normannische Prachtmauerwerk in ein warmes, sandiges Licht, welches die schlichten, gelb-blauen arabischen Dekorationsmuster der Ziegel wie feinste Stickereien aussehen lässt. Die kunstvoll ineinander verschränkten Schaubögen der sich kraftvoll aus dem Mauerwerk hervorwölbenden mittleren Apsis bilden in ihren Schnittpunkten Spitzbögen, die man in den gotischen Ecktürmen zur Linken und zur Rechten wiedersieht, die dieses arabische Wunderwerk einschließen. Wellenförmige Zinnen krönen die Apsidenwölbungen und schließen auch die darüber aufragende gerade Verbindungswand zwischen den Seitentürmen ab. Das kompakte Mauerwerk hat trotz seiner wehrhaften Solidität die Leichtigkeit eines Spielzeugs, als

---

[i] Giuseppe Velasco (1750-1826), geb. und gest. in Palermo, Maler, nannte sich auch Velasquez, genoss hohes Ansehen; hinterließ zahlreiche Ölgemälde in den Kirchen und Palästen Palermos

könne eine große Hand von oben das Zauberschloss greifen und an einen anderen Ort setzen. Die klassizistisch-souveräne Kuppel des Doms darüber fügt der Baukunst der Jahrhunderte ein weiteres Highlight hinzu, das ich schnell digitalisiere, bevor die nächste Dämmerung einsetzt. Es fällt mir im Moment schwer, Goethes Blindheit für dieses spannende architektonische Ensemble nachzuvollziehen. Aber auch ganz Große sind vor großen schwarzen Löchern nicht gefeit.

Ich gehe zügig zum Vorplatz zurück. Die Sonne hat die letzten Stadtführungsgruppen aus der Kirche gelockt. Ich halte einen Augenblick inne für die von ›artigen‹ Beeten und Palmen umringte Frauenstatue, die auf einem mächtigen Sockel in der Mitte der Anlage steht. In der rechten Hand hält sie ein Kreuz, während die offene linke Hand wie ihr Blick beschwörend gegen den Boden gerichtet ist, wo eine unansehnliche Gestalt halb aufgestützt vor ihren Füßen liegt. Der Rosenkranz auf dem Haupt, der das anmutige Gesicht der jungen Frau schmückt, verrät ihre Identität: es ist Santa Rosalia, die hier vor ›ihrer‹ Stadtkirche im Zentrum der Piazza einen Ehrenplatz hat und an die Pest von Messina im Jahre 1743 erinnern soll, die sie auch besiegte, allerdings zu spät für 40.000 Menschen, die ihr Leben verloren. Durch die Palmenwedel bietet sich ein absoluter Postkartenblick auf die drei gotischen Spitzbogen des katalanischen Portikus, auf dem ein im orientalischen Stil dekorierter Giebel ruht. Wieder diese faszinierende architektonische Verschmelzung, dieser sichtbare Beweis für das Mögliche. Ich schaue gen Himmel und genieße die allerletzten sonnigen Sekunden zwischen den Palmen unter dem milden Blick Rosalias. Der Dimmer rast wieder herunter und der Regen auch. Die schon stark ausgedünnten Stadtführungen lösen sich endgültig auf. Die meisten durchnässten Leute sind längst in den Capuccino-Bars hängen geblieben oder zum kompletten Zeugwechsel in ihre Hotels zurückgekehrt. Der offizielle Teil ist vorbei. Es ist genau 15 Uhr.

Ich bin entschlossen, dem Wetter zu trotzen und die Stadterkundung auf eigene Faust fortzusetzen. Auf Goethes Spuren, die ich in meinen Stadtplan eingezeichnet habe. Volle drei Stunden bis 18 Uhr, eine lohnenswerte Zeit, an deren Ende ich mich am ›Tor des Glücks‹ befinden möchte, von dem aus er Palermo am 2. April 1787 betrat. Der Himmel belohnt mich für diesen Beschluss, schaltet die Dusche abrupt ab und die Sonne ein. Der Asphalt der Via Vittorio Emanuele hört unter den wärmenden Strahlen schnell auf zu glitzern, die schmalen Fußwege sind im Nu abgetrocknet. Die Porta Nuova an ihrem oberen Ende zieht mich die Straße hinauf, der Palazzo dei Normanni erst recht. Auf der linken Seite öffnet sich unerwartet ein regelrechter Palmenurwald, der zum Verlassen der Straße einlädt. Die Büste von Pietro Bonanno, ein ehemaliger Bürgermeister der Stadt, verrät den Namen dieses öffentlichen Parks, der außerdem einen Kakteendschungel beherbergt, der bis an den Normannen-Palast heranreicht. Wie aus einer anderen Welt kehre ich einige Minuten später an der Piazza del Vittoria aus diesem Märchenwald zum ruhelosen Corso zurück, wo jetzt das südwestliche Stadttor Palermos direkt vor mir liegt.

Es gelingt mir gerade noch, e i n trockenes Bild zu machen. Ohne Vorankündigung klatscht ein eiskalter Regenschauer herunter, der mich zwingt, umgehend den Schutz des engen Stadttores aufzusuchen. Selbst 1583, als es anstelle eines noch älteren Tores errichtet wurde, bot es nur einem passierenden Fuhrwerk zur Zeit ausreichend Platz. Heute windet sich der Autoverkehr aus beiden Richtungen durch dieses Nadelöhr, ›auf Italienisch‹. Die Ampel ist abgeschaltet. Ich staune. Es wird so eng, dass ich die Füße einziehen muss. Jedes Fahrzeug schickt mir ausweglose Spritzwasserwogen entgegen. Nur wer etwas verrückt ist, nimmt das alles in Kauf. Vor dem Tor nieselt es jetzt dünn herunter. Bevor es schlimmer wird, springe ich hinaus und sehe mir das Stadttor an. Die Loggia im oberen Teil ist ein wahres Schmuckstück. Ihre zierliche Säulenreihe und das majolika-gedeckte Spitzdach darüber sind wirklich ein angenehmer Anblick, zu dem der klobige Quaderstein-Unterbau des Tores partout nicht passen will, als sei dieser von dem älteren stehen geblieben.

Ich entschließe mich, den Palazzo dei Normanni zu umrunden und vertraue auf die Durchhaltekraft meiner Bekleidung. Ich wandere ein Stück entlang der Stadtmauer, hinter die sich das auf einer Anhöhe liegende langgestreckte Palastgebäude zunächst zurückzieht, vorbei an den geschlossenen Ticket-Kiosken, wo heute leere Busse halten, bis zum südlichen Ende. Hier klafft zwischen den Spitzbögen und schlanken Säulen der hoch aufragenden normannischen Blendfassade eine unansehnliche Lücke, die einem

Regierungsgebäude gar nicht zu Gesicht steht. Der Regen macht alles noch unansehnlicher und noch weniger vorstellbar, dass sich hinter diesem kaputten Mauerwerk das bedeutendste architektonische Kleinod Palermos versteckt! Die Experten sind sich durchaus uneinig, ob die Mosaiken von Monreale oder die der Cappella Palatina der künstlerische Höhepunkt des arabisch-byzantinisch-normannischen Erbes in Sizilien sind. Ich werde es nicht entscheiden können, denn die Cappella Palatina wird renoviert und ist Besuchern nicht zugänglich: eine riesengroße Enttäuschung für alle Palermo-Besucher, die gerade hier den Kunst-Zenit ihrer Reise erleben wollten. Ich erinnere mich besänftigend, dass es Goethe auch nicht besser ging, als er hier am 17. April 1787 aus demselben Grund vor verschlossenen Toren stand. Da er es immerhin bis zu den Appartamenti Reali im zweiten Obergeschoß des Palazzo brachte, war ihm sicher ein Blick in die Innenhöfe möglich, vielleicht in den ›Cortile Maqueda‹, der mit seinen dreistöckigen, eleganten Säulengängen und Mosaikarbeiten von feinster Qualität vielleicht das I-Tüpfelchen von allem ist, sagen die Reiseführer. Goethe schweigt erwartungsgemäß.

Ein paar Schritte entlang der Via Bastione und man geht den Hügel hinauf dem Palazzo dei Normanni[i] und dem Märchenwald entgegen, der sich vom Bonanno-Park bis hierher erstreckt. Der riesige, langgestreckte Palast[ii] verdient auf dieser Seite seinen Namen dank der Rettungsaktion der spanischen Vizekönige, die das Gebäude im 17. und 18. Jahrhundert vor dem Verfall retteten. Die bis zum Palazzo heranreichenden Palmen des Parks mit ihren schlanken krokodilgeschuppten Stämmen verleihen diesem Ort ein afrikanisch-arabisches Flair. Vor den Stufen des figurenreichen Barockdenkmals Philipps V.[iii] liegen drei magere Hunde und verfolgen meine Aktionen aufmerksam und ruhig, als ob es den Regen und den böigen

---

i der ‚Normannenpalast', in dem Friedrich II. residierte, ist ein Erweiterungsbau der von den arabischen Vorgängern im 9. Jh. errichteten Festung („Palazzo degli Emiri')

ii auch als »Palazzo Reale« bezeichnet, ist Sitz des sizilianischen Regionalparlaments

iii Philipp V., Herzog von Anjou, Enkel Ludwigs XIV., wurde durch Testament des letzten, kinderlosen spanischen-habsburgischen Königs Karl II. 1701 zum Nachfolger bestimmt und behauptete seinen Anspruch im spanischen Erbfolgekrieg (1700-1713), an dessen Ende er im Friede von Utrecht im Amt bestätigt wurde; das Haus Bourbon befindet sich bis heute auf dem spanischen Thron

Wind nicht gäbe, der mir die inzwischen durchnässte Hose an die Beine klebt. Hinter der Torre Pisana, dem einzig verbliebenen der vier Türme des Palastes aus der Normannenzeit, wird die bis zur Porta Nuova heranführende Stadtmauer von der graziösen Säulenloggia überragt. Schaut man von der Palastanhöhe, wo Palermos erstes Zentrum lag, über den Palmenpark zurück, sieht man darüberschwebend die wunderschöne Kuppel der Kathedrale und die noch höhere Spitze des Campanile. Ich probiere, ob sich irgendeine der Türen des Palastes öffnen lässt. Ohne Erfolg.

Welchen Kurs nehme ich? Den der Vernunft? Der führt auf dem kürzesten Weg zum Hotel zurück. Den der Neugier? Ich sehe zu den geduldigen Hunden hinüber und verlasse den Palazzo in Richtung Eremitenkirche, San Giovanni degli Eremiti, die Normannenkönig Roger II. an dieser Stelle auf einer früheren Moschee errichten ließ. Ein Blick auf die berühmten roten Kuppeln wäre ein weiteres Regenopfer wert! Ich sehe sie nicht und laufe am Rande des breiten Corso Re Ruggero in ein Barackenquartier hinein, welches gar nicht zu der modernen Bebauung dieses Stadtteils passen will, hinter dem die greifbar nah erscheinende Vorgebirgssilhouette in den fahlen Himmel steigt. Ein paar Kinder transportieren den reichlich herumliegenden Sperrmüll zu einem kleinen Feuer, welches im Regen stark qualmt und jeden Augenblick zu ersticken droht. Im Eingang einer Baracke steht eine rundliche Mutter mit verschränkten Armen und sieht dem munteren Treiben der Kinder zu. Auch in anderen Gassen Palermos waren Kinder mit der Müllverbrennung beschäftigt, die Nachhut der ›Vampe di San Giuseppe‹, der Feuer, die in Sizilien zu Ehren des hier hochgeschätzten »Dritten« der heiligen Familie, dem Zimmermann Josef, an seinem Festtag, d. 18. März, in Palermo angezündet werden. Die Frau sieht mich kommen, gucken und suchen und weiß offenbar sofort, was los ist, macht mehrmals eine ausholende Armbewegung zur rechten Seite und mir ist klar, wo es lang geht. Ich zeige nach links, sie nickt bestätigend, ich auch und sie lacht.

»Do you speak English?« Ich bin nicht wenig überrascht, in diesem Ambiente diese makellos formulierte Frage zu hören. Neben mir steht ein schlankes Mädchen mit schwarzen, nassen Haaren, hellwachen Augen in einem schmalen nordafrikanischen Gesicht und einer abgebrochenen

Stuhllehne unter dem Arm. »Yes, I do. Do you like the fire?« -»Very much«, kommt die prompte, triumphierende Antwort. Auch sie und die anderen Kinder scheinen das Wetter völlig zu ignorieren – wie die Hunde vor dem Palazzo. »Bye, and take care!«. Das hat sie nicht mehr gehört, denn das Feuer muss gerettet werden, womit mehrere kleine Helfer schon beschäftigt sind. Ich bewege mich zurück zur Via dei Benedettini, wo der Eingang zur Eremitenkirche sein soll. Bevor ich um die Ecke gehe, drehe ich mich noch einmal um und sehe, wie sie in meine Richtung schaut. »Alles Gute«, denke ich und winke kurz hinüber.

Ein langes Baugerüst, das die straßenseitige Flanke der Kirche vollständig einkleidet, liegt vor mir und sagt alles. Wie ich meinen Hals auch recke und strecke, von den Kuppeln sehe ich keine. Schade. Meine ehemals helle Jacke hat die Farbe der Wasserbehälter über mir angenommen und ist nicht einen Deut trockener. Ich komme zur Tankstelle, wo die Via Re Ruggero in die Via Tuköry Richtung Hafen abbiegt. Straßenschilder finde ich keine. Ein Afrikaner, Mitte zwanzig, steht vor dem Tankstellenshop und raucht. »Which way do I find the Stazione Centrale«? »This way« und er zeigt Richtung Hafen. »Thank you very much.« Ich bemerke, wie er mich etwas erstaunt mustert. »Very, very wet!«, sagt er kopfschüttelnd und grinsend zugleich. »Very«, antworte ich mit Nachdruck. »Big shit! But I don't care!«. Nun sind dem Lachen keine Grenzen gesetzt und der Kollege im Verkaufsraum lacht mit. Diese ›human highlights‹, finde ich, weitergehend, sind reichlich Entschädigung für die ausgefallenen Sights der Stadt, die es auch noch morgen und übermorgen und hoffentlich alle Tage zu sehen gibt. Wieder denke ich an Goethe, den Handelsmann, die menschlichen Kontakte, die ihn die Stadt, ihre Menschen und sich selbst entdecken ließen.

Kurz vor dem imposanten Bahnhofspalast, den man leicht für ein riesiges Theater oder Opernhaus halten könnte, erreiche ich die Via Maqueda, auf der ich am schnellsten zum Hotel kommen würde. Ein paar Meter vor Villa Giulia? Jetzt Homer, Odysseus, Nausikaa und die Urpflanze wegen ein paar Regentropfen aufgeben, hieße Goethe aufgeben. Es gibt kein Zurück. Außerdem hat eine kurze Regenpause meine Hose etwas abgetrocknet. Für die Jacke reicht das nicht. Die klebt an meinen Ellenbogen. Hinter der Via Roma beginnt die Via Lincoln und auf der rechten Seite nähert sich der Orto Botanico, der Botanische Garten Palermos, der 1789, kurz nach Goethes Besuch eröffnet wurde. Ein Vorhängeschloß am Eingang sagt alles. Villa Giulia ist ein öffentlicher Park und muß/müsste geöffnet sein. Ist er auch. Im Wärterhäuschen sitzen zwei Männer und sehen fern. Gerade habe ich die ersten Schritte in Goethes Zauberpark getan, der seine sizilianische Genesis so einzigartig förderte, da geht es wieder los. Alles, was sich in der fünfzehnminütigen Regenpause in den Kumulusbehältern angesammelt hat, fällt jetzt auf einen Schlag herunter. Ich weiß gar nicht so schnell, wohin. Am Ende des aufgeweichten Weges sehe ich ein buntes Gebäude, eine Art Pavillon. Ich muss laufen, halte dabei die Kamera unter der Jacke fest und springe über einige Pfützen. Für die Vegetation habe ich jetzt kein Auge. Aber sie ist da in Massen und bildet über mir ein willkommenes Schutzdach. Der Zugang zum Pavillon ist durch ein Gitter versperrt. Ich sehe mich nach einer anderen Zufluchtstätte um. Alles, was ich entdecke, sind drei weitere Pavillons von derselben Sorte, die um einen Brunnen herum einen weiten Kreis bilden. Ich muss über das Gitter, bevor die Kamera baden geht. Es wird so grau im Park, dass die anderen Pavillons, Exedren genannt, fast verschwinden. Von meinem Unterstand aus halte ich Ausschau nach den Zitronenspalieren, die Goethe hier gesehen hat und nach den Oleanderwänden mit tausenden roter Blüten. Fehlanzeige. Ein erotischer Duft liegt auch nicht in der Luft. Der wunderbarste Ort von der Welt verweigert sich mir heute. Aber nicht meiner Phantasie, in der ich Goethe, mild lächelnd, mit aufgeschlagenem Homer vor sich hin rezitierend an mir vorübergehen sehe. Die Sonne scheint dazu. – So weit ist es mit mir gekommen!

Mir wird kalt, ich muss mich bewegen und den Rückweg antreten. Die Töpfe und Kübel, in denen Goethe die Urpflanze suchte, sind verschwunden, ihr Inhalt ist zu den riesigen Bäumen und Büschen herangewachsen, die mich umgeben. Mir fällt das Gespräch Goethes mit Schiller ein, indem er zu Schillers Schreck Kant ein bisschen weichspülte. Das darf man bei diesem Wetter so sagen. Einige Orangen leuchten rot im nassen, grünen Blätterwerk und sind der einzige Farbeindruck, den ich mitnehme. Einer der Männer im Wärterhäuschen guckt verschwommen durch die triefende

Scheibe. Ich bin schon vorbei und drehe schnurstracks wieder um. Irgendetwas habe ich im Vorübereilen registriert, was mich zu dieser Aktion zwingt. Da war etwas. Ein Segel, eine bunte Frauengestalt. Wieder am Häuschen vorbei und da ist sie, die Patrona, auf ihrer Festkarosse hoch am Mast stehend, zu ihren Füßen Rosen, die echt und frisch aussehen, selbst hier an ihrem Ruheplatz. Blau ist ihr Gewand, lila der Umhang, den sie mit einer Hand zusammenhält, in der anderen das Kreuz mit einem darum gelegten Rosenkranz zum Segen ausgestreckt. Freundlich und wetterfest ist ihr Gesichtsausdruck, mit dem sie mich von oben begrüßt. Ich verstehe Goethes Verzückung augenblicklich. Zurück zum Wärter. Ich klopfe an die Tür.

»Buongiorno. Is that Santa Rosalia over there?« »Rosalie?! Si, Rosalie.« »Benissimo!« fällt mir aus meinem Wörterbuch ein. Es muss gepasst haben, denn nun ergießt sich ein Schwall Italienisch über mich, der der begeisterten Verehrung Rosalias gilt. Alle Giovannis – und jeder zweite Mann auf Sizilien heißt so nach dem Zimmermann, der hier hoch verehrt wird – lieben Rosalia. »Grazie. Arrivederci. Io amare Rosalie.« Plötzlich holt der kräftige Mann nach Kumpelart mit der rechten Hand aus, ich ebenso, und schon klatscht es in der Mitte. So wenig gehört zu so viel.

Zum Meer sind es nur wenige Schritte. Da zieht es mich hin, um mir das Panorama dieser langgestreckten Bucht zwischen dem Monte Pellegrino im Westen und dem Monte Catalfano im Osten für immer einzuprägen. Kein Foto kann wiedergeben, was das Auge wahrnimmt. Das Meer hat die grimmige Farbe des Himmels, die Wellen sind so unruhig wie die Wolken über mir und ein ziemlich kalter Wind weht entlang der Promenade. Ich beeile mich, zur Porta Felice zu kommen. Vor mir liegt die Marina Palermos, in der sich teure Jachten aneinanderreihen. Wo die Palmen der Grünanlage zwischen der Küstenallee und der Promenade enden, gehe ich direkt auf das wuchtige, barocke Stadttor zu. Säulen, Nischen, Figuren, mächtige Greifvögel in den beiden Turmgiebeln, die von der Via Vittorio Emanuele getrennt sind, die von hier stadteinwärts führt. Ich verharre einen Augenblick und gehe ganz langsam auf das Tor zu. Ein merkwürdiges Gefühl begleitet mich dabei, traumhaft und ganz real zugleich. Goethes Geist scheint hier besonders präsent zu sein, wo er die Korvette verließ, durch »Rosalias« Tor schritt und gleich links mit Kniep in das komfortable Gasthaus einzog. Zur Linken der Piazza Santo Spirito, wie der Platz hinter der Porta heute heißt, steigt ein vierstöckiges, repräsentatives Gebäude in die Höhe, das ein Küstenpanorama freigibt, wie Goethe es beschrieben hat. Ich biege in die Via Butera ein und schaue zu der mit Blumen- und Pflanzentöpfen gefüllten Terrasse des Palazzo hinauf und kehre umgehend mit den Augen in die Mitte der hohen Seitenwand zurück. »JOHANN WOLFGANG GOETHE«. In großen Buchstaben steht der Name auf einer in die Häuserwand eingelassenen Gedenktafel[i]. Wieder überkommt mich dieses Gefühl der Nähe wie beim Eintreten durch die Porta Felice, die trotz aller Widrigkeiten des Wetters ein wahres »Tor des Glücks« für mich geworden ist, denn ich fühle mich glücklich in diesem Augenblick, in dem ich andächtig auf den Namen schaue, der so unendlich viel bedeutet, der die Welt größer und wertvoller gemacht hat. Eine Steintreppe führt zur meerseitigen Terrasse empor und ich wage es, hinaufzusteigen. Welch ein Ausblick! Das Meer, der Hafen, der Monte Pellegrino, die äußersten Enden der Bucht, wo das Vorgebirge die Küste erreicht. Mit der Stadt im Rücken ähnelt mein Blick ein wenig seinem und Knieps. Ich schaue die Fassade des Palastes Butera hinauf. Die Holzläden der hohen Fenster sind geschlossen. Aus welchem hat er sich gelehnt und dieses einzigartige Panorama in sich abgebildet? Ich mache ein paar Fotos über die wunderbare Terrasse hinweg und hätte am liebsten ein Weitwinkelobjektiv, das alles auf einmal erfasst. In der heraufziehenden Abenddämmerung bleibt mein Blick an dem schönsten Vorgebirge der Welt hängen.

---

i   auch auf dieser neuen Gedenktafel, die der Rotary Club 1977 der Stadt stiftete, findet sich kein Hinweis auf einen anderen Wohnort Goethes als diesen; lt. Tafel wurde ein Teil des Palazzo, ‚La casa di Francesco Benso' genannt, zu Goethes Zeiten als öffentliche Herberge genutzt

»Hier bin ich wieder, meine Lieben, frisch und gesund. Ich habe die Reise durch Sizilien leicht und schnell getrieben, wenn ich wiederkomme, sollt Ihr beurteilen, w i e ich gesehen habe ... und ich finde mich recht glücklich, den großen, schönen, unvergleichbaren Gedanken von Sizilien so klar, ganz und lauter in der Seele zu haben.«

an Herder, Neapel, den 17. Mai 1787

LITERATUR

Goethe: Werke

Johann Wolfgang von Goethe · Werke, Hamburger Ausgabe in 14 Bänden, hrsg. von Erich Trunz, Deutscher Taschenbuch Verlag, München 1998; text- und bandidentisch mit der im Verlag C.H.Beck, München, erschienenen Hamburger Ausgabe;
Band 11, Autobiographische Schriften III, Italienische Reise, textkritisch durchgesehen von Erich Trunz und kommentiert von Herbert von Einem, wird zitiert: HA11,Berichtsdatum; alle übrigen Bände zusätzlich mit Bandtiteln und Textquelle

Johann Wolfgang Goethe · Sämtliche Werke nach Epochen seines Schaffens, 21 Bände; hrsg. von Karl Richter in Zusammenarbeit mit Herbert B. Göpfert, Norbert Miller und Gerhard Sauder, Carl Hanser Verlag, München 1985-1998 (Münchener Ausgabe); zitiert: MA Bd.-Nr., Bd- Titel, Textquelle

Johann Wolfgang Goethe – Gedenkausgabe der Werke, Briefe und Gespräche, in 24 Bänden, hrsg. von Erst Beutler, Artemis Verlag, Zürich 1948-1954; zitiert: Artemis Gedenkausgabe, Bd.-Nr., Bd.-Titel, Textquelle

Johann Wolfgang Goethe · Italienische Reise · Erster und Zweiter Teil, Bde. 25 + 26 der Goethe-Gesamtausgabe des Deutschen Taschenbuchverlags, hrsg. von Peter Boerner; München 1961-63; zitiert: dtv-Gesamtausgabe, Bd.-Nr.

Goethe · Italienische Reise, mit 40 Zeichnungen des Autors; hrsg. und mit einem Nachwort versehen von Christoph Michel; Insel Verlag, Frankfurt a.M. 1976; zitiert: Goethe, Italienische Reise

Tagebuch der Italienischen Reise 1786, Notizen und Briefe aus Italien. Mit Skizzen und Zeichnungen des Autors, hrsg. und erläutert von Christoph Michel, Insel Verlag, Frankfurt a.M. 1976; zitiert: Goethe, Tagebuch der Italienischen Reise

Tagebücher und Briefe Goethes aus Italien an Frau von Stein und Herder; Schriften der Goethe-Gesellschaft, Band 2, hrsg. von Erich Schmidt; Weimar 1886; zitiert: Goethe, Tagebücher und Briefe

Goethe: Briefe

Goethes Briefe und Briefe an Goethe, Hamburger Ausgabe in 6 Bänden, textkritisch durchgesehen und mit Anmerkungen versehen von Karl Robert Mandelkow, Deutscher Taschenbuch Verlag, München 1988; text- und band- identisch mit der im Verlag C.H.Beck, München 1976, erschienenen Hamburger Ausgabe; 4 Bände: *Briefe von Goethe, Band 1: 1764-1784; Band 2: 1786-1805; Band 3: 1805-1821; Band 4: 1809-1832;* zitiert: HA, Briefe v. G., Bd.-Nr./Brief-Nr., Adressat, Datum; 2 Bände: *Briefe an Goethe, Band 1: 1764-1808; Band 2: 1809-1832;* zitiert: HA, Briefe an G. Bd.-Nr./Brief-Nr., Absender, Datum

Goethe, Briefe aus Italien 1786-1788, hrsg. und erläutert von Peter Goldamer, Insel-Verlag, Leipzig 1982; zitiert: Goldamer, Goethes Briefe aus I., Adressat, Datum

Goethes Briefe an Frau von Stein, Zweiter Band, hrsg. von Adolf Schöll, 3. umgearbeitete Auflage besorgt von Julius Wahle, Frankfurt a. M. 1900; zitiert: Schöll, Goethes Briefe an Frau v. St.

Zur Nachgeschichte der Italienischen Reise. Goethes Briefwechsel mit Freunden und Kunstgenossen in Italien 1788-1790; hrsg. von Otto Harnack; Schriften der Goethe-Gesellschaft, 5. Band, Weimar 1890; zitiert: Harnack, Nachgeschichte; Absender/Empfänger, Datum

Goethe: Biographien

Boyle, Nicholas: Goethe. Der Dichter in seiner Zeit, Band I: 1749-1790, München 1995; zitiert: Boyle, Goethe, Bd. I

Conrady, Karl Otto: Goethe. Leben und Werk; Königstein/Ts. 1982-85; Erster Band: Hälfte des Lebens; Zweiter Band: Summe des Lebens; zitiert: Conrady, Goethe, Bd.-Nr.

Eissler, Kurt R.: Goethe. Eine psychoanalytische Studie 1775-1786; 2 Bände; Basel/Frankfurt a.M. 1983; Bd. 1 zitiert: Eissler, Goethe 1; (Titel der Originalausgabe: Goethe. A Psychoanalytic Study 1775-1786, Detroit 1963)

Friedenthal, Richard: Goethe. Sein Leben und seine Zeit, München 1963; zitiert: Friedenthal, Goethe

Gundolf, Friedrich: Goethe; Berlin 1917; zitiert: Gundolf, Goethe

Meyer, Heinrich: Goethe. Das Leben im Werk; Hamburg-Bergedorf 1951/Stuttgart 1967; zitiert: Meyer, Goethe

Staiger, Emil: Goethe; Zürich 1952-59; Band I: 1749-1786; Band II: 1786-1814; Bd. III: 1814-1832; zitiert: Staiger, Goethe, Bd.-Nr.

Einzeldarstellungen

Bartels, Johann Heinrich, Briefe über Kalabrien und Sizilien,
3 Bände(1787-91); Erster Theil: Briefe über Kalabrien; Zweiter Theil: Briefe über Sizilien. Reise von Scilla in Kalabrien bis Katanien in Sizilien; Dritter Theil: Briefe

über Sizilien [Katanien-Agrigent-Palermo] zitiert: Bartels, Kalabrien und Sizilien, Bd.-Nr.

Bode, Wilhelm: Goethe in vertraulichen Briefen seiner Zeitgenossen, in 3 Bänden, neu herausgegeben von Regine Otto und Paul-Gerhard Wenzlaff; Verlag C.H. Beck, München 1982; Band I: 1749-1793; Band II: 1794-1816; Band III: zitiert: Bode Bd.- Nr./Brief-Nr., Absender/Empfänger, Datum

Bode, Wilhelm: Charlotte von Stein, Berlin 1912; zitiert: Bode, Charlotte v. St.

Boerner, Peter: Italienische Reise (1816-29), in: Goethes Erzählwerk. Interpretationen, hrsg. von Paul Michael Lützeler und James E. McLeod, Stuttgart 1985; zitiert: Boerner, Italienische Reise

Borchmeyer, Dieter: Weimarer Klassik. Portrait einer Epoche; Weinheim 1994; zitiert: Borchmeyer, Weimarer Klassik

Friedländer, Ludwig: Erinnerungen, Reden und Studien; Zweiter Teil; Straßburg 1905; zitiert: Friedländer, Erinnerungen

Ghibellino, Ettore: Goethe und Anna Amalia. Eine verbotene Liebe?, Weimar 2003; ³2007; zitiert: Ghibellino, Goethe und Anna Amalia

Goethe-Handbuch in vier Bänden, hrsg. von Bernd Witte, Theo Buck, Hans-Dietrich Dahnke, Regine Otto und Peter Schmidt†, Stuttgart/Weimar 1996, Bd. 2 Dramen, hrsg. von Theo Buck, 1997: zitiert: Goethe-Handbuch, Bd.-Nr; Textquelle

Graevenitz v., George: Goethe in Sizilien; in: Jahrbuch des Freien Deutschen Hochstifts 1911; Frankfurt a.M.; zitiert: Graevenitz, Goethe in Sizilien

Gray, E.M./de Rosa, G.: Auf Goethes Spuren in Italien; hrsg. von: Ente Nazionale Industrie Turistiche – Ferrovie Dello Stato; o.J.; zitiert: Gray/de Rosa: Auf Goethes Spuren

Haarhaus, Julius R.: Auf Goethes Spuren in Italien, III. Theil: Unteritalien; Bd. IX der Reihe: Kennst Du das Land?, hrsg. von J.R.Haarhaus; Leipzig 1897; zitiert: Haarhaus, Auf Goethes Spuren

Hemleben, Johannes: Charles Darwin. In Selbstzeugnissen und Bilddokumenten; Reinbek bei Hamburg 1968; zitiert: Hemleben, Darwin

Hofmiller, Josef: Wege zu Goethe, Hamburg-Bergedorf 1947; zitiert: Hofmiller, Wege zu G.

Hölderlin, Friedrich: Sämtliche Werke und Briefe, hrsg. von Michael Knaupp, Band 2, München 1992, zitiert: Hölderlin, Werke, Bd.-Nr.

Homer, Odyssee, verdeutscht von Thassilo von Schaeffer, Leipzig 1938; zitiert: Homer, Odyssee, Zeilenangabe

Ingen, Ferdinand van: Goethes *Italienische Reise:* Ein fragwürdiges Modell; in: Italo Michele Battafarano (Hrsg.): Italienische Reise. Reise nach Italien; Gardolo di Trento 1988; zitiert: Ingen, Goethes Italienische Reise

Kiermeier-Debre, Joseph, Das lyrische Werk von Johann Wolfgang von Goethe*;* in: Hauptwerke der deutschen Literatur, Bd. 1: Von den Anfängen bis zur Romantik, ausgewählt und zusammengestellt von Rudolf Radler, München 1994, zitiert: Kiermeier-Debre, Goethes Lyrik

Knight, Richard Payne: Tagebuch einer Reise nach Sizilien (1777); in: MA, Werke, Bd. 9, Epoche der Wahlverwandtschaften 1807-1814; zitiert: Knight, Tagebuch

Kruft, Hanno-Walter: Goethe und Kniep in Sizilien; in: Jahrbuch der Sammlung Kippenberg, Neue Folge, Zweiter Band; Goethe-Museum Düsseldorf 1970; zitiert: Kruft, Goethe u. Kniep

Laërtius, Diogenes; Leben und Meinungen berühmter Philosophen; Hamburg 1921, 3. Aufl. 1990 mit neuem Vorwort von Günter Zekl; zitiert: Laërtius, Leben und Meinungen

Levinsen, Jakob: Goethes natur; in: Goethe i Italien 1786-88; af: Morten Beiter, Jakob Levinsen og Henrik Wivel, L & R FAKTA 1999; zitiert: Levinsen, Goethes natur

Loewer, Karl: Goethes sizilianische Odyssee; in: Jahrbuch der Goethe-Gesellschaft, Dritter Band, Leipzig 1916; zitiert: Loewer, Goethes Odyssee

Mayer, Hans: Goethe. Ein Versuch über den Erfolg; Frankfurt a. M. 1973; Insel Taschenbuch Frankfurt a.M. 1992

Maurer, Doris, Charlotte von Stein, Frankfurt a.M. 1997 zitiert: Maurer, Ch. v. Stein

Miller, Norbert: Der Wanderer. Goethe in Italien; München/ Wien 2002; zitiert: Miller, Wanderer

Mühlmann, Wilhelm-Emil: Goethe, Sizilien und wir, in: Germanisch-romanische Monatszeitschrift, hrsg. von Heinz Otto Burger; Neue Folge, Band XXVI, Heidelberg 1976; zitiert: Mühlmann, Goethe

Niederer, Heinrich: Goethes unzeitgemäße Reise nach Italien, in: Jahrbuch des Freien Hochstifts 1980, Tübingen [1980]; zitiert: Niederer, Unzeitgemäße Reise

Riedesel v., Johann Hermann: Reise durch Sizilien und Großgriechenland; Erstveröffentlichung Zürich 1771 (anonym); Jahresgabe der Winckelmann-Gesellschaft 1964: Johann Hermann von Riedesels Reise durch Sizilien und Großgriechenland; Einführung und Anmerkungen von Arthur Schulz; Berlin 1965; zitiert: Riedesel v., Reise durch Sizilien

Seume, Johann Gottfried: Spaziergang nach Syrakus im Jahre 1802; Erstveröffentlichung 1803; Originalausgabe München 1985; für dtv hrsg. und kommentiert von Albert Meier; München 1994. 5. Aufl. 1997; zitiert: Seume, Spaziergang

Tischbein, Heinrich Wilhelm: Aus meinem Leben, Berlin 1956

Volkmann, Johann Jacob: Historisch-kritische Nachrichten von Italien; 3 Bände; Leipzig 1770/1777; zitiert: Volkmann, Nachrichten aus Italien, Bd.-Nr.

Weizsäcker, Carl Friedrich v.: Einige Begriffe aus Goethes Naturwissenschaft, in: HA, Werke, Bd. 13, S. 539ff.

Wohlbold, Hans: Die Naturerkenntnis im Weltbild Goethes, in: Jahrbuch der Goethe-Gesellschaft, Dreizehnter Band, Weimar 1927; zitiert: Wohlbold, Goethes Weltbild

Wilpert, Gero v.: Goethe-Lexikon, Stuttgart 1998; zitiert: Wilpert, Goethe-Lexikon

Nachweis der Zitate

Zitate aus Goethes Werken und Briefen sind *kursiv* gedruckt; gesperrt geschriebene Hervorhebungen sowie die Rechtschreibung und Zeichensetzung der Zitate entsprechen den Quellentexten

(Endnotes)
Prolog

1. HA 5, Dramatische Dichtungen III, Torquato Tasso, Z. 2701-2704
2. HA, Briefe v. G. 1/129; an Charlotte von Stein, 28.1. 1776
3. Goethe, Tagebuch der Italienischen Reise; 3.9.1786
4. ebd., 3.9.+5.9.1786
5. ebd., 5.9.1786
6. ebd.
7. ebd.
8. ebd.
9. ebd.
10. ebd.
11. ebd.
12. ebd. 7.9.1786
13. ebd., 8.9.1786
14. ebd.
15. ebd.
16. ebd., 9.9.1786
17. ebd., 11.9.1786
18. ebd.
19. ebd.
20. ebd.
21. ebd.
22. ebd.
23. ebd., 13.9.1786
24. Bode 1/544; Graf zu Herzan und Harrach an den Fürsten Kaunitz; 3.3.1787
25. Goethe, Tagebuch der Italienischen Reise; 14.9.1786
26. HA, Briefe von G. 2/418; an den Herzog Carl August; 18.9.1786

[27] ebd., Nr. 417; an das Ehepaar Herder; 18.9.1786
[28] ebd., Nr. 416, an Charlotte von Stein; 18.9.1786
[29] Goldamer, Goethes Briefe aus Italien; an Philipp Seidel; 18.9.1786
[30] Schöll, Goethes Briefe an Frau v. St., S. 306
[31] Goethe, Tagebuch der Italienischen Reise; 19.9.1786
[32] HA 11; 8.10.1787
[33] Goethe, Tagebuch der Italienischen Reise; 20.9.1786
[34] ebd., 21.9.1786
[35] ebd., 27.9.1786
[36] HA 11; 27.9.1787
[37] Goethe, Tagebuch der Italienischen Reise; 10.10.1786
[38] MA 3.1., Italien und Weimar 1786-1790 (1), S. 634
[39] Goethe, Tagebuch der Italienischen Reise; 27.9.1786
[40] ebenda, 18.10.1786
[41] MA 3.1., Italien und Weimar 1786-1790 (1), S. 641
[42] Goethe, Tagebuch der Italienischen Reise; 26.10.1786
[43] ebenda, 21.9.1786
[44] MA 3.1., Italien und Weimar 1786-1790 (1), S. 637
[45] Goethe, Tagebuch der Italienischen Reise; 18.10.1787
[46] HA 11,; 1.11.1786
[47] Niederer, Unzeitgemäße Reise, S. 106
[48] ebenda, S. 63
[49] ebenda, S. 100
[50] z.B.: Keller in: dtv-Gesamtausgabe 26, S. 195ff.; Borchmeyer, Weimarer Klassik, S. 131; Friedenthal, Goethe, S. 261f.
[51] Goethe, Tagebuch der Italienischen Reise; 5.10.1786
[52] HA 11, S. 125
[53] ebenda
[54] HA, Briefe v. G. 2/428; an das Ehepaar Herder, 13.12.17
[55] ebenda, Nr. 429; an Charlotte von Stein, 13.12.1786
[56] Hofmiller, Wege zu G., S. 56f.
[57] Goldamer, Goethes Briefe aus Italien; an Philipp Seidel; 18.9.1786
[58] HA 11, S. 252
[59] vgl. dazu die ausführliche Bibliographie zur *Italienischen Reise* in: HA 11, S. 723ff.
[60] Boerner, Italienische Reise, S. 349
[61] ebenda, S. 351
[62] ebenda
[63] MA 3.1, Einführung, S. 603

Erstes Kapitel

64 HA, Briefe v. G. 2/414; an der Herzog Carl August; 2.9.1786
65 ebd., 2/415; an das Ehepaar Herder; 2.9.1786
66 ebd.
67 ebd.
68 Niederer, Unzeitgemäße Reise, S. 63
69 Goethe-Gedenkausgabe 11, Italienische Reise. Die Annalen; Einführung, S. 998
70 Niederer, Unzeitgemäße Reise, S. 61; vgl. HA, Briefe v. G. 2/413; an Charlotte von Stein, 1.9.1786
71 HA, Briefe v. G. 2/413; an Charlotte von Stein, 1.9.1786
72 ebd.
73 ebd.
74 HA 5, Dramatische Dichtungen III, Torquato Tasso, S. 80
75 HA, Briefe v. G. 1/125; an Charlotte von Stein; Anfang Januar 1776?
76 ebd., Nr. 146; an dieselbe; 1.5. 1776
77 ebd., Nr. 164; an dieselbe; 7.10.1776
78 ebd., Nr. 152; an dieselbe; 22.6.1776
79 ebd., Nr. 183; an dieselbe: 4.12.1777
80 ebd., Nr. 190; an dieselbe; 14.-17.5.1778
81 ebd., Nr. 235; an dieselbe; 30.6.1780
82 ebd.
83 ebd., Nr. 200; an dieselbe; 2.3.1779
84 HA 5, Dramatische Dichtungen III, Torquato Tasso, S. 100
85 HA, Briefe v. G. 1/246; an Charlotte von Stein; 10.10.1780
86 in: Maurer, Ch. v. Stein, S. 121
87 HA, Briefe v. G. 1/405; an Charlotte von Stein; 25.6.1786
88 Artemis Gedenkausgabe 11, Italienische Reise. Die Annalen. Einführung, S. 998
89 ebd.
90 ebd.
91 HA, Briefe v. G. 2/431; an Charlotte von Stein; 23.12.1786
92 Staiger, Goethe, Bd. 1, S. 320
93 Meyer, Goethe, S. 352
94 MA 3.1., Italien und Weimar 1786-1790 (1), S. 601
95 Ghibellino, Goethe und Anna Amalia, S. 76
96 ebd., S. 64
97 HA, Briefe v. G. 2/431; an Charlotte von Stein; 20.12.1786
98 ebd.

99 ebd., Nr. 437; an dies.; 17./20 1.1787
100 Goethe, Tagebuch der Italienischen Reise; 9.9.1786
101 ebd., 25.9.1786
102 ebd., 30.9.1786
103 HA, Briefe v. G. 2/431; an Charlotte von Stein.; 20.12.1786
104 ebd., Nr. 435; an dies.; 6.1.1787
105 ebd., Nr. 429; an dies.; 13 +14. 12. 1786
106 ebd., Nr. 425; an das Ehepaar Herder; 10.11.1776
107 ebd., Nr. 428; an dieselben 13.12.1786
108 Goldamer, Goethes Briefe aus Italien; an Charlotte von Stein; 1.2.1787
109 HA, Bd. 11, S. 163
110 ebenda, S. 158
111 Goldamer, Goethes Briefe aus Italien; an den Freundeskreis in Weimar; 1.11.1786
112 HA 11; 22.1.1787
113 HA, Briefe v. G. 2/425; an das Ehepaar Herder; 10.11.1786
114 Goethe, Tagebuch der Italienischen Reise; 11.9.1786
115 HA 11, 20.12.1786
116 HA, Briefe v. G. 2/412; an Charlotte von Stein; 13.12.1786
117 ebd., Nr. 438; dieselbe; 25.1.1787
118 Goldamer, Goethes Briefe aus Italien; an den Herzog Carl August; 12.12.1786
119 HA 11, S. 25.2.1787
120 ebd., 5.3.1787
121 ebd., 3.3.1787
122 ebd., 16.3.1787
123 ebd., 22.3.1787
124 ebd., 7.3.1787
125 ebd., 6.3.1787
126 ebd., 18.3.1787
127 ebd., 23.3.1787
128 ebd., 15.3.1787
129 ebd., 16.3.1787
130 ebd., 12.3.1787
131 ebd.
132 ebd., 25.5.1787
133 ebd., 3.3.1787
134 HA, Briefe v. G. 2/431; an Charlotte von Stein; 29.12.1786
135 ebd., Nr. 437; an dies.; 17.1.1787
136 Goldamer, Goethes Briefe aus Italien; an den Freundeskreis; 6.1.1787
137 in: ebd., S. 161 Anmerkungen zu S. 49: Herder an Charlotte von Stein; Ende Januar 1787

138	Boerner, Italienische Reise, S. 360
139	ebd., S. 361
140	HA 5, Dramatische Dichtungen III, Torquato Tasso, S. 85
141	HA, Briefe v. G. 2/440; an Charlotte von Stein; 7.-10.? 2.1787
142	Goldamer, Goethes Briefe aus Italien; an Charlotte von Stein; 19.2.1787
143	HA 11, 16.3.1787
144	ebd., 17.3.1787
145	ebd., 26.3.1787
146	ebd., 22.3.1787
147	HA, Briefe v. G. 2/442; an Fritz von Stein, 17.4.1787

Zweites Kapitel

148	Goldamer, Goethes Briefe aus Italien; an Charlotte von Stein, 24.11.1786
149	ebd., an den Freundeskreis in Weimar; 6.1.1787
150	HA 11, 17.3.1787
151	Tischbein, Aus meinem Leben, S. 282
152	ebd., S. 283
153	HA 11, 23.3.1787
154	ebd., 19.3.1787
155	ebd., 3.4.1787
156	ebd., 2.4.1787
157	ebd.
158	ebd., 3.4.1787
159	ebd., 2.4.1787
160	ebd.
161	Haarhaus, Auf Goethes Spuren, S. 93
162	ebd.
163	HA 11, 3.4.1787
164	ebd., 2.4.1787
165	ebd.
166	ebd., 5.4.1787
167	ebd., 4.5.1787
168	ebd.
169	ebd., 3.4.1787
170	ebd., 27.10.1786
171	Goldamer, Goethes Briefe aus Italien; an Charlotte von Stein; 24.11.1786
172	Borchmeyer, Weimarer Klassik, S. 126
173	HA 11, 29.12.1786

174	Mayer, Goethe, S. 32f.
175	HA 11, 1.10.1786
176	ebd., 9.10.1786
177	ebd.
178	ebd., 5.4.1787
179	HA,, Briefe v. G. 2/433; an Herder, 29./30.12.1786
180	HA 11, 5.4.1787
181	ebd.
182	HA 13, Naturwissenschaftliche Schriften I, S. 102
183	HA 11, 5.4.1787
184	ebd.
185	ebd.
186	ebd.
187	Bartels, Kalabrien und Sizilien, Dritter Theil, S. 687
188	ebd., S. 688
189	ebd.
190	HA 11, 5.4.1787
191	ebd., 8.10.1786
192	ebd.
193	HA, Briefe v. G. 2/464; an den Herzog Carl August; 23.5.1788
194	HA 11; 25.10.1786
195	Staiger, Goethe, Bd. 2, S. 38
196	Kruft, Goethe und Kniep, S. 224
197	MA 3.1., Weimar und Italien 1786-1790 (1), S. 595
198	Meyer, Goethe, S. 366f.
199	HA 11, 2.4.1787
200	ebd., 3.4.1787
201	ebd., 6.4.1787
202	ebd.
203	ebd., Herbert von Einem, Anmerkungen, S. 616
204	ebd., 6.4.1787
205	Bode 1/566; Friedrich Heinrich .Jacobi an Johannes v. Müller; 3.10.1787
206	HA 10, Autobiographische Schriften II, Campagne in Frankreich, S. 344
207	HA 11, 7.4.1787
208	ebd., an Herder, 17.5..87
209	ebd., 7.4.1787
210	Homer, Odyssee, Siebter Gesang, Z. 112-119
211	ebenda, S. 97
212	Miller, Wanderer, S. 255

Drittes Kapitel

[213] HA 11; 8.4.1787
[214] ebd.
[215] ebd.
[216] ebd.
[217] Bode 1/553; Herzog Carl-August an Merck; 30.3.1787
[218] HA, Briefe v. G. 2/469; an Christian Gottlob Heyne, 24. 7. 1788
[219] HA 11; 9.4.1787
[220] ebd.
[221] ebd.
[222] ebd.
[223] ebd.
[224] ebd., 14.5.1787
[225] HA 13, Naturwissenschaftliche Schriften I, S. 39
[226] HA 11; 9.4.1787
[227] HA 1, Gedichte und Epen I, Urworte. Orphisch, S. 404
[228] HA 3, Dramatische Dichtungen I, 1338-1344
[229] H A 11; 10.4.1787
[230] HA 3, Dramatische Dichtungen I, 2386/7
[231] Haarhaus, Auf Goethes Spuren, S. 111
[232] Knight, Tagebuch, S. 715
[233] HA 10, Autobiographische Schriften II., Tag- und Jahreshefte 1811, S. 509
[234] Bartels, Kalabrien und Sizilien, S. 509
[235] HA 11, 10.4.1787
[236] ebd.
[237] ebd., 11.4.1787
[238] ebd., 12.4.1787
[239] ebd.
[240] ebd., 20.12.1787
[241] ebd., 12.4.1787
[242] ebd.
[243] ebd.
[244] ebd., 13.4.1787
[245] ebd.
[246] ebd.
[247] ebd.
[248] ebd.
[249] ebenda
[250] vgl. Haarhaus, Auf Goethes Spuren, S. 106

[251] HA 11, 13.4.1887
[252] ebd.
[253] HA, Briefe v. G. 2/442; 17.4.1787
[254] HA 11; 13. u. 14.4.1787
[255] Schneider, Michael, Das Geheimnis des Cagliostro, 2007
[256] HA 10, Autobiographische Schriften II, Tag- und Jahreshefte 1789, S. 433
[257] Bode 1/560; Schiller an Körner; 12,8.1787
[258] vgl.: Goethe-Handbuch, Bd. 2, Dramen, hrsg. von Theo Buck (1997); Der Groß-Cophta, S. S. 258ff.
[259] HA 10, Autobiographische Schriften II, Campagne in Frankreich, S. 358
[260] ebd., S. 357
[261] HA 11; 13. u. 14. 4.1787
[262] ebd.; 15.4.1787
[263] ebd.
[264] Bartels, Kalabrien und Sizilien, S. 690
[265] ebd., S. 535f.
[266] HA 11; 15.4.1787
[267] ebd.; 16.4.1787
[268] Goethe, Tagebuch der Italienischen Reise; 22.10.1786
[269] HA 11; 16.4.1787
[270] Miller, Wanderer, S. 260
[271] HA 11; 17.4.1787
[272] ebd.; 27.9.1786
[273] ebd.
[274] ebd.
[275] HA 10; Autobiographische Schriften II,, Goethe über seine autobiographischen Schriften, S. 561,; an Nees von Eesenbeck, Mitte August 1816
[276] ebd., Autobiographische Einzelheiten, Glückliches Ereignis, S. 540
[277] ebd.
[278] ebd., S. 541
[279] HA 13, Naturwissenschaftliche Schriften I; Carl Friedrich von Weizsäcker: Einige Begriffe aus Goethes Naturwissenschaft, S. 545
[280] Wohlbold, Goethes Weltanschauung, S. 16
[281] HA, Briefe v. G. 2/461; an den Herzog Carl August; 17.3.88
[282] Kiermeier-Debre, Goethes Lyrik, S. 332
[283] ebd.
[284] HA 12, Schriften zur Kunst und Literatur. Maximen und Reflexionen, S. 398
[285] HA 11, an Herder; 17.5.1787
[286] HA 13, Naturwissenschaftliche Schriften I, Morphologie: Geschichte meiner botanischen Studien, S. 167
[287] Hemleben, Darwin, S. 105
[288] HA 11; 27.4.1787

Viertes Kapitel

[289] Kruft, Goethe u. Kniep, S. 202
[290] HA 11; 26.4.1787
[291] Haarhaus, Auf Goethes Spuren., S. 86
[292] HA 11; 3.3.1787
[293] Seume, Spaziergang, S. 119
[294] Riedesel, Reise durch Sizilien, S. 23f.
[295] Bartels, Kalabrien und Sizilien, Zweiter Theil, S. 102
[296] Seume, Spaziergang, 135f.
[297] Friedländer, Erinnerungen, S. 605
[298] Gray/de Rosa, S., Goethes Spuren, S.
[299] Ingen, Goethes Italienische Reise, S. 188
[300] vgl. Arthur Schulz, in: Riedesel v., Reise durch Sizilien, S. 10
[301] Seume, Spaziergang., S. 138
[302] Bartels, Kalabrien und Sizilien, Dritter Theil, S. 512f.
[303] HA 11; 18.4.1787
[304] ebd.
[305] ebd.; 19.4.1787
[306] Seume, Spaziergang, S. 138
[307] ebd.; S. 124
[308] HA 11; 28.4.1787
[309] Seume, Spaziergang, S. 126
[310] ebd., S. 124
[311] HA 11; 18.4.1787
[312] ebd.; 18.+19.4.1787
[313] ebd.; 19.4.1787
[314] ebd.; 24.11.1786
[315] ebd.; 28.5.1787
[316] ebd.
[317] Boerner, Italienische Reise, S. 356
[318] ebd.
[319] vgl. Staiger, Goethe, Bd. 2, S. 56
[320] Seume, Spaziergang, S. 125
[321] HA 11; 21.4.1787
[322] Bartels, Kalabrien und Sizilien, Dritter Theil, S. 329
[323] HA 11; 28.4.1787
[324] ebd.
[325] Haarhaus, Auf Goethes Spuren, S. 151
[326] HA 11; 28.4.1787

327 Seume, Spaziergang, S. 124
328 ebd., S. 139
329 ebd.
330 Schulz, in: Riedesel v., Reise durch Sizilien, S. 10
331 HA 11; 1.5.1787
332 ebd.
333 ebd., 2.5.1787
334 ebd.
335 ebd.
336 ebd.
337 ebd. 5.5.1787
338 ebd.
339 Goethe, Tagebuch der Italienischen Reise; 17.9.1786
340 ebd., 20.9.1786
341 ebd.
342 ebd., 24.9.1786
343 ebd., 1.10.1786
344 ebd., 3.10.1786
345 HA 11; 24.4.1786
346 ebd.
347 ebd.; Bericht Oktober 1787
348 ebd.
349 ebd.
350 ebd.
351 ebd.
352 HA 1, Gedichte und Epen I, Römische Elegien, Z. 9+10
353 Riedesel v., Briefe aus Sizilien, S. 39
354 ebd., S. 52
355 Bartels, Kalabrien und Sizilien, Dritter Theil, S. 592
356 ebd., S. 593f.
357 Knight, Tagebuch, S. 712f.

Fünftes Kapitel

358 HA, Briefe an G.3/1020, an Eichstädt; 29.1.1815
359 HA 11; 19.4.1787
360 ebd.
361 ebd.; 20.4.1787
362 ebd.

363	Bode 3/1971; Niebuhr an Savigny, 16.2.1817
364	ebd.
365	ebd.
366	Gundolf, Goethe, S. 364
367	ebd.
368	ebd., 22.3.1787
369	ebd., 21.4.1787
370	Kruft, Goethe und Kniep, S. 236
371	Miller, Wanderer, S. 272
372	HA 11; 22.4.1787
373	ebd.
374	Knight, Tagebuch, S. 720
375	Hölderlin, Werke, Bd. 2, S. 244f; Z. 1-8
376	Laërtius, Leben und Meinungen, Zweiter Bd,, Achtes Buch, S. 140
377	ebd.
378	HA 11; 24.4.1787
379	ebd.
380	ebd.
381	ebd.
382	ebd.; 25.4.1787; ebenso alle weiteren Zitate, die sich auf Goethes Tempelbeschreibungen beziehen
383	Staiger, Goethe, Bd. 2, S. 40
384	Miller, Wanderer, S.284f.
385	Riedesel, Reise durch Sizilien, S. 30f.
386	ebd. , S. 31 in Verbindung mit der Anmerkung S. 104
387	HA 11; 26.4.1787
388	ebd.
389	Bartels, Sizilien und Kalabrien, S. 378f.
390	ebd., S. 378f.
391	HA 11; 27.4.1787
392	Volkmann, Nachrichten aus Italien, Erster Band, Vorwort, S. XXI
393	Riedesel, Reise durch Sizilien, S. 51
394	ebd., S. 52
395	ebd., S. 49
396	HA 11; 26.4.1787
397	Bartels, Sizilien und Kalabrien, Dritter Theil, S. 126
398	ebd., S. 135
399	ebd., S. 127
400	Seume, Spaziergang, S. 146
401	HA 11; 19.10.1786
402	Knight, Tagebuch, S. 731

403	Bartels, Sizilien und Kalabrien, S. 193
404	Seume, Spaziergang, S. 158
405	Knight, Tagebuch, S. 727
406	Haarhaus, Auf Goethes Spuren, S. 147
407	Wilpert, Goethe-Lexikon, S. 1038
408	HA, Briefe von G. 2/438; an Charlotte von Stein; 25.1.1787
409	Levinsen, Goethes natur, S. 110; aus dem Dänischen übersetzt vom Verfasser
410	HA 11; 28.4.1787
411	ebd., 28.4.1787
412	ebd.
413	ebd.
414	ebd.
415	ebd.; Anmerkung von Herbert von Einem S. 655
416	HA 3, Dramatische Dichtungen I, Faust. Zweiter Teil, Z. 5129
417	HA 1, Gedichte und Epen I, Römische Elegien, S. 164, Z. 1-7
418	HA 11; 30.4.1787
419	ebd.; 1.5.1787; vgl. dazu die ausführliche Anmerkung von Herbert von Einem S. 655
420	ebd.
421	ebd.
422	ebd., 1.5.1787
423	ebd.
424	Knight, Tagebuch, S. 735f.
425	ebd., S. 736
426	HA 11; 3.5.1787
427	ebd.
428	ebd.
429	ebd., 4.5.1787
430	ebd.
431	ebd., 5.5.1787
432	Riedesel, Reise durch Sizilien, S. 59-62
433	Knight, Tagebuch, S.740
434	ebd., S. 741
435	Bartels, Kalabrien und Sizilien, Erster Theil, Vorwort, S. XI
436	Riedesel, Reise durch Sizilien, S. 52
437	HA 11; 4.5.1787
438	HA 3; Dramatische Dichtungen I, Faust. Zweiter Teil, Z. 7851-7856
439	HA 11; 6.5.1787
440	Riedesel, Reise durch Sizilien, S. 52
441	Bartels, Kalabrien und Sizilien, Zweiter Theil, S. 139
442	HA 11; 3.5.1787

443	ebd.
444	ebd.
445	Knight, Tagebuch, S.743
446	HA 11; 7.5.1787
447	Bartels, Kalabrien und Sizilien, Zweiter Theil, S. 199
448	Riedesel, Reise durch Sizilien, S., 65
449	HA 11; 7.5.1787
450	ebd.; 8.5.1787
451	Miller, Wanderer, S. 284
452	HA 11; ‚Aus der Erinnerung'; eingefügt in den Brief vom 8.5.1787
453	ebd.
454	ebd.
455	HA 5, Dramatische Dichtungen III, Nausikaa, Z. 101-104; 108-111; 115-117
456	ebd., Z. 126-134
457	ebd., Z. 135+136
458	ebd., Z. 123+124
459	Homer, Odyssee, Z. 89-107
460	HA 11; 11.5.1787
461	ebd.
462	Bartels, Sizilien und Kalabrien, Vorwort, S. IX
463	HA 11; 13.5.1787
464	ebd.
465	ebd.
466	alle Gesprächszitate ebd.
467	ebd.
468	ebd.
469	ebd.
470	ebd.
471	ebd.
472	ebd.
473	ebd.
474	Mühlmann, Goethe, S. 447
475	ebd.
476	HA 11, an Herder; 17.5.1787
477	ebd., 27.3.1787
478	ebd., 13.5.1787
479	ebd., 27.5.1787
480	HA, Briefe v. G. 2/446 an Charlotte von Stein; 1/ 8.6.1787
481	Riedesel, Reise nach Sizilien, S. 61f.
482	ebd., 14.5.1787
483	ebd.

484	Homer, Odyssee, Z. 201-207
485	Loewer, Goethes Odyssee, S. 108ff.
486	HA 11; 14.5.1787
487	ebd., 23.3.1787
488	ebd.
489	ebd., 31.5.1787
490	ebd.
491	ebd., 2.6.1787
492	ebd., 3.6.1787
493	ebd.
494	ebd.
495	ebd.
496	ebd., 3.11.1787
497	ebd., April-Bericht, S. 545
498	zitiert nach: MA 15, Italienische Reise; Hrsg. Andreas Beyer und Norbert Miller; Kommentar, S. 995
499	Harnack, Nachgeschichte; Kniep an Goethe; 21.3.1788

Sechstes Kapitel

500	Boyle, Goethe, Bd. I, S. 553 (ebenso die Zitate unter 2.-5.)
501	HA, Briefe v. G., 2/459; an den Herzog Carl August; 25.1.1788
502	HA 11; 21.2.1887
503	ebd.; 1.2.1788
504	ebd.; 10.1.1788
505	ebd.; 1.3.1788
506	ebd.; 22.5.1787
507	ebd.; Aus der Erinnerung, S. 300
508	Graevenitz, Goethe in Sizilien, S. 223
509	Staiger, Goethe, Bd. 2, S. 48
510	MA 2.2., Erstes Weimarer Jahrzehnt 1775-1786; Naturwissenschaftliche Schriften, S. 861ff.
511	Borchmeyer, Weimarer Klassik, S. 128
512	vgl. MA 3.2., Italien und Weimar 1786-1790, Einleitung von John Neubauer, S. 427f.
513	Boyle, Goethe, Bd. I, S. 553
514	Goldamer, Goethes Briefe aus Italien; an den Herzog Karl August; 12.12.1786

515	HA, Briefe v. G., 2/426; an Knebel; 17.11.1786
516	HA 11; Nachwort von Herbert von Einem, S. 561
517	ebd.; 10.1.1788
518	HA, Briefe v. G., 2/ 449; an den Herzog Carl August; 11.8.1787
519	HA 11; 23.8.1787
520	HA, Briefe v. G., 2/473; an Johann Heinrich Meyer; 19.9.1788
521	HA 11; Bericht November 1787
522	ebd., Bericht April 1788
523	ebd.; der lateinische Text hier in einer Übersetzung Friedrich Wilhelm Riemers, einem engen wissenschaftlichen Mitarbeiter Goethes
524	HA, Briefe v. G., 2/444; an Philipp Seidel; 15.5.1787
525	Bode 1/593; Herder an Knebel; 22.6.1788
526	HA 11; 28.10.1786
527	HA 13, Naturwissenschaftliche Schriften I, Morphologie, S. 102
528	HA, Briefe v. G. 2/468,, an Jacobi; 21.7.1788
529	Bode 1/601, Karoline Herder an ihren Mann; 14.8.1788
530	ebd., 1/651, Sophie von Schardt an Christoph Albrecht von Seckendorf; 13.2.1789
531	an Herder, Ende Juli 1788, in: HA 11; S. 575
532	ebd., 1/666, Karoline Herder an ihren Mann; 20.3.1789
533	ebd., 1/659, desgl.; 2.3.1789
534	ebd., 1/650, desgl.; beide, 13. 2. 1789
535	ebd., 1/658; Herder an seine Frau; 27.2.1789
536	ebd., 1/644; Knebel an Herder; 2.2.1789
537	ebd., 1/648; Knebel an Karoline Herder; 12.2.1789
538	HA, Briefe v. G. 2/454; an den Herzog Carl August; 17.11.1787
539	ebd., 2/454; an dens.; 17.11.1787
540	ebd., 2/461; an dens.; 17.3.1788
541	Bode 1/574, Schiller an Körner; 19.12.1787
542	ebd., 1/599, dies., 27.7.1788
543	ebd., 1/609, dies., 12.9.1788
544	ebd., 1/645, dies., 2.2.1789
545	ebd.
546	ebd., 1/604; Karoline Herder an ihren Mann; 18.8.1788
547	ebd., 1/617; dies.; 17.10.1788
548	HA, Briefe v. G. 2/475; an Knebel; 25.10.1788
549	MA 4.1., Wirkungen der Französischen Revolution 1791-1797, I, hrsg. von Reiner Wild, Einführung, S. 916
550	HA 5, Dramatische Dichtungen III, Des Epimenides Erwachen, Z. 714-717
551	HA 11, 9.3.1787

552	Bode 1/662; Karoline Herder an ihren Mann; 8.3.1789
553	ebd., 1/628; dies., 14. 11.1788
554	Schöll, Goethes Briefe an Frau v. St., S. 312
555	ebd., S. 313
556	HA 11; 14.3.1788
557	HA, Briefe v. G. 2/487; 1.6.1789
558	HA, Briefe an G., 1/74; von Angelica Kaufmann, 10.5.1788
559	ebd. 1/77; von Angelica Kaufmann, 23.7.1788
560	ebd. 1/79; von Karl Philipp Moritz, 9.8.1788
561	ebd. 1/81; von Johann Gottfried Herder, 3.12.1788
562	Bode 2/940; Charlotte v. Stein an Charlotte Schiller; 3.3.1797
563	ebd., 2/1115; Charlotte v. Stein an ihren Sohn Friedrich; 23.4.1801
564	ebd., 2/1135; dieselben; 7.1.1802
565	ebd., 2/1255; dieselben; 8.3.1804
566	ebd., 2/1376; dieselben; 10.8.1806
567	ebd., 2/879; dieselben; 14.4.1796
568	Schöll, Goethes Briefe an Frau v. St., S. 487
569	ebd.
570	ebd., S. 482
571	Bode 2/1389; dieselben; 19.10.1806
572	ebd., 1/679; Karoline Herder an ihren Mann; 8.5.1789
573	HA, Briefe an G. 1/214; von Christiane Vulpius; 24.11.1789
574	HA, Briefe v. G. 2/493; an Herder; 12.3.1790
575	ebd. 2/493; an den Herzog Carl August, 3.4.1790
576	Bode 2/1099; Charlotte von Stein an ihren Sohn Friedrich, 12-15.1.1801
577	ebd. 2/1536; Charlotte von Stein an ihren Sohn Friedrich, 13.3.1809
578	ebd. 2/1962; Charlotte von Stein an Knebel; 30.11.1816
579	ebd. 3/1978; Charlotte von Stein an Knebel, 2.4.1817
580	Schöll, Goethes Briefe an Frau v. St., Nr. 796; 14.7.1825
581	Bode 2/1525; Charlotte von Stein an ihren Sohn Friedrich; 12.1.1809

Epilog

582	Goethe, Italienische Reise, S. 737
583	ebd.
584	HA, Briefe v. G. 2/419; an Charlotte von Stein; 14.10.1786
585	vgl. Literaturverzeichnis: Tagebücher und Briefe Goethes aus Italien
586	vgl. Literaturverzeichnis: Goethes Briefe an Frau von Stein
587	HA, Briefe v. G. 1/S. 640

588 an Rochlitz (Konzept) von Anfang 1819, In: HA 10, S. 564)
589 Goldamer, Goethes Briefe aus Italien, an Charlotte v. St., 13.2.1787
590 vgl. Bode, Charlotte v. St., S. 637f)
591 in: HA 11, S. 576
592 Goethe, Tagebücher und Briefe, S. XXIII
593 ebd.
594 ebd.
595 ebd., S. XXIII+XXIX
596 ebd., S. XXIV-XXVII
597 ebd., S. XXV+XXVI
598 HA 11, 25.9.1786
599 HA, Briefe v G. 2/417; an Herder, 18.8.1786
600 ebd., 2/431; an Charlotte von Stein, 23.12.1786
601 ebd., 2/441; an dies., 21.2.1787
602 dtv-Gesamtausgabe 25, Nachwort von W.K., S. 313
603 ebd., S. 314
604 HA 11, Nachwort von Herbert von Einem, S. 562
605 Artemis Gedenkausgabe 11; Italienische Reise, Einführung, S. 995
606 HA 11; 12.10.1786
607 ebd.; 1.11.1786
608 ebd.; 22.3.1786
609 ebd.; 3.9.1786
610 HA 8, Romane und Novellen III, Wilhelm Meisters Wanderjahre, Betrachtungen im Sinne der Wanderer, S. 283
611 ebd., S. 286
612 Goethe, Tagebücher und Briefe, S. XVI+XVII
613 HA, Briefe v. G. 3/1101; an Zelter, 16.2.1818
614 ebd. 2/443; an Charlotte von Stein, 17.4.1787
615 Borchmeyer, Weimarer Klassik, S. 136
616 HA, Briefe v. G. 4/1497; an Zelter, 28. Juni 1831
617 ebd. 4/1497; Anmerkung von K. R. Mandelkow, S. 656 zu 434,12f.
618 Artemis Gedenkausgabe 23, Goethes Gespräche, Nr. 2108, S. 707
619 Borchmeyer, Weimarer Klassik, S. 137
620 HA, Briefe v. G. 2/444; an Philipp Seidel, 15.5.1787
621 HA 11; an Herder, 17.5.1787
622 HA, Briefe v. G. 2/445; an den Herzog Carl August, 27.-29.5.1787
623 ebd. 2/446; an Charlotte von Sein, 1.6.1787
624 G. an Knebel, 1.5.1816; in: HA 10, Autobiographische Schriften II; Goethe über seine autobiographischen Schriften, S. 561;
625 Eissler, Goethe, S. 27
626 ebd.